JN299705

サービス工学

―51の技術と実践―

赤松幹之
新井民夫
内藤　耕
村上輝康
吉本一穂
［監修］

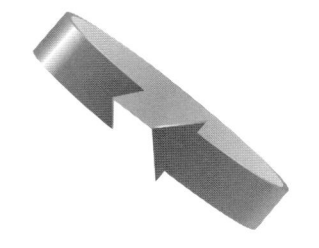

朝倉書店

はじめに

　簡単にモノが売れない時代が到来し，20世紀型の大量製造大量消費の産業モデルが終わりを迎えようとしている．そのため，モノづくりからコトづくりへの転換の必要性がうたわれており，モノづくりによる価値提供からサービスによる価値創造へのパラダイムシフトへの期待は大きい．従来のモノづくりによる価値提供においては，ヒトの欲求は共通しており，かつ動的に変化することはないことが大きな前提となっている．しかしながら，十人十色（個性の多様化），一人十色（同一人物の欲求やニーズが状況によって変容）の傾向が顕在化していることを考えると，均一的な価値の提供には限界があることは明らかである．一方，サービス業においては，状況依存性の高い現場において顧客のニーズに対して臨機応変にサービスを提供してきたが，経験と勘，暗黙知的なスキルへの依存度が大きく，サービスプロセス設計やそのオペレーション支援のための方法論が産業の中で確立できているとはいえなかった．

　そこで，どのような新サービスを創出し，大規模化・複雑化したサービスや逆に中小規模のサービスにおいてどのようにサービスを提供し，その結果や過程をどう評価し，改善につなげていくのか，さらには人材育成をどうしていくのかといった階層性のあるサービスプロセス全体に対して，客観性・再現性をもつ方法論を提供しようとしているのがサービス工学である．これはサービス産業への適用はもちろん，製造業において進められている製造業のサービス化のためのものでもある．サービスのすべてを工学だけで論じることはできないが，21世紀において大きく発展するであろうサービス学の中でも，そのような客観性・再現性をもつ方法論を提供可能であるという点において，サービス工学は重要な役割を担うことが期待されている．

　このところ，欧米をはじめとして世界的に不安定な経済状況が続いており，日本も超円高（2012年6月16日現在で1ドル78円台，1ユーロ99円台）の波に揉まれ続けている．さらに，少子・高齢化に起因する従来からの社会的，経済的課

題も山積しており，そういった意味でもサービス生産性向上やサービス・イノベーションの創出が渇望されている．同じく 2012 年には，サービス学会の設立が予定され，産業技術総合研究所ではサービス工学コンソーシアムが設立された（国際的な盛り上がりについては，序章で述べられているとおりである）．このように，サービス工学分野がその存在感を増す中，期を同じくして本書が出版されることとなった．

本書は，序章を含め 6 つの章で構成されている．序章でのサービス工学の概要を受け，第 1 章から第 4 章では，サービスの最適設計ループの各フェイズ（初期仮説策定，観測，分析，設計，適用）の高度化，支援のための技術や方法論が幅広く紹介され，第 5 章では企業でのベストプラクティスが概説されている．第 5 章に限らず各章での多彩な業種業態の企業からの寄稿や，現場に出向き，活きたデータを用いて研究開発を進めている新進気鋭の研究者らからの解説によって，本書が，現場起点の取り組みが欠かせないサービス工学の書籍であることが強く特徴づけられている．

このように本書は，サービスの歴史から，技術紹介，現場事例紹介までを網羅する意欲的な内容となっており，サービス工学を調査・研究したい読者だけではなく，サービス工学的アプローチを実践したい読者の参考にもなれば幸いである．本書がサービス工学分野の体系化や発展，普及に貢献し，最終的にはそれが少しでもサービス生産性向上やサービス・イノベーションの創出に寄与することを祈念するとともに，本書の執筆者，特に産業界から執筆いただいた執筆者の方々，監修者，ならびに本書に関係されたすべての方々に感謝の意を表して，序文を締め括ることとする．

2012 年 9 月
蔵田武志・大隈隆史・西村拓一・松本光崇・竹中　毅・原　辰徳・新村　猛

監修者（五十音順）

赤松 幹之 (あかまつ もとゆき)	産業技術総合研究所ヒューマンライフテクノロジー研究部門	
新井 民夫 (あらい たみお)	芝浦工業大学工学部	
内藤 耕 (ないとう こう)	産業技術総合研究所サービス工学研究センター	
村上 輝康 (むらかみ てるやす)	産業戦略研究所	
吉本 一穂 (よしもと かずほ)	早稲田大学理工学術院創造理工学部	

編集者（担当章順）

蔵志 史一 (くらし しいち)	産業技術総合研究所サービス工学研究センター	（序　章）
大武 隆崇 (おおたけ たかたかし)	産業技術総合研究所サービス工学研究センター	（序章・第5章）
西田 拓光 (にした たくみつ)	産業技術総合研究所サービス工学研究センター	（第1章）
松隈 村本 毅 (まつくま むらもと たけし)	産業技術総合研究所サービス工学研究センター	（第2章）
竹中 辰徳 (たけなか たつのり)	東京大学人工物工学研究センター	（第3章）
原新 村猛 (はらしん むらたけし)	がんこフードサービス株式会社	（第4章）

執筆者 (五十音順)　　　　　　　　　　　　　　　　　　　　　　(執筆項目)

青山 和浩	東京大学大学院工学系研究科		(3.1.2)
赤松 幹之	産業技術総合研究所ヒューマンライフテクノロジー研究部門		(0.1, 0.2)
石垣 司	東北大学大学院経済学研究科		(2.1)
石川 智也	産業技術総合研究所サービス工学研究センター		(1.2.3)
上岡 玲子	産業技術総合研究所サービス工学研究センター		(4.3.1)
大隈 隆史	産業技術総合研究所サービス工学研究センター		(0.6)
太田 順	東京大学人工物工学研究センター		(3.2.2)
大西 正輝	産業技術総合研究所サービス工学研究センター		(1.2.6)
大見 和敏	前 明豊ファシリティーワークス株式会社，現 ヤマギワ株式会社		(5.2)
加島 智子	近畿大学工学部		(4.1.3)
菅野 太郎	東京大学大学院工学系研究科		(3.2.3)
北島 宗雄	長岡技術科学大学経営情報系		(0.5, 1.1.5)
北野 幸彦	パナソニック株式会社		(4.2.2)
北原 秀造	株式会社スーパーホテル		(5.5)
木見田 康治	東京理科大学工学部		(3.1.3)
熊田 孝恒	産業技術総合研究所ヒューマンライフテクノロジー研究部門		(1.1.1, 1.1.3)
蔵田 武志	産業技術総合研究所サービス工学研究センター		(0.7, 2.4)
興梠 正克	産業技術総合研究所サービス工学研究センター		(1.2.3)
古賀 毅	山口大学大学院理工学研究科		(3.4.2)
小松田 勝	マネジメント＆ネットワークオフィス		(4.4.3)
サービス産業生産性協議会			(0.3, 0.4)
渋谷 行秀	株式会社 MS & Consulting		(1.1.7)
嶋田 喜明	株式会社喜久屋		(5.7)
下村 芳樹	首都大学東京大学院システムデザイン研究科		(3.4.1)
新村 猛	がんこフードサービス株式会社		(4.4.2, 5.4)

竹中	毅	産業技術総合研究所サービス工学研究センター	(2.2, 4.1.2)
谷﨑	隆士	近畿大学工学部	(4.3.2)
田平	博嗣	株式会社 U'eyes Design	(1.1.2, 1.1.4)
天目	隆平	産業技術総合研究所サービス工学研究センター	(1.2.4, 4.3.1)
友田	健治	株式会社トワード	(5.1)
内藤	耕	産業技術総合研究所サービス工学研究センター	(0.5, 5.6)
中島	正人	科学技術振興機構社会技術研究開発センター	(2.5)
中村	俊介	株式会社しくみデザイン	(4.1.4)
中村	嘉志	国士舘大学理工学部	(1.2.5)
西野	成昭	東京大学大学院工学系研究科	(3.3.3)
西山	博貢	株式会社 MS & Consulting	(1.1.7)
野村	政弘	ネットオフ株式会社	(5.8)
濱崎	雅弘	産業技術総合研究所情報技術研究部門	(1.2.7)
花村	剛	株式会社エモヴィス	(1.2.2)
原	辰徳	東京大学人工物工学研究センター	(3.1.1, 3.2.1, 3.4.3)
玄	政祐	前 産業技術総合研究所サービス工学研究センター	(2.4)
福原	知宏	産業技術総合研究所サービス工学研究センター	(2.5)
藤井	信忠	神戸大学大学院システム情報学研究科	(3.3.1)
牧田	孝嗣	産業技術総合研究所サービス工学研究センター	(1.2.4)
松波	晴人	大阪ガス株式会社行動観察研究所	(1.1.6, 4.4.1)
松本	光崇	産業技術総合研究所サービス工学研究センター	(3.3.2)
松本	吉央	産業技術総合研究所知能システム研究部門	(4.2.1)
本村	陽一	産業技術総合研究所サービス工学研究センター	(4.1.1)
谷島	賢	イーグルバス株式会社	(5.3)
山本	吉伸	産業技術総合研究所サービス工学研究センター	(5.9)
吉野	公三	産業技術総合研究所サービス工学研究センター	(1.2.1)
吉本	一穂	早稲田大学理工学術院創造理工学部	(2.3)
依田	育士	産業技術総合研究所サービス工学研究センター	(1.2.6)

目　次

序章　サービスの歴史とサービス工学

0.1　サービスの歴史……………………………………………………（赤松幹之）… 2
0.2　サービスの定義と理論……………………………………………（赤松幹之）… 5
0.3　ハイ・サービス…………………………………（サービス産業生産性協議会）… 8
0.4　サービス産業生産性協議会………………………（サービス産業生産性協議会）… 11
0.5　サービス生産性革新………………………………………（内藤　耕・北島宗雄）… 14
0.6　サービス工学技術ロードマップ…………………………………（大隈隆史）… 17
0.7　サービス工学の概要………………………………………………（蔵田武志）… 20
　参考文献………………………………………………………………………………… 23

第1章　観　　測

1.1　価値観や満足度など行動の根拠を推定する一般的手法……………………… 26
　1.1.1　サンプリング………………………………………………（熊田孝恒）… 26
　1.1.2　インタビュー………………………………………………（田平博嗣）… 29
　1.1.3　心理計測……………………………………………………（熊田孝恒）… 32
　1.1.4　行動計測……………………………………………………（田平博嗣）… 35
　1.1.5　認知的クロノエスノグラフィ……………………………（北島宗雄）… 38
　1.1.6　行動観察……………………………………………………（松波晴人）… 41
　1.1.7　ミステリーショッパーズプログラム…………（渋谷行秀・西山博貢）… 44
1.2　人間活動リアルタイム計測技術……………………………………………… 47
　1.2.1　生理計測……………………………………………………（吉野公三）… 47
　1.2.2　視線・瞳孔運動の計測と解析技術………………………（花村　剛）… 50
　1.2.3　屋内測位…………………………………………（興梠正克・石川智也）… 53
　1.2.4　行動・作業内容の認識・推定技術………………（牧田孝嗣・天目隆平）… 56
　1.2.5　モバイルデバイス利用からの活動観測…………………（中村嘉志）… 59
　1.2.6　ユビキタスセンシングによる活動観測…………（大西正輝・依田育士）… 62
　1.2.7　Web・オンライン利用からの活動観測…………………（濱崎雅弘）… 65
　参考文献………………………………………………………………………………… 68

第2章 分　　析

- 2.1 購買履歴データの分析技術 ………………………………… （石垣　司）… 72
- 2.2 ライフスタイル分析技術 …………………………………… （竹中　毅）… 75
- 2.3 施設レイアウトおよびスケジュール技法 ………………… （吉本一穂）… 78
- 2.4 サービスフィールドシミュレータ ………………… （玄　政祐・蔵田武志）… 81
- 2.5 テキストマイニング技術 ……………………… （福原知宏・中島正人）… 84
- 参考文献 …………………………………………………………………………… 87

第3章 設　　計

- 3.1 サービスの機能設計 ……………………………………………………… 90
    - 3.1.1 品質・機能構造の設計 ………………………………… （原　辰徳）… 90
    - 3.1.2 システム設計の定量的支援 …………………………… （青山和浩）… 93
    - 3.1.3 設計品質の評価技術 …………………………………… （木見田康治）… 96
- 3.2 サービス提供プロセスの設計 …………………………………………… 99
    - 3.2.1 提供プロセスの可視化 ………………………………… （原　辰徳）… 99
    - 3.2.2 業務のスケジューリングと最適化 …………………… （太田　順）… 102
    - 3.2.3 サービス認知と人間中心のシミュレーション ……… （菅野太郎）… 105
- 3.3 社会的受容性のシミュレーション ……………………………………… 108
    - 3.3.1 消費者ネットワークにおけるサービスの普及過程 … （藤井信忠）… 108
    - 3.3.2 サービスの社会受容の数理モデル化 ………………… （松本光崇）… 111
    - 3.3.3 会員サービスにおけるインセンティブ設計 ………… （西野成昭）… 114
- 3.4 サービスの設計支援 ……………………………………………………… 117
    - 3.4.1 創造的設計の支援技術 ………………………………… （下村芳樹）… 117
    - 3.4.2 製品サービスシステムの設計とモジュール化 ……… （古賀　毅）… 120
    - 3.4.3 計算機による設計支援システム ……………………… （原　辰徳）… 123
- 参考文献 …………………………………………………………………………… 126

第4章 適　　用

- 4.1 ライフログを活用したサービス適用 …………………………………… 130
    - 4.1.1 大規模データからのユーザモデルの構築と活用 …… （本村陽一）… 130
    - 4.1.2 小売業のID-POS活用事例 …………………………… （竹中　毅）… 133
    - 4.1.3 顧客の嗜好に応じた商品推奨技術 …………………… （加島智子）… 136
    - 4.1.4 エンタメ・デジタルサイネージ ……………………… （中村俊介）… 139
- 4.2 ロボット技術を活用した従業員支援システム ………………………… 142
    - 4.2.1 サービスロボット ……………………………………… （松本吉央）… 142

4.2.2　病院のバックヤード自動化・省力化のためのロボット群 ……（北野幸彦）… 145
　4.3　VR, IE を活用したサービス適用現場の改善技術 …………………………………… 148
　　4.3.1　行動計測技術を活用した現場改善 ………………（天目隆平・上岡玲子）… 148
　　4.3.2　IE を活用したサービスオペレーション現場改善 …………（谷﨑隆士）… 151
　4.4　人材育成技術 ………………………………………………………………………… 154
　　4.4.1　従業員教育支援技術 …………………………………………（松波晴人）… 154
　　4.4.2　CCE を活用した従業員教育支援 ……………………………（新村　猛）… 157
　　4.4.3　行動シミュレーションを活用した従業員教育
　　　　　：ディズニーランド ……………………………………（小松田　勝）… 160
　参考文献 ………………………………………………………………………………… 163

第5章　企　業　事　例

5.1　トワード ……………………………………………………………（友田健治）… 166
5.2　明豊ファシリティーワークス ……………………………………（大見和敏）… 169
5.3　イーグルバス ………………………………………………………（谷島　賢）… 172
5.4　がんこフードサービス ……………………………………………（新村　猛）… 175
5.5　スーパーホテル ……………………………………………………（北原秀造）… 178
5.6　加賀屋 ………………………………………………………………（内藤　耕）… 181
5.7　喜久屋 ………………………………………………………………（嶋田喜明）… 184
5.8　ネットオフ …………………………………………………………（野村政弘）… 187
5.9　オープンサービスフィールド型 POS と城崎温泉への適用 ………（山本吉伸）… 190
　参考文献 ………………………………………………………………………………… 193

索　　引 …………………………………………………………………………………… 194

序章
サービスの歴史とサービス工学

　序章では，サービスの歴史，サービスやサービス工学の定義や位置づけ，さらには，産学官のサービス研究やサービス・イノベーションへの取り組みについての概略が紹介されている．また，本書の全体構成についても触れられている．まず，0.1～0.2節では，サービスやホスピタリティなどの語源や，医療，宿泊などの各サービスの起こりの説明を通じて，サービスと人の移動との関係，分業化，産業化への流れを説明している．その後，非製造業としてのサービス産業，無形財としてのサービス，サービスの時間軸（プロセス），空間軸（商圏），価値共創の観点から，サービスの定義と理論について論じている．

　0.3～0.6節では産官の取り組みを紹介している．0.3～0.4節では，サービス産業生産性協議会と，その中での七つの専門委員会を中心に概説している．また，その専門委員会の一つであるハイ・サービス300選選定委員会により企業選定のための六つの評価軸（科学的・工学的アプローチ，プロセス改善，高付加価値化，人材育成，国際展開，地域貢献）と，CSI（Customer Satisfaction Index）委員会を中心に開発された日本版CSIについても触れている．

　0.5節では，作業の効率化と顧客満足の向上を同時に操作してサービスの生産性を向上させる実践と方法論のことを「サービス生産性革新」と呼び，その事例2例に基づくサービス生産性革新に関する議論を展開している．0.6節では，経済産業省から公開されている導入シナリオ，技術マップ，技術ロードマップからなるサービス工学技術ロードマップについて紹介している．

　0.7節では，サービス工学の定義や，主に学界を中心としたサービス研究の動向，序章や本書全体の構成について概説している．また，サービス工学が目指す一つの方向性として，根拠に基づくサービスと包括的理解に基づくサービス提供についても触れている．

〔蔵田武志・大隈隆史〕

0.1 サービスの歴史

赤松 幹之

a. サービスにまつわる語の語源

1) サービスの語源

サービスという語は日常語として多用されている．サービスは英語の service であるが，ホテルや旅館などの対人サービスには，ホスピタリティという語も使われる．

service は serve からきており，serve はラテン語の servire すなわち奴隷や召使いを意味する語を語源とする．13 世紀頃には主人に仕える仕事の中でも食事中の世話という意味で service が使われるようになる．14 世紀頃には国に仕える civil servant（＝公務員）の仕事を意味するようになる．兵役を military service と呼ぶのが 16 世紀である．このころには service が他人を手助けしたり世話をするなどのいわば友好的な行為を意味するようになる．それとともに，馬や馬車によって人に利便を提供することも意味するようになる．水道やガスといった公共インフラのことを service というようになるのが 19 世紀であり，自動車が登場して 20 世紀になると，自動車の整備をしたり，ガソリンを供給する場所を service station というようになる．サービス産業の意味で使われるのはこの 20 世紀前半からである．自動車のような大量生産が製造業の形として確立してきた一方で，放送業のような製品を提供しない産業が生まれ，製造を伴わない産業を**サービス産業**と呼ぶようになった（0.2 節参照）．

2) ホスピタリティの語源

ホスピタリティは病院の hospital やホテルの hotel と語源は同じで，主人を意味する host，ラテン語の hôte からきている．hotel や hostel は大きな屋敷を意味しており，hospitality とは屋敷に住んでいる主人（＝host）による客へのもてなしという意味である．これが，屋敷の中に招き入れて宿泊させてもてなす意味になる．サービスもホスピタリティも，召使いと主人，主人と客，という人間関係がもとにある．これらは提供する側と提供される側の関係のもとで提供されるものがサービスということになる．

b. サービスの歴史

1) 医療サービス

人の望む状態に変化するために何かを提供することがサービスと語源からはいえるが（0.2 節参照），提供するものは**医療サービス**であればスキルであり，小売りサービスであれば製品などの財である．医療の起こりは首長による治療であり，集団を構成する人を守る力としての医療能力があるものが首長になった．やがて，首長とは別に医療能力をもつものが首長に仕えるようになり，為政と医療は分かれる．医療の知識は社会を助けること

から，宗教の機能となり，わが国では寺院が，西欧では教会や修道院などが医療機関となる．こういった寺院や修道院など宗教施設による医療は行き倒れの人を助けたり，貧民を保護したり，ハンセン病患者を収容するといった救済的な機能から始まっている．一般の人たちは医療サービスを受けることはほとんどなかったが，ときには遍歴商人が薬を売りにきたり，遍歴医師と呼ばれる定住しない医療者が部落を訪れて医療行為を行っていた．わが国においては，一般の人への医療サービスとして開業医が生まれるのは室町時代以降になってからである．

2) 小売りサービス

小売りサービスも古代からあり，最初は遍歴商人による行商である．普段では手に入らない薬などの有益な物を手に入れる能力と，移動に耐えられる身体能力をもった人間が遍歴商人となった．やがて人口集積地すなわち都市に市が生まれる．わが国では平安京には市が立っており，ギリシャ時代にはフォーラムと呼ばれる広場で市が行われた．すでにギリシャ時代には遍歴商人から物を買い取る卸売りと，市で人びとに物を売る小売りとに分業が行われていた．市による小売りサービスは長く続くが，産業革命ののちに衣料品を大量に扱う店舗が現れ，19世紀の後半には百貨店が登場する．百貨店は店舗の大きさだけではなく，それまでにはない特徴があった．それは，陳列販売，正札販売，そしてみるだけで買わなくてもよいという点である．それまでは，店舗に入ると主人が応対し，客の望みを聞いてから商品を出して，相手の懐具合をみて値段を告げていた．小売りサービスは，百貨店によって売り手主導から買い手主導に変わっていった．さらに，自らが商品をとって購入するという客の主体性を進めたスーパーマーケットが米国に登場するのが1930年頃である．また，1950年頃には複数の小売店舗が入ったショッピングセンターが生まれた．これら20世紀に入ってからの米国における大型店舗は自動車の普及が背景にあった．集まる人の範囲が拡大できたので大型店舗が可能になったのである．

3) 宿泊サービス

宿泊サービスや運輸サービスは，人びとが移動を始めたことではじまる．地理的に大きく移動していたのは遍歴商人であり，交易が盛んになると港や川縁など移動する人々が集まる場所に宿泊施設ができる．やがて，聖地巡礼のために一般の人びとも移動を始める．そのために，寺院や修道院が病院も兼ねた宿泊サービスを提供するようになる．宿泊サービスは人が集まる港，宗教施設，市場などの商業施設で提供された．修道院などを除けばこれらは基本的には商人宿である．一方，hotelの語源が主人（=hôte）の邸宅であることからわかるように，重要な客は個人の邸宅に宿泊させていた．わが国の宿場において大名が泊まる本陣はその地の有力者の邸宅である．こういった迎賓館的な宿泊サービスである大型のホテルが生まれるのが，産業の活性化が進み資本家が多くなった19世紀に入ってからであり，ロンドンのサヴォイ，パリのホテルリッツなどである．

4) 食事サービス

市場などの人の集まるところや宿泊場所で食事を提供することが**食事サービス**の始まりであるが，これらは小屋を語源とするtavernと呼ばれた．飲食店のことをレストランと呼ぶようになるのは，パリに18世紀に登場したレストレ（restaures）に始まる．これは

シャワントワゾーという人物が考えだしたもので，身体が弱った者でも食べられるブイヨンやスープを出す店であった．レストレとは英語で restore ＝ 回復であり，またの名を健康の館（メゾンドサンテ）と呼んだ．それまでと大きく違うのは，客ごとの個別のテーブルで食事が供されたこと，メニューすなわち品書きがあり，メニューには金額が記載されていた．それまでは，宿の主人が料理したものが大皿に盛られて大テーブルに出され，それを皆で分けて食べていたのである．こういった提供者側主導ではなく，メニューの選択などサービスの受け手に主体性をもたせた食事サービスであった．そのために大いに流行り，19世紀の中頃には，レストランは飲食店の代名詞となった．

いわゆるファミリーレストランは，1930年頃に米国で始まったデニーズなどのロードサイドレストランが起こりである．それまで，レストランは裕福な大人がいく場所であった．米国における自動車の普及によって，ドライブという娯楽が生まれ，家族で郊外に出かけたときに食事ができる場所として登場した．白を基調とした外見であり，ガラス張りで外から中をみることができた．はじめてであっても，清潔感があって中の様子がわかるようにして，立ち寄りやすくしたのである．フランチャイズによって展開されたが，知らない場所であってもなじみのある店で食事が摂れるという安心感も提供した．

5) 運輸サービス

人の移動を支える**運輸サービス**は馬車に始まるが，一般の人へのサービスになるのは16世紀頃に駅馬車が整備されてからであるが，当時の道路状態では馬車の乗り心地は劣悪であった．一般の人の移動手段を大きく変化させたのが19世紀の鉄道の登場であり，速くて乗り心地のよい鉄道によって人の移動は大きく拡大した．もちろん鉄道には大きな資本が必要であり，財力をもつものによって移動サービスが提供され，提供者主導のサービスであった．ちなみに移動が一般の人の主体的な行動へと移行したのは，20世紀になって大量生産により生み出された安価な自動車によるのである．

6) 人とものの移動とサービス産業

サービスの歴史からわかることは，サービスは移動と密接に関係しているということである．本来，医療は首長が行い，食糧は自給自足であり，宿泊は自分の家であって，家や集落の中で閉じていた．しかし，人は住処の中で完結することなく，何かを求めて，あるいは能力を発揮するために移動を始める．移動によって他者に何かを提供できるようになる一方で，住処から離れることで，必要なことを他者から提供してもらわなければならなくなる．その提供はそれぞれが担える能力をもった人たちによって分業化され，**サービス産業**となった．財を移動させて分配をする機能とともに，配分するために必要となる移動を支える機能を提供するために産業化したのがサービス産業といえる．

0.2 サービスの定義と理論

赤松 幹之

a. サービス工学における定義と理論

サービスは具体的に目に見えないことから理解がしにくい．そのため，経済学，経営学，マーケティング分野などでさまざまに定義や理論化が行われている．サービス工学では，サービスを理解するためだけではなく，サービスの設計や運用や改善のための枠組みが必要である．したがって，統一的な定義や理論にかかわることなく，多様な側面から課題をとらえて解決法を見いだすための枠組みとしての定義や理論が求められている．

b. 非製造としてのサービス

1) 第三次産業としてのサービス

広義のサービス産業は1941年に出版されたコーリン・クラークの『経済学的進歩の諸条件』において示された**第三次産業**である．クラークの分類の考え方は，素材を集める産業が第一次産業で，素材を加工する産業が第二次産業で，加工された製品を分配するのが第三次産業である．また，第三次産業は，第一次産業，第二次産業のいずれにも属さない産業と定義されているように，非製造業という見方である．そもそも，経済学はいわば産業革命とともに生まれた学問であることから製造業を基本的な視座に据えており，製造業との対比で非製造業すなわち製造業以外のその他の産業としてサービス産業をとらえたのである．しかしながら，「製造業ではない」という定義は，非＝製造という否定によって定義されることから，必ずしもサービス工学に有益な定義ではない．

2) サービスは無形財

非製造業としてのサービス産業を定義しようとすると，製品をつくる製造業と対比させて，製品の形をもたない無形の財を提供する産業となる．そのために，サービスとは**無形財**と定義されることが多い．しかしながら，無形であると定義しても，非＝モノといっているだけである．そのために無形財とは何かを説明する努力がなされてきた．たとえば，所有権が移譲できるのが有形財で，所有権が移せないのが無形財であるとされるが，これも非＝所有という定義であり，役立つ定義ではない．

3) 無形性，同時性，消滅性，異質性

サービスの特性として**無形性**を掲げることで，いくつかの特性を述べることができる．**同時性**とは，生産と消費が同時に行われることであり，形のない財であるために，生産したのちに保存して，それから消費することはできない．保存できないということは生産と同時に消滅するという**消滅性**をもっている．**異質性**とは，提供されるサービスの品質にはばらつきが起きることを示している．製品は，誰が使っても同じ性能を出せるのに対し，

サービスの提供者の行動はまったく同じ繰返しにはならないためにばらつきが生じる．単に無形性によるばらつきだけでなく，同じサービスを提供しても人によっては喜ばれないという意味でも異質性がある．

c. プロセスと価値共創

1) プロセスによる定義

前項での定義ではサービスは無形の財であるという見方が基本になっているが，形がないものとは具体的には何であるかを表現しなければならない．その一つが，サービスはプロセスであるという定義である．病院にいけば，受付，問診，診察，投薬，支払いというプロセスからなる．サービスを提供する側にもプロセスがあり，たとえば飲食店では客の注文を受けてから，いくつかの調理プロセスを経て料理ができあがる．しかしこのように提供する側を考えると，製造業にも当然のことながら製品を製造するプロセスが存在する．

2) サービスは提供者と受容者の共創

日常語としてのサービスは奴隷が主人に対して行うことを語源として（0.1節参照），人が人に対して，その受け手の益になるようなものを提供することを意味している．益あるいは財とはそれを得たものがよりよい状態になるものであるから，サービスとは，その受け手の望むような状態変化を引き起こすものということができる[1]．そして，同じサービスが提供されても，受取り手によって受取り方が異なり，たとえば，お腹がすいた人がいてはじめて料理に価値が生まれることから，サービスは提供者と受容者の**価値共創**であると見なすことができる[2]．受け手から出された具体的な要求だけでなく，受け手のもつ属性などもサービス提供者側の行動に変化を引き起こすことから，相互作用によって価値が創成されるといえる．これは使用価値という観点から製品とサービスを包括的にとらえようという観点（サービス・ドミナント・ロジック）でもある．

3) 受け手との相互作用があるプロセスとしてのサービス

サービスがプロセスであることと，提供者と受容者との相互作用による価値創成であることを統合してサービスをとらえると，サービスとは提供者と受容者の相互作用によってつくられ，受容者に提供される価値創成プロセスであると定義することができる[3]．製造プロセスも価値をもつ製品をつくるプロセスであるが，製造プロセスとサービスが異なるのは，提供者と受容者の相互作用によってプロセスが異なってくる点である．

サービスのプロセスにおいては，サービスの受け手の状態も考慮してプロセスを組み直すことも行われる．たとえば，料理が遅いと苦情がでている場合には，女将が話相手になるなど臨機応変な対応が行われる．製造が固定的なプロセスによって品質を安定させるのに対し，受け手の状態に応じて適応的にプロセスが変化するのがサービスにおけるプロセスである．

d. サービスの空間性

1) 商圏の理論

財の生産と消費という見方やプロセスという見方はいずれも時間的な観点から産業や

サービスをとらえようとしたものであったが，人が移動するようになってサービス産業が生まれたことやクラークの第3次産業の定義による益や財の配布すなわち物の移動という観点からみても，サービスを考えるうえにおいて空間的なとらえ方が不可欠である．

小売りにおいては財を提供するが，それを得ようと人は小売店舗に集まってくる．ライリーの法則は1931年にWillian Reillyによってつくられた**小売りにおける人の吸引力の理論**で，都市Aと都市Bの中間地点にあるCからAやBに人が流れる割合は，AとBの人口に比例し，CからAやBへの距離の2乗に反比例するというものである．人口を質量と見なしたこの法則は小売りの引力の法則と呼ばれる．David L. Huff (1963)による**ハフ・モデル**はこの拡張であり，商業施設の売場面積とその商業施設までの距離のλ乗の逆数で表現される．λは距離の抵抗係数であり，地理条件などを考慮して決められる．この距離は実際には時間的・心理的距離になる．商圏のモデルは同業種との競合関係をみるのに使われる．観光サービスなどについては，すぐ近くには観光にいかないことからわかるように，距離の定義に工夫が必要である．

引力を決める質量に相当するものはハフ・モデルでは売場面積である．ショッピングセンターの売場面積が広ければ店舗が多く入り，それが商業施設の魅力度となると考えられるが，実際にはさまざまな要因が魅力度に影響を与えることになる．サービスが相互作用による価値創成であるとみると，サービス提供者と店舗に訪れたサービス受容者の相互作用によっても引力が生まれるといえる．店舗の雰囲気，品揃え，売り手の態度，接客などのサービスプロセスによって価値が生まれ，それが引力になる．

2) サービスの連携モデル

商圏のモデルでは，単に人がサービスの場に引きつけられるという一過的な現象ととらえている．しかし，実際の人の状態は時間的にダイナミックに変化しており，たとえば商品を購入してしまえばもう小売店には関心がなくなるが，空腹になっていることに気づいて近くの飲食店に引きつけられるといったことが起きる．そして，人が集まる港に宿泊施設があり，宿泊施設の近くに飲食店ができ，といった相互に関連して発展したサービスの歴史を考えると（0.1節参照），人の状態変化に基づく異なるサービス提供の連携という観点からもサービスをとらえる必要がある．すなわち，あるサービスによって状態変化した人を引きつけるように他のサービスが存在することで，空間的に存在する各種のサービスが互いに連携しながら，全体としてサービスが機能するととらえることができる．駅での待ち時間や病院での待ち時間などをすごすための売店や情報提供，景観地と土産物店や飲食店もサービス連携の関係にある．

一方，飲食店街のように同じサービスの提供者が空間的に近くに存在する場合には，互いに競合するサービスと見なされるが，同じ店で食べることに飽きた場合や混雑していて待ち時間が長くなる場合には，他店の食事サービスに引きつけられる．瞬間的にみれば競合サービスであるが，長期的にみれば連携して機能しているとみることができる．人が絶えず状態変化している生活の中にどのようにサービスを位置づけて設計し，運用・改善していくかを考える枠組みとして，**サービスの連携モデル**を用いることができる．

0.3 ハイ・サービス

サービス産業生産性協議会

a. ハイ・テクからハイ・サービスへ

20世紀はものづくり，製造業が日本経済を牽引してきたが，21世紀の産業活動の主役は製造業からサービス産業に移るといわれている．そして日本は製造業の分野でハイ・テクを追求してきたが，サービスの世紀・21世紀に追求されるのは**ハイ・サービス**である．

ハイ・サービスとは，ある指標が「高い」「○点以上」といった，ある時点での「結果」ではなく，プロセス改善や付加価値向上などのサービスイノベーション・生産性向上への「取り組み」である．

b. ハイ・サービス日本300選

サービス産業の生産性向上，イノベーションを進めていくための一つの方法が，優れた先進事例から学ぶことである．創意工夫に満ちた先進的な事例を収集・整理して広く共有すること，生産性向上の取り組みの具体例を提示することで，いっそうの取り組みを喚起するなどの運動展開が可能となる．

この目的を達成するために，サービス産業生産性協議会（後述）では，「ハイ・サービス日本300選選定委員会」を設置して，経済産業省や中小企業庁と連携して，主に中小企業を対象として，生産性向上に役立つ先進的な取り組みを実施しているサービス企業を「**ハイ・サービス日本300選**」として2007年から2009年までの3年間をかけて269組織を選定・表彰していった（図1）．

ハイ・サービス日本300選は，サービス産業の生産性向上に役立つ先進的な「取り組み」そのものを表彰することで，より汎用的にさまざまな企業に応用・活用，「横展開」していただくことを目的としている．そして，より優れた事例の普及・共有により，日本のサー

図1 2007年12月10日の「第1回表彰式」の様子
第1回は21組織が受賞した．吊り看板に「20世紀はハイ・テクを追求，21世紀はハイ・サービスの追及」とのメッセージ．

ビス産業全体のイノベーションや生産性向上を目指している．

c. 300選受賞企業にみるハイ・サービス

では，ハイ・サービス日本300選の六つの観点で，いくつか「取り組み」の代表的なポイントを紹介する（表1）．なお，受賞企業における具体的事例については，サービス産業生産性協議会のホームページ[1]を参照されたい．

1) 科学的・工学的アプローチの取り組み例

顧客の視線をカメラで追うことによる，メニューの表示方法や商品レイアウトの改善，「目利き」からデータ分析に基づく仕入方式の変更，記録した優秀なスタッフ動作事例を他店に横展開する取り組み，などである．

また，GPSとカーナビゲーションシステムの連動による配車システムによる運行・稼働率の向上や，QRコードとICタグによる自動カウントや時間管理システム（図2）などの，既存の技術を活用・応用した取り組み，などもみられる．

2) サービスプロセスの改善

機械システムやロボットの導入による省力化や動線分析・作業分析などIE手法を用いた合理的な改善などにより余力を生み出し，従業員が接客などの本来のサービス業務への機会を増加させることを可能にして，サービス品質を向上させている取り組み，などである．

図2 QRコード（特許第2756921号）
お皿についたQRコードによる製造後の経過時間を管理するシステム（サービス産業生産性協議会 ハイ・サービス300選受賞企業事例集HPより）．

表1 ハイ・サービス日本300選の六つの観点

先進的な取り組みの観点	具体的な取り組み内容の例
科学的・工学的アプローチ	「経験と勘」に頼っていた従来のサービスをモデル化し，最適化している．人の行動を科学的・工学的に分析し，質の高いサービスの提供につなげている．既存の技術を活用したサービスの価値を高める取り組み，など
サービスプロセスの改善	サービスの提供プロセスにおいて，IE（インダストリアル・エンジニアリング）手法やロボットの導入などによる効率化のための工夫を行っている，など
サービスの高付加価値化	顧客の満足度や品質の測定，顧客との関係づくり，ニーズの掘り起こしなどを行うことで，満足度の高いサービスの提供を行っている，など
人材育成	従業員のモチベーション向上と，顧客満足度や生産性の向上のよいサイクルを生み出す，人事などの制度や環境・風土づくりの取り組みを行っている，など
国際展開	ユニークな強みを有し，積極的な国際展開を行っている，など
地域貢献	地域ニーズに対応するとともに，需要を喚起し地域の活性化につながる取り組みや，地域ブランドの創出など，地域性をうまく活用した取り組みを行っている，など

1), 2) いずれも取り組みの結果として，サービス提供レベルの向上につなげていることが大切である．効率化・業務改善のみが目的ではない．成果を本来のサービス品質の向上に生かすことが重要である．効率化と品質向上，この二つの側面の同時達成・追求がハイ・サービスへの取り組みである．

3) サービスの高付加価値化

顧客が期待する価値は，当然だがすべて同じではない．しかし顧客ごとにサービスメニューを揃えていたら経営が成り立たない．そのためには，顧客と提供サービスの「絞り込み」を要する．高齢者，外国人，お遍路，健康増進など属性や目的などで絞り込むために顧客・市場を理解する取り組みと，「できることをやり，できないことはできる範囲を示す，または代替案を提示する」など本当に必要なサービスや品質は何であるかを理解する取り組みが必要である．また「クレームは贈り物」といわれるように，情報の受信＝顧客からの評価をサービスの高付加価値化の活用に結びつける取り組みも重要である．

4) 人材育成

組織能力や労働生産性の向上，そして顧客満足向上を実現するための人材育成，社員満足，職場環境の整備の取り組みである．採用・配置・育成・処遇などの制度改定，社員教育実施，システム導入などのハード面や，また経営理念・クレドの浸透による価値観の共有，権限委譲による自主性・創造性の発揮などのソフト面での取り組みである．

仕事や会社に対して従業員が満足していなければモチベーションは下がり，顧客によいサービスを提供することはできない．従業員満足の向上と顧客満足の向上は表裏一体である．

5) 地域密着，地域・社会貢献

地域ブランドや地域性を把握したサービス提供への取り組みである．決して有名な資源ではなく地域で普通にみられる資源でも，地域外への効果的なアピールや生産消費プロセスへの地域住民への参画などの取り組みしだいである．

またサービス業には比較的規模の小さい企業が多く，ネット販売が主でなければ商圏も比較的狭く，拡大志向よりも限定した地域をターゲットにした，既存顧客のリピート重視をすることが多い．

6) グローバル化

単なる日本モデルの輸出ではなく，各地域の実情やニーズに合わせた国際展開や，その逆に世界各国で，優れたもの・よいものは同じはずという考えから，グローバルに普遍化させて展開し，現地化を図る取り組みである．

また，海外進出・展示会出展により成果を国内にフィードバックさせたビジネス展開である．海外進出だけが国際展開ではなく，海外での知見を国内で生かし，さらに高めて再輸出する取り組みもある．

0.4 サービス産業生産性協議会

サービス産業生産性協議会

a. サービス産業生産性協議会設立の背景

　サービス産業は日本のGDPと雇用の約7割を占める．また社会経済の構造変化・サービス経済化，製造業におけるサービス機能の進化やサービス活動との融合などにより，サービス産業は今後も日本経済の成長のエンジンとなることが期待される．

　しかしその一方で，製造業や他国のサービス産業と比較して生産性の上昇率が低いことが指摘されてきた．また，グローバル化，製造業のサービス化や製造業とサービス業の融合，地域の再生など，サービス産業をめぐる課題は多岐にわたり，今後も拡大が予想されるサービス産業の生産性がこのままであると，経済全体の生産性が伸び悩み，競争力の低下につながりかねないことが指摘されてきた．

　そこで，2006年7月の財政・経済一体改革会議において「**経済成長戦略大綱**」が策定された．大綱では，サービス産業の重点分野の生産性を抜本的に向上させることにより，製造業と並ぶ「双発の成長エンジン」の創出が提言された．そして，そのためのプラットフォームとして産学官によりサービス産業生産性協議会を設立し，①業種ごとの生産性向上目標の設定と定期的公表，②サービス分野の企業が取り組みやすい生産性指標の開発，③「日本サービス品質賞」の創設などからなる「サービス産業生産性向上運動」の展開が計画された．

　これを受け，経済産業省に「**サービス産業のイノベーションと生産性に関する研究会**」が同年12月に設置され協議会の基本構想が検討された．そして2007年5月に，サービス産業をはじめ，製造業・大学関係者・関係省庁など幅広い関係者の参加のもとに，社会経済生産性本部（現：日本生産性本部）に「**サービス産業生産性協議会**」が設立された（図1）．

図1　2007年5月10日「発足記念シンポジウム」の様子

b. 協議会におけるサービス産業生産性向上と専門委員会活動

　製造業や他国のサービス産業と比較した生産性上昇率の相対的な低さ，グローバル展開，製造業のサービス化，地域の再生などサービス産業を取り巻く課題も多い．また個々の企業に目を向ければ，業種・業態は多様であり，多分野にわたっているため，その抱えている課題もさまざまである．

　しかし，生産性向上の観点からは，生産性の分母部分にあたる"インプット"の改善・「効率性の向上」とともに，分子部分に相当する"アウトプット"の改善・顧客満足度やホスピタリティなどの「サービス品質の向上」，この二つの側面は共通課題である（生産性の定義は 0.5 節参照）．

　効率性向上のためには業務プロセスの改善・革新，サービス品質向上のためにはサービス提供者と消費者の間の情報格差の解消や相互の信頼性を向上させるインフラ整備が求められる．また，サービス産業を支える人材の育成や供給される仕組みをつくっていかなければならない．

　このような問題意識のもと，協議会では専門的なテーマに応じて，サービス産業の生産性向上に資するツール開発や事例収集のために，七つの専門委員会を設置して活動を進めてきた（図2）．

(1) 科学的・工学的アプローチ委員会

　提供者の個々の勘と経験，熟練に頼りがちといわれてきたサービス提供や消費者の行動分析に，「科学的・工学的手法」を取り入れた品質向上や効率性の向上，その実現のための課題の検討，実証研究・事例収集などの活動を進めてきた．

```
幹事会 ── 運営委員会 ── 事務局
  └─ 企画委員会

  ┌─ 科学的・工学的アプローチ委員会
  │   ・活動趣旨：サービス工学の概念の検討，技術戦略マップの策定など
  ├─ サービスプロセス委員会
  │   ・活動趣旨：サービスプロセスの生産性向上のための製造業ノウハウの効果的普及方法の検討など
  ├─ 人材育成委員会
  │   ・活動趣旨：産業人材ニーズの明確化，人材育成のための教育体制の充実など
  ├─ 品質・認証委員会
  │   ・活動趣旨：業界自主認証制度の支援，ADR機関構築の検討，高品質の評価システムの検討など
  ├─ CSI委員会
  │   ・活動趣旨：CSIプロトタイプの作成，運営体制の検討など
  ├─ 「ハイ・サービス日本300選」選定委員会
  │   ・活動趣旨：ハイ・サイビス日本300選の選定（3年間で実施）
  └─ サービス統計委員会
      ・活動趣旨：サービス分野における統計整備の充実に向けた取り組みなど
```

図2 2009年度のサービス産業生産性協議会の体制と専門委員会

(2) サービスプロセス委員会

サービスの提供プロセスの分析と改善による品質向上と効率性の向上や，製造管理ノウハウのサービス提供プロセスへの活用のための課題，手法の検討，実証研究・事例収集，導入支援のネットワーク形成などの活動を進めてきた．

(3) 人材育成委員会

目に見えない商品＝「サービス」を提供する主体は「人」である．したがってサービスの品質と効率性は，製造業以上に人材の能力に依存するといえる．サービス業における教育体制整備に向けた課題の抽出・検討，経営人材育成のための実証事業を進めてきた．

(4) 品質・認証委員会

消費者はサービス購入前にその品質を確認することが容易ではない．消費者の期待感と現実のミスマッチに対して，サービスの品質が少しでも目に見えるための仕組みの構築，自主的な認証制度，個別のトラブルを解決する紛争解決の仕組みの検討を進めてきた．

(5) CSI（customer satisfaction index）委員会

利用者にとっての品質の「見える化」と，事業者にとっての顧客満足度経営のベンチマークのために，異なる事業者・異なるサービス分野での比較が可能な日本版の顧客満足度指標の検討・開発を海外諸国の事例を参考に進めてきた．

(6) 「ハイ・サービス日本300選」選定委員会（0.3節参照）

(7) サービス統計委員会

サービス分野において整備が遅れている業界統計の構築に向けた支援，各産業界の統計に関するニーズ集約と政府統計に対する提言，統計に関するデータベースの構築などについて検討と実証事業を進めてきた．

c. 研究成果の展開

2010年度からは，協議会では3年間の検討・実験的フェーズの活動を踏まえ，サービスイノベーションの実現に向けて，経済産業省からの全面的な委託を離れて民間運動としての取り組み・事業をスタートさせた．

CSI委員会の活動を中心に進めてきた顧客満足度を業界横断で比較して「見える化」する指標の開発・実証は，**日本版顧客満足度指数**（Japanese customer satisfaction index：JCSI）として実を結んだ．2010年度には31業界353社，2011年度は32業界392社の調査を実施し，それらより得られたJCSIを公表した[1,2]．JCSIは顧客満足の構造を解き明かし，中長期的な顧客の満足・納得を「見える化」していくもので，経営戦略・計画策定に活用できる満足度調査として独自のポジションをもっている．協議会では，個別企業へのデータ提供，コンサルティングにより，各企業の戦略策定や経営課題解決，そして日本のサービス産業全体の生産性向上の支援を行っていく．

また，ハイ・サービス日本300選受賞企業や各専門委員会で検討・収集したベストプラクティス事例については，さらなる発展を目指すコミュニティ（旧300選クラブ，現ハイ・サービスクラブなど）を中心に全国各地での交流会において実践と取り組みを，互いに学びあい情報交換の活動を続けている．

0.5
サービス生産性革新

内藤　耕・北島宗雄

　サービス生産性は，産出物を生産のために投入した資源で除して算出され，投入資源活用の効率を表す尺度である[1]．このサービス生産性の向上のためには，作業の効率化（プロセス改善）による資源投入量（＝分母）の削減が必要である．しかし，サービス産業の現場の実態を考えたとき，効率性を追求すれば，顧客満足が犠牲になり，顧客満足を追求すれば，効率性が犠牲になると考えられてきた．すなわち，「作業の効率化」を進めながら「顧客満足の向上」を実現することは，簡単に実現できることとは考えられてこなかった．したがって，サービス産業の多くの経営者は，顧客満足が毀損することで新たな集客ができなくなることを恐れ，生産性向上への取り組みに消極的であった．
　「サービス生産性革新」は，作業の効率化と顧客満足の向上を同時に操作してサービスの生産性を向上させる実践と方法論を指す．本節では，サービス生産性革新の事例を紹介し，方法論を示す．

a.　サービス生産性革新の事例

　筆者らはこれまでさまざまなサービス産業の先進的な取り組みの収集と分析を行ってきた[2,3]．そして，作業効率と顧客満足を同時に実現するサービス生産性革新の具体的な実例を数多く発見してきた．以下では，その中から代表的な2例を紹介する．

1)　宮城県の鎌先温泉にある旅館「時音の宿　湯主一條」

　旅館「時音の宿　湯主一條」はかつて自炊湯治，食事付き湯治，旅籠のサービスを別々に提供し，異なる期待をもった宿泊客が当該宿を利用していた．しかし，施設が大規模であり，レイアウトが複雑であった．さらにエレベーターがないことから，高齢の宿泊客に対して十分なサービスを提供できていなかった．そこで宿泊客の構成を維持しつつ顧客満足度を高めるためには，施設レイアウトの改修をしなければならなかった．しかし，そのためのコストを考えるとサービス生産性が向上するとは考えられなかった．
　そこで湯主一條では，すべての宿泊客の満足度を向上させるという考えを放棄した．当該宿がもつ資源を最優先に考慮し，特定の動機をもつ宿泊客に絞って満足度を向上させることで効率化を達成することにした．つまり，施設レイアウトの制約から高齢者が一般的に多い湯治や団体の宿泊客に対して満足度の高いサービスを提供できないことから，ターゲット客層を30～40歳代の個人旅行客にした．そして，このターゲット客層に合った内容のサービスに絞り込んだ．そして，2004年に，「施設レイアウトは維持」「ターゲット客層は30～40歳代個人宿泊客」というコンセプトを掲げ，具体的な取り組みを開始した．
　この2点の制約を考慮した解として「ホテルのような接客」を想定し，最少の人数で最

大のパフォーマンスで提供することを目指した．具体的には，各部屋にトイレや浴室をつけ一室当たりの面積を広くし，寝具も布団から事前準備可能なベッドに変更した．これを実現するために，客室数を71から24に減らした．一方，厨房からできたての料理を早く提供できるようにすることにこだわり，客室での食事提供を止め，厨房が近くにあった湯治客用の部屋を個室料亭に改装した．

このようにターゲット客層を絞り，それに合ったサービス内容にした．その結果，ターゲット客層に対して高い顧客満足を提供するとともに，現場作業が単純になり，少ない従業員数でサービスを提供することも実現できた．このような改革の結果，客室数を減らしたことで年間宿泊客数は減少したが，客室稼働率は約2倍，そして客単価は約2.5倍上昇したことで，売上を2倍に増やすことができた．

2) 千葉県内で多店舗展開する理美容室「オオクシ」

理美容室「オオクシ」は，「ロープライス・ハイクオリティ」というコンセプトを確立し，千葉県を中心に23店舗（2011年4月現在）を展開している．理美容業界は全国的にオーバーストアの状況にあり，一つの店舗を維持するのに必要なだけの需要を確保するには，一定数のリピート客を確保しなければならない．つまり，他の店舗に顧客が流れていかないようにすることが必要である．そこで，オオクシでは，傘下店舗の顧客である近隣住民が求めるサービスが何かを常に探索し，一度利用した顧客が繰り返し来店してくれるリピート客に転換していくことを実現することを目標に掲げて日々営業している．

その目標を実現するために，オオクシではPOSレジ記録，アンケート配布・回収，日報作成を実践している．POSレジでは，どの従業員がどの客に対して，どのようなサービスを提供したかを記録している．会計時にはアンケート葉書を顧客に手渡している．また，店舗単位で毎日1人の従業員が交代で日報を書いている．これらを現場で実践し，結果を分析することにより，現場の状況，サービス提供方法や顧客の期待を細かく理解できるようにしている．そして，顧客の期待に沿ったサービスを提供できる改善活動を積極的に店舗現場で実践し，顧客の再来店率，店舗での客回転率，客層の変化などを，上記実践から得られる結果を分析することにより算出し，改善活動の効果を評価している．

効果が得られた取り組みに再現性が認められたとき，その改善策を確実に実施できるようにしていく．具体的には，それをマニュアル化し，それに沿って従業員が的確にサービス提供できるよう自社のトレーニングセンターで人材育成を行っている．評価データの蓄積を通じて，店舗の立地によって顧客の来店動機の傾向が異なることを発見した．改善策が立地に依存するということがわかったので，店舗ごとにカット，パーマ，カラーなどのサービスのメニューを用意し，顧客の動機と提供するサービスのミスマッチを解消するようにしている．

オオクシが自ら開発したマニュアルに沿って店舗が運営されたとき，リピート客比率は80%を超え，またより少ない従業員数でより高い客回転率を実現できた．そして，一般に理美容業界で難しいといわれる多店舗展開ができるようになった．

b. サービス生産性革新のための方法論

このように，これら2社の取り組みから，作業効率と顧客満足を同時に実現する方法論があることが明らかになった．作業効率と顧客満足の二律背反の関係から実現が困難と考えられてきたサービス生産性革新は実行可能ということである．

2社の取り組みの共通点を見いだすことにより，サービス生産性革新の方法論としてまとめることができる．生産性革新を推進しているこれら企業では，サービス現場を次の3要素で規定している．それらは，①顧客や企業が抱える物理的制約，②顧客がもつ内的動機，③サービスの内容である．そして，これら3要素で選択される顧客の行動は，そのサービス現場に何らかの形で赴くということにほかならず，サービス現場は「**集客の場**」と言い換えることができる．つまり，この集客の場のダイナミクスを **SA 理論**（societal attractor theory）と呼び，それに基づいてサービス生産性革新のための方法論を上記の3要素でモデル化できる．

現場のレイアウトは大きな物理的制約で，ホテルではベッド数以上の宿泊客を受け入れることができず，飲食業では席数以上の顧客に料理を提供することができない．また，立地などからくる顧客にとっての必要な移動時間も大きな制約になる．つまり，サービスの内容や提供方法がこの物理的制約に依存して変動することから，それは顧客満足度に影響を及ぼす．一方，内的動機とは顧客によって異なる顧客の要望や嗜好，状況のことである．

そして，湯主一條とオオクシでは3要素のそれぞれは表1のとおりになる．これら三つの要素は，新たに企業を創業するときはその多くを自由に定義することができる．しかしすでに企業として存在し，顧客にサービスを提供しているときは，その多くを簡単に制御することはできない．このため，企業がサービス生産性革新に取り組むとき，制御可能な部分を探索し，その改善と評価を通じて，最終的にこれら3要素の間のミスマッチを解消していく必要がある．

しかし，サービスが提供される現場においては，取り囲む制約が常に変動しているため，作業の効率が安定することはない．一方，顧客も，個人を考えれば，自身が成長し，また常に変動する状況下に置かれている．このため，同じ属性をもった顧客セグメントが維持され続けられることはなく，顧客の動機も安定しない．

仮にサービス生産性革新が実行されたとしても，制約も動機も変化し続け，その結果として，ある革新が実施されたときと同じ生産性の水準は維持されない．逆にサービス企業が何もしなければ，サービス現場のミスマッチの幅は広がり，結果としてサービス生産性は低下していく．このため顧客満足と作業効率を同時に実現する，3要素の間のミスマッチを解消する改善活動の日々の継続が現場で必要となる．

表1 湯主一條とオオクシにおける物理的制約，内的動機，サービスの内容

	物理的制約	内的動機	サービスの内容
湯主一條	施設レイアウト	温泉・宿泊・料理・接客	ホテルの接客で旅館のサービス
オオクシ	オーバーストア	ヘアカット	ロープライス・ハイクオリティ

0.6 サービス工学技術ロードマップ

大 隈 隆 史

特定の技術開発にかかわる人々がコンセンサスを得ながら策定するその技術の将来像は**技術ロードマップ**と呼ばれ，研究開発のマネジメントツールとしても活用されることが多い．経済産業省も，①産業技術政策の研究開発管理ツール整備，②産学官における知の共有と総合力の結集，③国民理解の増進を主な目標として，技術戦略マップという名称で技術ロードマップを策定している．本節では現在公開されているサービス工学分野の技術戦略マップを概説する．

a. サービス工学分野技術戦略マップ

技術戦略マップでは「サービス工学とは勘や経験に頼りがちなサービスに工学的な手法を導入するものであり，多様化する顧客ニーズへの適用や新しい価値の発見による効率的なサービス，従業員の負担軽減や能力の向上を支援することを目的とする」とされている．すなわち，サービス工学はその名が示すように工学の一分野であり，事業としてサービスを提供する際，客観的指標に基づく経営判断や現場運営のための「仕組み」の構築を研究の対象としているとされる．これは経済産業省における認識を示したものであり，必ずしも学術的な定義を意味するものではないが，この認識に基づいて経済産業省の研究開発事業は設計されている．

b. 導入シナリオ

導入シナリオでは，サービス産業は超高齢社会へと突入した国内の市場のみならず，今後は海外への進出まで視野に入れていく必要があるという認識が示されている．そこで，年齢層や国籍の違いなど，多様な文化的背景をもつ顧客の要求への対応を短期的課題としてあげている．また，従業員の多様化も予測されるため，効率的な人材育成を支援する技術が重要になるとの考えが示された．特に，サービス工学が取り組むべき課題は「サービスに関わる人の多様性に対応した仕組み作りの，技術による支援」とされている．

以上の問題意識に基づき，一般の中小・小規模サービス企業の生産性を，優れた勘や経験をもち先端的な取り組みをしている企業のレベルへの向上と，利用者にとっても真に必要なサービスの選択を可能とする社会の実現も目標として掲げている．

サービス工学の技術が社会に普及する道筋として，経営コンサルティングなどのBtoBビジネスのみならず金融機関による指導や商工会議所による支援などを通じて，中小サービス企業への導入が進むという期待が示されている．また，サービス工学技術の導入が進むことで，顧客データの相互共同利用といった新たな産産連携が進展し，価値共創の考え

方が浸透することも期待されている．

c. 技術マップ

　サービス工学分野における重要技術を選定するに当たり，「人（＝従業員と顧客）が重要な役割を果たす」「中小企業が多く資源の制約が大きい」というサービス産業の特性を考慮して，人間の行動に適切に対応するための技術であること，低コストで利用しやすく安定性が高い技術であることが基準となった．そのうえで，サービス最適設計ループ（0.7 節参照）におけるどの段階を支援する技術であるか，「顧客」「従業員」「顧客接点」のいずれを対象とする技術であるか，という軸でおのおのの要素技術が整理されている．

　客観的な現場運営や経営の仕組みづくりに欠かせないデータを収集する際には，目的と仮説をもって計測対象を決定することが，後段の分析処理の確度を向上するためにも，計測のコストを検討する際にも重要である．そこで，観測技術についてはサービスにかかわる人を工学的にセンシングする技術に加えて，初期仮説を策定するための調査技法が選定されている．マーケティングの分野で活用されるアンケートなどの調査技法や潜在的なニーズを探るビジネスエスノグラフィがこの技術に相当するが，低コスト化や分析結果の客観性の担保が技術課題となる．

　観測データを分析する技術は，経営や現場運営のために，数理統計などの数学的手法を用いて傾向や変化をデータから読みとるための技術と，予測やシミュレーションに用いるための計算可能なモデルを得る技術を含む．分析結果を経営者や現場の運営にかかわる人に提示する可視化やシミュレーションの技術は，サービスの再設計やこれに伴う意思決定を支援するものとして設計支援技術に位置づけられた．また，サービスの提供現場における人・モノ・情報の動きを把握し，サービスの改善につなげる示唆を得る可視化技術も設計支援技術として位置づけられている．このサービスの提供過程を可視化する技術を応用し，新しいサービスの設計を支援することも将来的に可能となると期待されている．適用技術の分野は従業員や機材・設備，場合によっては顧客も含めて，サービスの提供過程が設計どおりに進行することを支援する技術であり，特に人間の行動を支援する部分を重要視して選定されている．現場における行動を直接的に支援する情報提示，現場以外での行動情報を提供してもらうためのライフログ，従業員の人材育成支援が重要であると考えられる．

d. 技術ロードマップ

　技術マップの中項目レベル（初期仮説策定，センシング，数理分析，モデリング，シミュレーション，プロセス設計，ライフログ，人材育成）で今後どのような活用方法が可能となっていくか，その発展について5年間隔で2020年までの期間で整理し，技術ロードマップとしてまとめられている（図1）．

項目・年代	~2015	~2020
初期仮説策定技術	現状分析のための調査技法、行動要因分析技術の低コスト化	
センシング技術	サービス現場向けセンシングデバイスの性能向上と低コスト化	
	サービス提供状況の把握に重要な従業員動作の認識技術開発	
		消費者行動における心理的要素の定量化
数理分析技術	データマイニング高速化（アルゴリズムの改良）	
	多次元、非構造化データの分析技術開発	
		心理的要素を考慮した行動計画の最適化技術開発
モデリング技術	消費者行動の確率モデル化技術開発と需要予測等の現場運用支援への応用	
シミュレータ技術	マルチエージェントシミュレーションの高速化と精度向上	
	エージェントの社会構造を定義する技術の開発	社会シミュレーションへの物理シミュレーションの統合技術
プロセス設計技術	運用ルールと現状の可視化によるギャップ分析技術の開発	
	サービス設計支援技術の開発	サービス設計レビュー技術の開発
		異分野の知識活用（アブダクション）による設計の支援技術開発
人間支援技術	人間を含むサービスシステムの運用を支援する情報提示技術開発	
価値共創支援技術	ライフログの共有にインセンティブを与える生活者向けサービスのシステム開発	
人材育成支援技術		行動センシング技術に基づくサービス現場のQC活動支援システムの開発
		従業員のスキルと状況認識に基づく最適手順教示による教育支援システムの開発

図1 技術ロードマップ[1]

d. 産総研における技術ロードマップ策定の取り組み

　現在，産総研においても持丸サービス工学研究センター長が議長をつとめるサービス工学戦略会議において，技術ロードマップの策定が進められている．産総研版の技術ロードマップでは，具体的な応用シナリオを想定した「技術パッケージ」ごとに技術マップをとりまとめ，これを一般化する形で技術マップを策定することが試みられている．今後，経済産業省における技術戦略マップ策定とも連携しながら産総研の研究戦略を示す技術ロードマップを策定していく予定である．

　経済産業省におけるサービス工学の研究開発事業については一定の成果を得ていったん終了したが，いくつかの要素技術については実用化を加速するための取り組みが始まっている．また，おもてなしやイノベーションを支援する事業についても検討が続いている．これらの取り組みも技術戦略マップを考慮しながら進められている．経済産業省における技術戦略マップは2年に一度程度で改訂されるため，当該分野で研究に携わる読者諸氏には今後も継続的に確認することをお勧めする．

0.7 サービス工学の概要

蔵田 武志

a. サービス工学とは

サービスの定義については0.2節で議論がなされている．では，サービス工学の定義はというと，「サービスの生産性向上やサービスによる価値共創に資する方法論や技術を研究・開発するための工学分野」ということでおおむね十分ではないだろうか．ただし，工学や科学にとってサービスはまだまだ未踏領域で多様な視点での議論が必要であり，サービス工学が体系化されたり，学問領域として確立されたりといった状況には至っていない．

さて，生産性に触れたので図1を示す．0.3節以降度々取り上げられている**サービス生産性**については，経済産業省でのサービス工学関連事業等で定義や議論がなされている．分母となるコストの削減や，分子の付加価値の向上の仕方については事例を載せた形となっているが，無論これに限らないし，分母と分子の制御が独立でもないことは，0.5節などで述べられた通りである．

b. サービス工学研究の動向

海外での大きな動きの一つとしては，IBMが中心になって，2004年のInnovate America（Palmisano Report）において **Service Science** を提起したことがあげられる．その後やはりIBMが中心になって，2006年にはService Scienceを **SSME**（Service Science, Management, and Engineering）へと拡張した[1]．最近では，産学連携のサービス研究を推進する国際組織として **SRII**（Service Research and Innovation Institute）が設立されている．SRIIのミッションは，"Drive Research & Innovation for IT Services at a Global Level"であり，ITサービスが重要視されている．

ドイツや北欧などでは **PSS**（Product Service System），北米では**サービサイジング**と呼ばれるが，製造業のサービス化に関する研究も盛んになっている．これは，リユース，リサイクルといった物質循環と，利用履歴やメンテナンス履歴といった情報循環を効果的に実現し，サービス提供側と利用側とで価値（環境性能と製品の安全性の向上，製品のライフサイクル全体の低コスト化，顧客視点での製品改良など）を共創していくためのものとなっている．さらに，製品の購入後の利用価

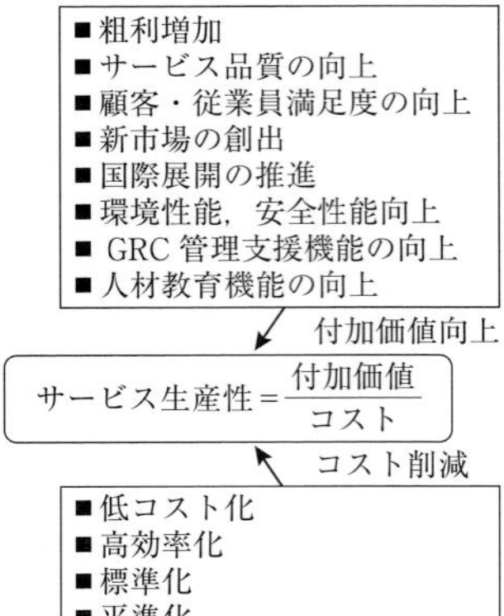

- ■粗利増加
- ■サービス品質の向上
- ■顧客・従業員満足度の向上
- ■新市場の創出
- ■国際展開の推進
- ■環境性能，安全性能向上
- ■GRC管理支援機能の向上
- ■人材教育機能の向上

付加価値向上 ↓

$$\text{サービス生産性} = \frac{\text{付加価値}}{\text{コスト}}$$

コスト削減 ↑

- ■低コスト化
- ■高効率化
- ■標準化
- ■平準化

図1 サービス生産性の定義とその向上の方策

値の議論を含む，よりマーケティング色の強い概念として **SDL**（service dominant logic）も注目されている．

筆者の属している産総研では，0.4 節で述べられた「経済成長戦略大綱」を受け，2008 年に「サービス工学研究センター」を設立した．特徴としては，0.6 節でも触れたサービスの最適設計ループ（図2）の各フェイズの高度化や支援のための技術開発を，産学官連携によって，サービス現場起点で進めている点があげられる．本センター（持丸正明センター長）では，サービス工学研究の大きな流れとして，①マーケティング等の手法を延長してサービス産業を分析する商学部系の研究，②工場での生産管理から SCM（Supply Chain Management）などへ展開し，サービスプロセスを合理化しようとする機械工学系の研究，③ICT 技術によってサービスを効率化しようとする Service Computing（情報系）の研究があると考えている．その中で自らの研究を，④サービスにかかわる「ヒト」（潜在顧客，顧客，従業員，経営者等）のはたらきに着目した研究，として特徴づけている．

c. 根拠に基づくサービスと包括的理解に基づくサービス提供

0.2 節で述べられた無形性，異質性，同時性，消滅性（**IHIP**）といったサービス固有の特性に起因する問題の解決のために，経験や勘が重視されてきたともいわれている．医療分野では，1990 年代初頭に北米で「根拠に基づく医療（EBM：evidence-based medicine）」が唱えられた．この「根拠」とは科学的・統計的根拠のことであるが，たとえば，英国の国営保健サービス（NHS：National Health Services）では，どの医療サービスに投資するかという「行政的決断」と，個々の患者にどのような医療を選択するかという「臨床医，経営者の決断」の大きく二つの場面において，限られた根拠や経験に頼るのではなく，必要十分な根拠を用いることとし，EBM を推進していった．医療ももちろんサービスであるため，その取り組みの中で類推的に導入できそうなものは積極的に他のサービス業にも展開していくとよいであろう．

さて，サービス産業における経験と勘への依存からの脱却への取り組みとして最もよく

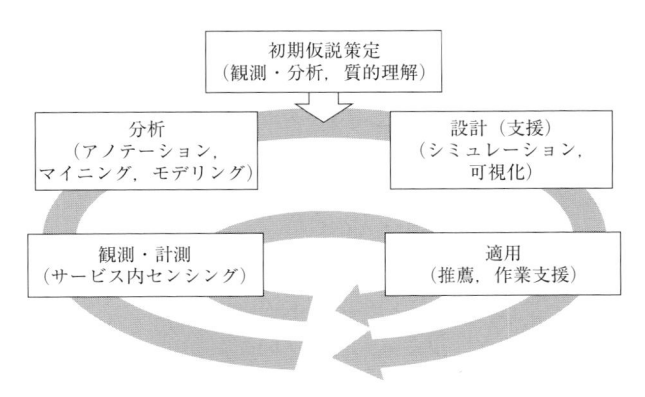

図2 サービスの最適設計ループ（観測・適用からなるループと観測・分析・設計・適用からなるループがある）

知られているのは，1970年代に導入が進んだ統一化されたバーコードを用いた**POS**（point of sales）**システム**に基づく事例であろう．POSシステムの普及により，小売りや外食チェーン，物流等でイノベーションが誘発された．POSシステムを用いると，現実世界にある実際の「モノ」（商品や部材）の流れと，コンピュータの中のモノの流れの情報との対応づけを，劇的に効率化することができる．これにより，在庫・発注管理が容易になるのはもちろんのこと，売上げを予測したり，現場やバックヤードのオペレーション設計をしたりということを，より工学的に行うことが可能となる．これは一種の evidence-based service（**EBS**）といってよい．

語りと対話に基づく医療のことを**NBM**（narrative-based medicine）と呼ぶ．EBMのように客観性だけを重視すると，統計的根拠の不足や個々の患者の固有性に十分に対応できないため，患者の現状やそれまでの経緯を患者の主観を含めて包括的に把握し，治療や看護方針に反映させようというものである．

同一顧客との継続的な接点をもつサービス業の場合には，NBM的な考え方（NBS：narrative-based service）の導入を検討する価値があるであろう．

ここで，サービス提供のための構成要素を，①顧客や従業員行動，サービスオペレーションの履歴分析などで得られる客観モデル，②それらに基づいたICTシステムとICTサービス，③オペレーションのためのマニュアルやガイドライン，④エスノグラフィ（インタビュー）などで得られる主観モデル（質的モデル），⑤システム化や形式化できなかった現場の暗黙知とする．サービスの最適設計ループの各フェイズに対応するサービス工学基盤技術は，①〜④を構築するために研究開発されているといってもよいであろう．たとえば，図3は，①〜④を積み上げることで，⑤の部分の依存度を下げようという視点でみることもできれば，①〜④の積み上げにより⑤を拡張していこうというようにみることもできる．また，EBSが統計的に十分な履歴やモデルに基づいた効果的なサービス提供を目指し，NBSがEBSを基盤として主観と客観の包括的理解に基づくサービス提供を目指すとすれば，上記①〜⑤とEBSおよびNBSとの対応は図3のようになる[2]．

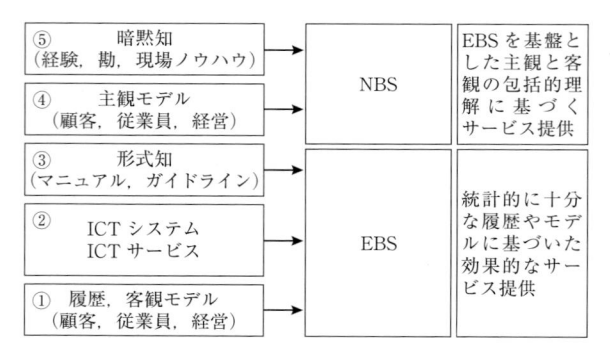

図3 サービス提供のための構成要素（左）とEBSとそれを拡張するNBS（右）

参 考 文 献

0.1
1) *The Oxford English Dictionary*, Oxford University Press (1989).
2) 内藤　耕ほか,『サービス産業進化論』, 生産性出版 (2009).

0.2
1) 下村芳樹, "サービスプロセスの「設計」技術", 内藤　耕編,『サービス工学入門』, 東京大学出版会 (2009).
2) K. Ueda, T. Kito, and T. Takenaka, *CIRP Annals*, **57**(1), (2008), 473-476.
3) S. E. Sampson, "Unified Service Theory", *Introduction to Service Engineering* (G. Salvendy, and W. Karwowski, eds.), John Wiley (2010).

0.3
1) http://www.service-js.jp/hs/

0.4
1) サービス産業生産性協議会,『2010 年度調査結果プレスリリース』(2010). http://www.service-js.jp/cms/news_attach/20110412_jcsi_news9.pdf
2) サービス産業生産性協議会,『2011 年度調査結果プレスリリース』(2011). http://www.service-js.jp/cms/news_attach/20120314_jcsi_news.pdf

0.5
1) 内藤　耕編,『サービス工学入門』, 東京大学出版会 (2009).
2) 内藤　耕,『サービス産業生産性向上入門―実例でよくわかる！』, 日刊工業新聞社 (2010).
3) 内藤　耕,『「最強のサービス」の教科書』, 講談社現代新書 (2010).

0.6
1) 経済産業省,『技術戦略マップ 2010「サービス工学分野」』, 経済産業省 (2010).

0.7
1) J. Spohrer, "Service Science, Management, and Engineering (SSME): A Next Frontier in Education, Employment, Innovation, and Economic Growth", IBM India, teleconference to India from Santa Clara, CA, December (2006).
2) 蔵田武志, "サービス工学の概要", 知能と情報（日本知能情報ファジィ学会誌）, **23**(3), (2011), 3-9.

第 1 章

観　　測

　本章では，0.7節の図2に示した最適設計ループの中の「初期仮説策定（観測・分析，質的理解）」および「観測・計測（サービス内センシング）」に関する技術を紹介する．
　前半の1.1節は「初期仮説策定」に当たり，七つの手法を取り上げる．はじめに，サービスに関連する人々の意図や行動状況に関する初期仮説を策定するために，顧客母集団から目的に応じて「サンプリング」する手法，サンプリングした顧客に「インタビュー」する手法を紹介する．次に顧客のニーズを主観的・客観的に測定する「心理計測」と「行動計測」，およびこれらを用い過去の認知的な詳細を分析する「CCE：認知的クロノエスノグラフィ」の三つの技術を紹介する．最後にさまざまなフィールドで活用されている初期仮説策定手法として「行動観察」および店頭での店員分析手法「ミステリーショッパーズプログラム」を取り上げる．
　後半の1.2節は「観測・計測」に当たり，自動的に「ヒト」の状況を観測・計測し，意図や嗜好・作業状況などを推定する七つの技術を紹介する．はじめにサービス現場の「ヒト」の生体情報を計測する「生理計測」と「視線・瞳孔運動の計測と解析技術」を取り上げる．次に，実世界における移動経路や作業内容を超小型のセンサを人体に装着するだけで測定する「屋内測位」，「行動・作業内容の認識・推定技術」，デバイス利用による「モバイルデバイス利用からの活動観測」，環境側にセンサを設置したステレオカメラのみで測定する「ユビキタスセンシングによる活動観測」の四つの技術を紹介する．最後に，昨今莫大な情報が流通しているインターネットなど「Web・オンライン利用からの活動観測」技術を取り上げる．
　　　　　　　　　　　　　　　　　　　　　　　　　　　　　　　　〔西村拓一〕

1.1 価値観や満足度など行動の根拠を推定する一般的手法

1.1.1 サンプリング

熊田孝恒

a. 全数調査とランダム（無作為）サンプリング

　サービス工学の研究では，人間を対象として調査や計測が行われる．このとき，調査や計測の対象となる人たち（ここでは対象者と呼ぶ）の全体がどの範囲なのかを，まず想定する必要がある．この調査・計測の対象となるべき人たちの全体を**母集団**と呼ぶ．母集団は調査・計測の目的によって変わる．たとえば，あるサービスに対する顧客の満足度を調べるという目的であれば，現時点での顧客全体が母集団ということになるし，潜在的な顧客（つまり，現時点では顧客ではないが，将来的に顧客になる可能性のある人たち）が満足するサービスを探るということになれば，そのサービスが顧客として想定している人たち全体が母集団ということになる．調査や計測によって研究の目的に合致した結果を得るためには，適切な母集団を仮定することが重要である．

　一般に調査や計測の目的は，母集団の中に，ある特性をもった人たちがどの程度の割合で含まれるのかを知ること，あるいは，母集団内の対象者の平均的，あるいは典型的な特性を把握することである．母集団が小さい場合（つまり対象者数が少ない場合）には，対象者全員を調べる**全数調査**が最も正確な方法である．しかしながら，母集団がある程度大きくなると全数調査にはコストがかかる．また，全員から研究への参加の同意が得られないこともある．そこで，母集団から一定の数の対象者を選んで調査・計測をする必要がある．このような，母集団の中から一部の対象者を選択する過程を**サンプリング**と呼ぶ．サンプリングによる調査や計測とは，サンプルとして選択した少数の人たちの結果から，もとの母集団の特性を推定する作業にほかならない．よって，調査や計測によって母集団の特性をより精度よく推定するためには，的確なサンプリングの手続きが必要である．

　母集団内では，調査や計測をしたい特性について，個人によるばらつき（個人差）が存在していると考えるのが自然である．心理学や行動科学の分野では，個人差を最小化するために，一般に**ランダム（無作為）サンプリング**が行われる．これは，想定される母集団の中から，無作為に対象者（サンプル）を選ぶことである．統計学的には，ランダムに抽出されたサンプルから得られた統計値は，個人差がある程度相殺されたものと考える．しかし現実的には，完全にランダムにサンプルを抽出することは不可能である．通常は，何らかの方法で募集を行い，それに応募してきた人に対して計測を行う，といった形で行われるため，応募する人としない人の特性の違いが結果に反映される可能性がある．さらにランダムに対象者を選んだとしても，それらの中から計測や調査に同意した人のデータしか得られず，結果的にサンプルには偏りが生じる．サンプルの抽出方法が適切かどうか，

また，原理的に避けることができないサンプリングの偏りが，調査や計測の目的に照らして許容範囲であるかどうかを常に意識しておく必要がある．また，一般には，サンプル数が大きいほど母集団との誤差は小さくなる．逆に，ランダムサンプリングでは，数が少ないほどサンプリングの偏りを生じる可能性が大きい点にも留意が必要である．

b. 媒介変数と層化無作為サンプリング

サンプリングの偏りが結果に及ぼす影響を排除する一つの方法は，媒介変数の統制である．**媒介変数**とは，結果に影響を及ぼしうる対象者の属性などのことである．たとえば，顧客のデータベースから，50名を無作為サンプリングし，あるサービスの満足度を調査したとしよう．このとき，そのサービスは，高齢者には全般的に評判がよく，若者にはあまりよくないというようなことがあったとすると，たまたまサンプルの中に高齢者が多く含まれていれば，平均的にサービスの満足度は高くなる．このような場合，年齢は満足度に対する媒介変数であるという．

媒介変数が何であるかが事前にわかっている場合や仮説的に設定できる場合には，それらを考慮した調査・計測を行うことが有効である．媒介変数をあらかじめ規定してサンプリングを行う方法のことを**層化サンプリング**と呼ぶ．母集団を媒介変数によってグループ分けをし，そのグループの中から無作為にサンプルを抽出する．

また，調査や計測の前には媒介変数の存在が明らかではなく，実施後に明らかになる場合も少なくない．そのような場合には，事後的に層別の集計や解析を行うことがある．ただし，事後的な層化では，特定の層にサンプルが偏ってしまうなどの問題が発生することが少なくない．ゆえに，予備的な調査などで可能な限りの媒介変数を事前に把握しておくことが望ましい．

c. 合目的的サンプリングとスクリーニング

サービス工学の研究では，対象者をランダムにサンプリングするのではなく，調査の対象に合致する属性を有する対象者を選別する場合がある．このような方法を**合目的的サンプリング**（purposive sampling）と呼ぶ．また，合目的的に対象者を選ぶ過程を**スクリーニング**と呼ぶ．合目的的サンプリングは質的研究やエスノグラフィなどの分野でも用いられるサンプリング方法である．

ランダムサンプリングが母集団の，集団としての特性を明らかにするために，サンプリングによる誤差を最少化することを目指しているのに対して，合目的的サンプリングは母集団がある範囲のばらつきをもった対象者の集団であるという前提のもとで，その中の特定の位置にいると想定される人を選別し，詳細に調べてその特徴を明らかにすることを目指すものである．したがって，そもそも目的が異なる．母集団の平均像や全体の構成を知るという目的であれば，偏りを極力排除したランダムサンプリングが適している．しかしながら，より詳細な調査や計測を行うことが目的の場合，ランダムサンプリングによって抽出された比較的大量のサンプルを用いることはコストの面から現実的ではない．したがって，限られた費用や時間のもとで詳細な調査や計測を行おうとすると，必然的にサン

プルの規模は小さくならざるをえない．しかし，前述のとおりランダムサンプルで少数のサンプルを選ぶと，サンプルの偶然の偏りに結果が左右されることになる．ゆえに，ランダムサンプリングとは異なる原理のもとでのサンプリングが必要である．それが合目的的サンプリングである．合目的的サンプリングでは，研究の目的にあった最適な少数サンプルをいかに選ぶかが，研究の成否を決める重要な要因となる．

サービス工学の研究においては，インタビューやスクリーニングテスト，スクリーニング調査などによって対象者を選定する（詳細な例は文献1などを参照）．どのような対象者を選択するかは調査・計測の目的によって決まる．まず，目的とする調査・計測に影響すると考えられる媒介変数を列挙し，それらの関係を事前に考察する．その中から最も重要な媒介変数をいくつか取り上げる（**クリティカルパラメータ**とも呼ばれる）．次いで，研究の目的を達成するためにはクリティカルパラメータについてどのような属性をもつ対象者を選定するべきかを決める．そして，その属性を有する対象をスクリーニングするための方法を選択し，その方法を用いて対象者を選定する．いわば，研究の目的を達成するのに最もふさわしい対象者の属性をあらかじめ仮定し，その属性を有する対象者を意図的に選定するのである．

合目的的サンプリングでは，サンプル数の大きさが必ずしも結果の精度を保証するものではないと考えられている．もちろん1名の対象者では，その結果を一般化するのは難しい．単なる個人差なのか，あるいは，クリティカルパラメータの影響なのかを決めることはできないからである．一方，同じクリティカルパラメータについて，同じ属性を有する対象者が，互いに類似の特性を示したとすると，さらに，同じ属性を有さない対象者はそのような特性を示さなかったとすると，その特性をクリティカルパラメータの特定の属性によるものとして解釈することが可能となる．つまり，合目的的サンプリングによる研究では，サンプル数を増やすことによって，結果の再現性を確認することができる．一方，同じ属性を有する対象者が調査や計測において異なる傾向を示したとすると，クリティカルパラメータの設定が正しくないことを示している．すなわち，合目的的サンプリングを用いた研究では，サンプル数が大きいこと自体ではなく，少ないサンプルであってもサンプル間での結果の一貫性が，結果の精度を保証するものとなる．

d. 目的に応じたサンプリング方法の使い分け

ここで紹介した二つのサンプリング方法は，互いに異なるメリット，デメリットを有する．しかしながら，両者は対立するものではなく，むしろ，調査や計測の目的に応じて，使い分けられるべきである．たとえば，まず，母集団全体の傾向を把握しクリティカルパラメータに関する仮説を構築するために，一般的な設問からなる調査を，ランダムサンプリングによって選ばれた対象者に対して実施し，その結果に基づいて合目的的サンプリングを行う，などという方法は有効である．いずれのサンプリング方法を用いる場合にも，そのメリットとデメリットを十分理解していることが望ましい．

1.1.2 インタビュー

田 平 博 嗣

a. なぜインタビューを行うのか

行動観察調査は，一般的に対象者の生活の中のごく限られた時間を切り取ったものであり，これだけで対象者の行動を十分に解釈できるとはいえない．対象者の行動を十分に解釈するには，その行動の背景を理解する必要があり，そのためには調査者が直接観察できなかった事柄を，**インタビュー**によって引き出さなければならない．

ここで，調査者が直接観察できない事柄とは，調査者の観測時に状況的に立ち入れなかった領域，対象者の思考，感情，意図などの内面的な領域，これまでの行動や経験などの過去から現在までに至るヒストリカルな領域，対象者を取り巻く生活環境や人々との相互作用などの日常生活領域，また，これらの評価や解釈，意味づけなどである．

b. インタビューの実施形式

インタビューは，質問の内容の深さや広さによる観点から分類すると，質問の構造化の程度により，およそ以下の3タイプに分類できる．
構造化インタビュー（structured interview），**半構造化インタビュー**（semi-structured interview），**非構造化インタビュー**（unstructured interview）の三つである．

このうち，構造化インタビューは，あらかじめ調査者がもっている仮説の枠組みに沿った質問票を用意し，質問の順序や質問の仕方なども決まっており，原則，それをはみ出ることはない．質問に対する回答は，量的に表現することも可能で，対象者間で比較することができる．半構造化インタビューは，あらかじめ質問したいことの大枠は決まっているが，その大枠についてそれぞれ自由に回答させ，ときには調査テーマの周辺の話題に及びながら，臨機応変にインタビューの進行を組み立てる．また，より内容を深めるための追求的な質問を必要に応じて行う．非構造化インタビューは，質問内容や質問の仕方を決めず，インタビューアーの裁量に任され，対象者との相互のやりとりによって，まったく自由に行われる．

以上は，どれか一つの形式を使うのではなく，質問の内容や性質に応じて，三つのタイプを組み合わせてインタビュー内容を構成することが多い．

c. インタビューの実施回数

可能であれば，同じ対象者に対してインタビューを繰り返し実施するほうが効果的である．一度のインタビューだけでは，取得できる情報も少なく，対象者のことを十分に理解できるとは言い難い．経験的には最低でも2回，できれば3，4回繰り返すと，広く深く情

報が得られ，相当踏み込んだ内容についても回答してくれる．

インタビューを繰り返して実施できるならば，それぞれのインタビューは，ある程度のテーマをもって実施したい．たとえば，対象者にいきなりプライベートにかかわるような質問をぶつけるのではなく，1回目のインタビューでは，観察された行動・状態や，そのときの期待していたことや満足度，および，その行動・状態に至った動機やきっかけなど，対象者が回答しやすい事実ベースの情報取得を主眼とする．

2回目以降は，過去から現在までの行動・状態の変化や，それと対応する嗜好性や日常生活の変化など，過去の出来事にさかのぼる．さらに，対象者の行動・状態に関連する生活スタイルや価値観，生活環境，家族や友人との関係など，よりプライベートな内容は，インタビューの回数を重ねるごとに，調査者と対象者の信頼関係を十分に形成させたうえで，質問を展開していく．

d. インタビューで取得するデータ

次に，インタビューにおいて，取得すべき情報について述べる．ただし，以下の項目のすべての情報をとる必要はなく，テーマや調査目的，求められる解釈の粒度によって，適切な項目で構成されればよい．

1） モニタの基本プロフィールを確認する

対象者の年齢，性別，職業，収入，居住地などの社会人口統計的な属性のほか，テーマとした財・サービスの利用頻度や利用歴，利用にかかる金銭的コストなどである．これらの情報は，インタビューで取得するというよりは，対象者の選定時に必要なパラメータとして，事前にアンケートなどで取得されているものであるが，対象者の行動を解釈する情報として，非常に重要な情報である．

2） モニタの1日の生活時間を知る

どの人にとっても1日は平等に24時間であり，時間は限られた希少な資源（time budget）でもある．テーマとした財・サービスが，睡眠や食事などの「生活必需時間」，仕事や学業，家事，移動といった「社会生活行動時間」，教養・余暇活動，マスメディア接触，休息などといった「自由時間」など，性質の異なる生活時間のうち，どの時間帯に組み込まれているのかを調べることは重要である．

財・サービスの利用には，金銭的コストのほかに，少なからずそれを利用するため時間的な資源が割かれている．それらの資源を割いてまで，その財・サービスの利用する動機はどこにあるのか，また，利用することでどのような価値がもたらされているのか，などを知る手がかりになる．

3） 生活史における人間関係，社会文化構造を把握する

対象者を取り巻く人間関係や社会文化構造は，対象者に少なからず経験的な影響を与えており，それが財・サービスの利用の選択，期待感，満足度の評価として，照らし合わされる対象となる可能性がある．

このとき，ブロンフェンブレナーの生態学的アプローチの考え方が役に立つ．発達心理学の研究で著名なブロンフェンブレナーは，人間を取り巻く生態学的システム

マイクロシステム（micro-system）
【本人が直接かかわる】
家族，仕事場，学校，その他コミュニティ

メゾシステム（meso-system）
【本人が直接かかわる】
二つ以上のマイクロシステムの相互関係の状態，結びつきの強さ

エクソシステム（exso-system）
【本人が直接かかわらない社会的仕組み】
親の職場，自治体，マスメディア

マクロシステム（macro-system）
【国家レベルの信念体系】
イデオロギー，文化，経済状態，災害，戦争，宗教

クロノジー

クロノ-エコシステム

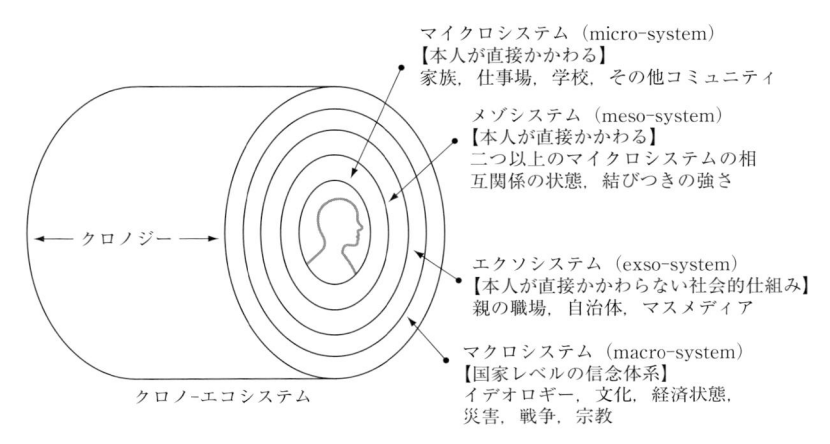

図1　クロノ-エコシステム

(ecosystem) を，マイクロシステム (micro-system)，メゾシステム (meso-system)，エクソシステム (exso-system)，マクロシステム (macro-system) の四つのシステムに区別し，人間の発達が個体と環境の相互作用の所産であることを示した（図1）．この生態学的構造がとらえられるようインタビューを設計する．

4) 生活史におけるライフイベントを知る

財・サービスの利用の選択，期待感，満足度の評価を照らし合わされる対象として，人間関係や社会文化構造のほかに，対象者の人生において，個人的に経験した出来事も考えられる．たとえば，受験・進学，結婚・離婚，事故・事件，転居・住まいの購入，出産・子育て，成功・挫折などである．

e. インタビューのツール

インタビューを実施するに当たり，対象者の記憶を起こさせるツールを最大限活用する．たとえば，対象者が財・サービスを利用している行動観察時の映像記録は，そのときの出来事や思考・感情を思い出させるのに役に立つ．そのほかにも，対象者が所有している財・サービスの利用に関連した物品や写真，その他記録物などである．

f. インタビューの記録

インタビューの記録は，ICレコーダーなどで音声のみを記録するよりも，デジタルビデオカメラなどで映像として記録しておいたほうがよい．対象者のしゃべり方や表情など，細かいニュアンスがみてとれ，言葉以上の情報として分析に役立つ．

1.1.3 心理計測

熊田孝恒

a. 心理特性と心理状態

　サービス場面においては，顧客の態度や行動は，その時点での顧客の心理的な過程の働きに影響される．ゆえに，顧客の「心理」を正しく計測することは，サービスを評価するうえで必要不可欠であることはいうまでもない．
　「心理」は，個人の中で比較的一貫する「特性」と，さまざまな要因によって絶えず変化する「状態」に分けることができる．特性には，性格，嗜好，社会的態度，認知スタイル，認知特性などがある．また，状態には，特定の環境下における不安感，快不快感，特定の商品などに対する印象や嗜好などがある．特性は比較的長期間不変であるが，状態は絶えず変化する．しかし，両者は独立ではない．特に，状態はもともとの特性に大きく影響されるため，状態の計測においては，その基礎となる特性を把握しておくことが重要である．
　広義の心理計測は，**心理特性**や**心理状態**を計測する方法をさす．ゆえに，行動計測や生理計測であっても，その結果から心理状態や心理特性が推定されるものであれば，心理計測に含む場合もある．しかしながら，ここでは，直接的に心理状態や特性を問うような方法論を用いたものに絞って解説をする．

b. 信頼性と妥当性

　心理特性および心理状態を計測する基本的な方法は，アンケート調査と呼ばれる質問紙調査である．最近では，インターネットなども用いられるが，ここでは，被検査者に対して言語的な質問に対する回答を求める方法を，質問紙調査と総称することにする．
　質問紙調査のうち，所定の心理学的手続きによって標準化が行われているものを心理テストと呼ぶ．標準化とは，質問紙調査などを大規模な対象者に実施した結果から回答の一般的な傾向がすでに把握されており，その一般的な傾向を参照して，個々人の特性や状態が判断できるようにする作業をさす．たとえば，知能検査などは，すでに標準化が行われているため，個人の検査成績がその一般的な集団内での位置づけ（つまり知能指数）として算出できる．標準化されている心理テストは，以下に述べるような問題点が考慮されているため，より正確に心理状態や特性を計測できる．ゆえに，研究の目的に合致した標準化された心理テストなどがすでにあるのであれば，それらを用いるほうがよい．
　標準化された検査では，信頼性と妥当性が保証されている．一般的に質問紙調査を設計する上では，この二つは非常に重要な概念であり，常に留意が必要である．まず**信頼性**とは，その質問自体が信頼できるものであるかを示す指標である．それは，同じ人がその質

問に対して，再度回答を行ったときに同じような回答をするかどうかである．たとえば，用語が曖昧であったり，多義的であったりすると，同一人物であってもその都度，異なる回答をする可能性がある．また，同じような特性や状態の人が同じような回答をするかどうかも重要である．特定の知識や経験に依存するような設問であったりすると，特性や状態のみを反映しない可能性が高い．もう一つの重要な概念である**妥当性**とは，質問が，本来，計測したい特性や状態をどの程度，正確に表現しているかということである．個々の設問が，本来想定しているようなポイントを正しく問うているかどうかだけでなく，質問紙全体として，調べたい内容全体を十分にカバーしているかどうかも重要となる．

c. リッカート尺度と視覚的アナログ尺度

心理計測では，ある質問に対して「はい」「いいえ」で回答をする場合のほかに，何段階かの選択肢の中から最も当てはまるものを選択するという方法がある．これを**リッカート尺度**（Likert scale）と呼ぶ．たとえば，「あるサービスが満足か？」という設問に対して，「1. 非常に満足，2. 満足，3. どちらでもない，4. 不満，5. 非常に不満」のどれか一つに丸をつけるというようなものである．実際には，多くの場合，被検査者は，両極端には丸をつけない傾向があることから，5段階では真ん中の三つの選択肢に回答が集中し，差が出にくくなる．そこで，7段階あるいは9段階の選択肢が用いられる場合もある．また，「どちらでもない」の解釈が難しい場合には，この選択肢を除くことによって，被検査者に強制的にポジティブかネガティブかの選択をさせることもある．リッカート尺度は，質問紙で多用される方法であるが，解析方法に関しては，いくつかの問題点が指摘されてきており，解決には至っていない．特に，隣接する選択肢の間の心理的な間隔が等しいことが保証されていないにもかかわらず，等間隔であるかのような統計処理（平均などのパラメトリックな統計処理）が行われている点に問題があることが繰り返し指摘されてきている．

リッカート尺度と同様に，よく用いられるのが，**視覚的アナログ尺度**（visual analog scale：VAS）である．これは，ある質問に対し，想像できる最大値と最小値の間のどの辺りに評価が相当するかを，数直線の上に印をつけて回答する，というものである．たとえば，「あるサービスが満足か？」という問いに対して，一定の長さの水平線（たとえば，10 cm）の上で，非常に不満（左端）から非常に満足（右端）の間のどこかに印をつける．左端を0点，右端を100点とし，端点から印がついた位置までの長さを得点化する．この方法では，被検査者は，等間隔の連続体の尺度（ものさしのようなもの）の上の位置を回答することから，パラメトリックな統計処理を用いることができると考えられている．

d. 心理特性計測

心理特性とは，行動や態度，判断などに影響を及ぼす，個人内で比較的安定し，また，一貫した状態のことである．たとえば，化粧品に対する個別の商品の満足度を調べるというような場合には，もともとの被検査者の化粧品に対する嗜好が大きな影響を及ぼすことは容易に想像できる．したがって，研究の対象に関連した心理特性は，結果に影響しうる個人差の原因の最大のものである．サービス工学の研究においては，関連する個人特性の

統制，あるいは，個人特性に基づく対象者のスクリーニングが重要であることが多い．

　高齢者では認知特性，若齢者では認知スタイルが日常生活場面での行動を決定する大きな要因の一つになりうる．たとえば，注意機能が加齢によって低下した高齢者では，機器の操作や案内表示を利用した行動に独特のパターンがみられる．したがって，認知機能を利用するような場合の高齢者の計測を行ううえでは，認知機能の特性に基づくスクリーニングがきわめて有効である．

e. 心理状態計測

　不安状態や満足度などの心理状態は，その都度，被検査者に質問することによって計測することが行われる．厳密には，たとえば，個々の商品の満足度を，その商品を使ったときのことを思い出しながら，事後的に回答するというような場合が多い．しかし心理状態の計測では，質問に回答することによって，自らの心理状態を意識的に内省するという行為が発生し，その結果として心理状態が変容する可能性がある．また，通常は無意識的に行われている行動選択が，心理状態の計測を導入することによって意識的になるなど，普段と異なる行動をとる可能性もある．したがって，言語的な質問を介さない間接的な方法（行動計測や生理計測など）で代用できる場合には，そのほうが望ましい．

　最近の研究では，商品やサービスの主観的な価値を評価するのに**支払意志額**（willingness to pay：WTP）を回答するという方法も用いられる．たとえば，特定のサービスの説明をしたあとで，そのサービスにどの程度の興味があるのかを5段階で回答する（リッカート尺度）のではなく，いくらまでなら支払ってでも，そのサービスを受けたいかを，金額で回答するというものである．この方法は，「満足度」などの抽象的な概念よりも，具体的な価値が想像しやすく，より直接的に被検査者の状態を抽出できている可能性がある．

f. 心理計測の限界

　心理特性や心理状態の最も簡単な方法は，直接的にその主観的な回答を被検査者に求めることである．しかし，そもそも人間は自らの状態を完全にはモニタリングできないことが知られている[1]．ゆえに，主観的な回答が必ずしも正確に本人の状態を反映しているとは限らない．特に，人間は無意識のうちにその時点で都合のよい「作話」をすることが知られているので，本人も意識をしていないうちに，虚偽の回答をする可能性があることに留意をしなくてはならない．また，質問に対する回答にはさまざまなバイアス（偏り）が生じる．代表的なものが「社会的な望ましさ」と呼ばれるもので，自分の主観よりも，より社会的に好ましい方向に回答がシフトするというものである．そのほか，被検査者が，研究の目的を独自に解釈して，その目的に沿った回答をすることもありうる．したがって，バイアスが生じない質問の方法や回答の方法を考えることが心理計測の基礎である．

　心理計測は，一見，簡単にみえるが，単にストレートに聞きたいことを聞けば，そのまま正しいデータが得られるわけではない．綿密な予備調査や，調査後のインタビューなどによって，より精度の高い計測を目指した工夫が必要となる．

1.1.4 行動計測

田平博嗣

a. 観察することの意義

自然状態の中での人間の行動・状態を調べる観察法は，インタビューやアンケートに比べリアリティのある直接的な情報であり，文脈的状況に則した振舞いなどがみてとれ，観察の対象者が特段に意識していない，言語化されない情報も得ることができる．また，調査者が当初もっていた仮説を打ち壊すような思わぬ発見をもたらすことがあり，特に，調査の初期段階として，実態をまずとらえるといった場面に有効な手段である．

b. 観察法のタイプ

観察法にはいくつかの種類があり，調査テーマや目的，知りたいことの内容，レベルによって使い分けられている．以下，観察法のタイプを分類する際の主要な観点と特徴について説明する．

1) 観察の対象者を特定するかどうか

調査に協力してくれる複数の対象者を，あらかじめリクルーティングして特定しておく場合と，観察時に現れた不特定多数を対象者とする場合がある．観察後，インタビュー調査を併用したい場合，前者は可能であるが，後者の場合は協力を得にくいことが多い．

2) 自然的観察法と実験的観察法

自然な環境・状況下での行動と状態を観察するタイプと，環境・状況などを独立変数として扱い，これを操作したうえで，従属変数である行動と状態の変化を観察するタイプがある．前者は**自然的観察法**（naturalistic observational method），後者は**実験的観察法**（experimental observational method）と呼ばれる．自然的観察法は，たとえば，観察環境に意図的な操作はせず，対象者がいつもいくレストランに，普段一緒にいく仲間と食事にいってもらい，食事をしているありのままの様子を観察する．一方，実験的観察法は，たとえば，店舗の販促広告の有無を操作し，これによって入店してくる対象者の視線や店内での動線，購買行動がどう変化するかを観察する．

3) 参与観察と非参与観察

調査者が観察する環境・状況に深く立ち入り，その一員になりきって諸活動を行い，内部から観察する形式を**参与観察**（participant observation）という．たとえば，調査者がファーストフード店の店員として働きながら観察をすれば，サービス授受の詳細なプロセスや他の従業員の行動や心持ち，組織の内情や仕組みなど，外部からは見えにくい事象をとらえることができる．一方，観察対象とは明確な一線を引いて，客観的な立場で観察する形式を**非参与観察**（non-participant observation）と呼ぶ．

4) 観察者の秘匿性

調査に当たり対象者に観察者の存在を知らせると，その影響により普段とは異なる行動をとる可能性がある．そのため，なるべく観察者の存在を意識させない環境づくりや信頼関係の構築が必要となる．

一方，この観察者バイアスを完全に排除する方法として，対象者に観察者の存在を知らせずに観察を行う方法もある．しかし，公共の場所で不特定多数を観察対象にする場合は問題ないが，そうでない場合は倫理的にクリアしなければならない問題も出てくる．

5) 見本の違い

場所や場面を観察単位として特定し，その部分を観察する方法を，**場面見本法**（situational sampling method）という．たとえば，自動車での移動中，運転以外にどのような行動があるのか，車の中を観察の場所として特定する．

一方，具体的な行動や事象を観察単位として特定し，その部分を観察する方法を，**事象見本法**（event sampling method）という．たとえば，情報サービスの利用行動が，どのような場所，タイミングで行われるのかを調べるために，自宅，移動中，仕事場，その他の場所での情報サービス利用の行動のみを観察の対象として特定する．

またある時間帯を観察単位として特定し，その部分を観察する方法を**時間見本法**（time sampling method）という．たとえば，お昼休み時のある店舗の集客の様子を1時間ずつ，延べ3日間にわたって観察する．土日の午後1時から5時まで，ある通りを通行する人々のファッションを30分ごとに調べるといった場合である．

c. 行動・状態を記録する

対象者の行動・状態を直接みることができる観察法であるが，観察者の記憶や手元のメモに頼るだけでは心許ない．のちの分析でデータを漏れなく書き起こせるよう，その場で生起した事実をありのままに記録することが望まれる．

以下，観察法で利用される主要な記録機材と方法について述べる．

1) **外側から対象者を記録するもの**

デジタルビデオカメラ，デジタルカメラ　対象者の自然な行動・状態を離れた場所から動画や静止画として撮影するのに用いる．撮影時，あまり近いと，記録されていることを意識してしまう．記録は機材を固定して行う場合と調査者が追跡して行う場合があるが，複数台の機材を利用して，固定と追跡を併用して行う場合もある．

2) **対象者に装着して記録するもの**

i) **ヘッドセットカメラ**　対象者がみたものを映像として記録する機材．自分自身の視界を撮影するのに対象者にデジタルビデオカメラをもたせて記録するのは負荷があり，不自然なので，軽量で小型のヘッドセットカメラを取り付ける（図1）．この機材は，中心視野の動きをとらえるアイトラッキング装置とは異なり，対象者の顔向きを計測するにすぎないが，入手が容易で扱いやすく，映像をみせながらの回顧インタビューとを組み合わせれば，何をみていたのかを大体は特定できる．

ii) **デジタルカメラ**　ヘッドセットカメラの装着が不自然で，行動によって取り外

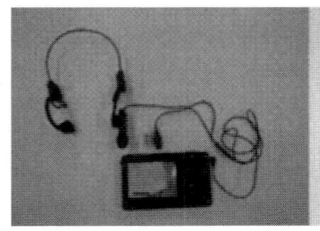

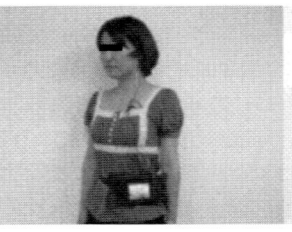

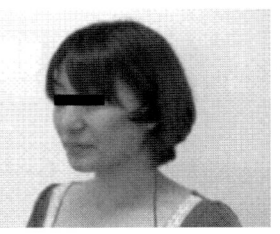

| ヘッドセットCCDカメラと
レコーダー | 装着の様子（全体） | 装着の様子（頭部） |

図1　ヘッドセットカメラ

しの必要が生じ，負荷がかかる場合，デジタルカメラで対象者がみたものを記録するのが有効である．

　iii）ピンマイク　ヘッドセットカメラからの映像とともに，小型のマイクを対象者の胸元に取り付けて記録する．これにより，行動中にどのような感情や思考があり，どのような会話が交わされたのか，また，外界からどのような情報がもたらされたのかが確認できる．

　iv）生体信号計測装置　代表的には，脳波計，心拍計，表面筋電計などの利用が考えられ，これらを対象者に装着することで，行動や動作，感情の反応や変化を裏づける客観的なデータが得られる．ただし，携行可能な脳波計や表面筋電計は，計測チャンネル数が限られ，分析に耐えうるデータがとれないこともある．また，これらの装置の装着は，少なからず対象者の身体に負担や制約を伴うことがある．

　v）体動検出装置　簡単なものでは歩数計で対象者の行動や運動量を推定できる．また，3軸加速度センサにより体の動きを検知することで，動作パターンや行動のログデータを取得することができ，有効なデータとして役立つこともある．また，RFIDやコンピュータシステムと組み合わせれば，より高度な行動のセンシングができる．

　vi）GPS（全地球測位システム）　対象者の行動範囲がある程度広ければ，携帯電話に搭載されているGPS機能を活用することもできる．取得したGPSデータはgoogleマップ上に移動の軌跡として表示・記録することができ，行動や移動範囲の特定に役立つ．

　3）その他，直接観察時以外に記録する方法

　日誌法　そこで，調査者が直接立ち会えない対象者の行動・状態を，調査テーマに沿って，1週間ないし2週間ほどの間，日誌形式で本人に記録してもらう方法（diary recording method）もある．直接観察と併用すれば，ボリューム感のあるデータとして直接観察だけではみられなかった事実を発見することができる．

　以上のように，観察の記録にはさまざまな方法がある．これらをすべて導入する必要はなく，調査のテーマや目的に合わせて，計測の場面に適合した方法を組み合わせる．

1.1.5 認知的クロノエスノグラフィ

北島 宗雄

a. 日常生活における行動選択にかかわる要素

認知的クロノエスノグラフィ(cognitive chrono-ethnography：CCE)とは，人間の日常的な行動選択を理解するためのメソドロジーである[1]．

人間の行動選択（意思決定）にかかわる要素として以下の四つをあげることができる．

1) Two Minds

人間が日常的な生活の中で実際にとる行動は，無意識的な情報処理プロセス（システム1）と意識的な情報処理プロセス（システム2）の結果を統合した結果として現れる．システム1での処理は自動化されており処理速度は速い．一方，システム2では合理的な処理が行われる．しかし，状況を完全に把握できるわけではないので，処理結果が必ずしも合理的であるわけではない（限定合理性）．

2) 個人/集団を媒介するミーム

個人の行う行動選択は，その個人のもつ知識の中でそのときに活性化した部分が影響を及ぼす．これを「ミーム」と呼ぶ．ミームはその個人がおかれている集団，ならびに集団から構成される社会との相互作用の中で発達する．同時に，個人が集団・社会の構成要素であることから，個々人の行動の結果が集団・社会の振舞い・規範に影響を及ぼす．個人の行動選択はミームの現れであるが，ミームは絶対的なものではなく個の影響を受ける集団・社会の中で個が形づくるものである，時間の経過に従って変動する．

3) 多様な行動目標

行動は何らかの目標を達成するために生じる．ここで目標は必ずしもコストを最小にしてベネフィットを最大にするというような効用の観点からのものだけではない．家族を喜ばせる，競争に勝つなど，多様である．

4) 環境と行動との間の強い結合

行動は環境の中で生じる．行動を起こすことにより，自身の状態だけでなく環境も変化する．環境の中で生じる行動は，時々刻々と変化する環境と同期がとれていなければならない．人間の行動は，環境との同期をどれくらいの時間間隔で行わなければならないかに応じていくつかの時間帯のレベルに分けられる．神経レベル，認知レベル，タスクレベル，社会レベルなどに分けられる．各レベルで起こる現象は非線形的に関係しているので，下位レベルの現象を線形的に外挿することによって，上位のレベルの現象を理解することはできない．

b. CCE 調査の要件

上記の4要素を踏まえ，メソドロジーに必要なことを考えてみよう．CCE 調査の目的は，「人間の日常的な行動選択を理解すること」である．それは，「観測される行動とミームを関連づけることによって理解する」ことによって達成される．したがって，CCE 調査で何を行うべきかは，以下のように整理できる．

1. 活性化するミームはなにか．
2. そのミームはどのように活性化されるのか．
3. そのミームはどのようにして形成されたのか（変容過程）．

その際に，Two Minds，多様な行動目標，環境と行動の間の強い相互作用といった要素を考慮に入れる．

c. 行動観測の方法

次に，上記要件を満足できるデータについて考えてみよう．観測対象は，時間制約下の実フィールドでの普段どおりの行動選択過程である．この対象に対して観測可能なデータは以下のとおりである．

1) 行動観察結果
観察者が観察対象の特徴的な行動を記録したもの．

2) 行動計測結果
観察対象に装着したセンサなどにより心拍数，からだの動き，視線などを自動的に記録したもの．あるいは，行動の結果の想起を促進するような観察対象者によって自ら記録されたもの（写真，メモなど）．

3) 行動に関する聞き取り結果
行動観察結果，行動計測結果を利用して行われる回顧的インタビューを記録したもの．

d. CCE 調査のステップ

CCE は，特定の個人が，現時点における行動選択特性を獲得するに至った経緯に関する成長プロセスのモデルを，「a. 日常生活における行動選択にかかわる要素」を踏まえて，その行動が実行される現場における現場観察調査をデザインし，「c. 行動観測の方法」に記した方法に準じて，行動データを記録・収集し，その記録をもとに回顧的インタビューを実施し，成長プロセスや成長の結果を明らかにし，その現場における行動選択特性とその変容過程を明らかにするメソドロジーである．

上記を具現化するために，CCE は以下の7ステップによって実施される．

1) 現象観察
エスノグラフィとしての基本的な調査法を用い，調査対象の社会生態の構造の概略を明らかにする．

2) 脳特性照合
これまでに明らかになっている人の行動特性を参考に，1) での調査結果において，人の

行動のどのような特性要素が関与しているかを考察する．

3) 簡易構造モデル

人の行動の違いを踏まえた，1) と 2) での考察の結果としてミームと人を構成要素とする最初の調査対象空間の簡易生態モデルを構築する．

4) CCE 調査法策定

調査対象空間の簡易生態モデルをもとに，調査対象の集団を構成する多様な人たちから典型的な行動特性を備えたタイプを特定し，エリートモニターの選別基準と調査法を策定する．

5) CCE 調査

エリートモニターを選定し調査を行う．

6) 特性照合確認

調査の結果を人の行動モデルと照合し，適否を考察する．

7) モデル修正

調査結果が不満足なものであれば 4) に戻り調査法を再考し調査を行い，納得のいく結果に至っていれば，その結果をこれまでの人の行動生態情報に反映する．

e. CCE 調査の実際

表1に，これまでに実施したCCE調査事例をまとめた．文献1では，CCE調査をどのように実施したのか（CCEの調査のステップ4, 5）を中心に詳細に紹介している．また，文献2では，CCE調査をどのように設計し，また，調査結果を評価したのたのか（CCE調査のステップ1, 2, 3, 6, 7）を中心に紹介している．

表1 CCE調査事例

現　場	目　的	協力団体	報告書，論文など
駅	案内表示を利用した駅施設利用行動	JR東日本フロンティア研究所	1の第4章, 2
温泉	湯治客の温泉観光行動	城崎温泉	1の第3章, 2
映画館	国際短編映画祭における映画鑑賞行動	札幌国際短編映画祭	2
自動車内	運転満足度を高めるための案内提供行動	日産自動車	1の第4章
野球場	プロ野球ファンのリピート観戦行動	北海道日本ハムファイターズ	1の第3章

1, 2 は文献番号．

1.1.6 行動観察

松波晴人

サービスフィールドにおける生産性向上（例：共有されていないノウハウなど）や，付加価値の提案（例：顧客の潜在ニーズ抽出など）のための調査は，従来はアンケートが中心であった．サービスにおいては現場で生産・消費される側面が強いことから，そのサービスフィールドでの人の行動を詳細に観察し，人間工学や心理学の知見を通じて分析することで改善策を提案し，現場に導入する行動観察が重要である．

a. 行動観察の重要性の背景

サービスでビジネスをしている企業における現状の課題は「付加価値の向上」と「生産性の向上」である．サービスがこれまで科学の対象になりにくかった背景には，そのサービスの特性（無形性，生産と消費の同時性，結果と過程の等価的重要性など[1]）がある．これらのサービスの特性から，サービスの付加価値は「お客さまにどういう経験をしていただくか」という「経験の価値」であることがわかる．また，生産性の向上についてサービスのノウハウやスキルは個人の「勘と経験」という暗黙知に依存する部分が大きいので，技能の共有化が困難であった．そのため，サービスを科学的に分析しようとすると，実フィールドにおいてどういう実態があり，どういう行動があり，どういう文化があるのか，をよく把握したうえで仮説をつくる必要がある．

サービスを根本から見直すためには，サービスの現場を徹底的に観察しなければならない[2]．**行動観察**はフィールドでの人間の行動を人間に関する知見をもとに解釈する手法である．また，心理学やエスノグラフィの専門知識をもとにしたインタビュー手法と，組み合わせて用いることが多い．従来のアンケート手法は人の**顕在化したニーズ**や問題点を調査するものであるのに比べ，行動観察では人の潜在的なニーズや問題点を発見できることが特徴である．従来のマーケティング手法であるアンケートやグループインタビューでは出てこなかった**潜在的なニーズ**が，行動観察では発見されることが明らかになっている[3]．

たとえば，米国の先進IT企業であるIBM，マイクロソフト，インテルではエスノグラファー（民族誌学者）や文化人類学

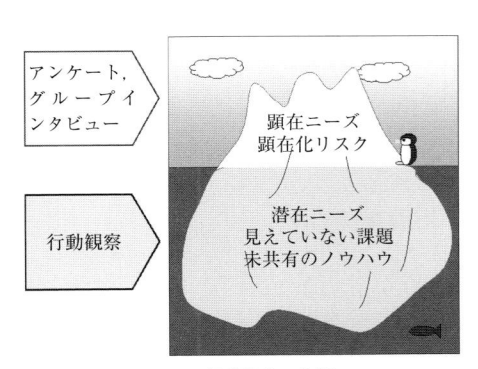

図1 行動観察の特徴

者を採用し，オフィスや生活場面での顧客の観察調査とインタビュー調査を行い，まったく新しいIT機器やサービスの開発を行っている．また，産業にエスノグラフィを活用した事例を報告する国際会議 **EPIC**（Ethnographic Praxis in Industry Conference）も 2005 年から実施されている．

b. 行動観察の手法

行動観察は，「観察，分析，改善」の三つのステップにより実施される．以下ではそれぞれのステップの詳細について述べる．

1) ステップ1：観察

観察者がサービスの現場に出て，観察手法と**インタビュー**手法を組み合わせ，映像，音声，メモなどのサービスデータを収集する．観察者は，人間工学や心理学の専門家が務める場合が多い．

このステップにおいては，サービス現場を観察し気づいた事実をメモする．観察メモは事実を図や文字で発生時刻とともにノートに記入する．可能なら観察と同時に現場の映像をビデオカメラで撮影する．もし現場の了解が得られる場合は，インタビューを実施する場合がある．インタビュー手法は2時間程度かけて相手の真の価値観やニーズを探り出す．最初に相手とラポール（信頼関係）を築くことが重要である．ラポールが築けないと表面的なインタビューとなり深い洞察が得られない．

2) ステップ2：分析

分析は，①ファインディング（発見）の抽出，②定性的な仮説の抽出，の順で行う．

まず人間工学の専門家，販売担当者などの関係者が集まり，映像データやメモデータをみながら，ブレインストーミング形式で人間の行動に関するファインディングを抽出する．

次にファインディングごとに解説を加える．解説とは発見した事実を分析することで，潜在的な問題点やニーズを抽出し，構造的に解釈する作業である．これらを定性的な仮説とする．この解釈するステップでは，人間に関するさまざまな知見（人間工学やエスノグラフィ，環境心理学，社会心理学，表情分析）をもとに，フィールドでの人間行動の解釈を行う．

3) ステップ3：改善

観察，分析のあとの3番目のステップとしてサービスの改善案を考え，現場に導入する．たとえば，営業のノウハウを抽出した場合にはマニュアルを作成し，従業員教育を行う．

なお，これら三つのステップが必ずこの順番で逐次処理するものでなく，複数のステップが同時並行する場合もある．

c. 行動観察の応用事例

ここでは，行動観察手法を用いて改善を実施した事例について述べる．

1) 付加価値提案：潜在ニーズ調査

i) 書店の店舗設計　　都市部にある書店において，来店されているお客さまの行動の観察調査を実施した．その結果，時間帯ごとに異なるニーズがあることがわかった．付加

価値向上のために「ブック・バー」というコンセプトを提案し,「バーのカウンターでいろんなお酒を選んで楽しむ」のと同じように「もたれて本を楽しめるコーナー」をつくった.また,店舗改装に伴って書籍の配置や展示方法の改善を実施した.

ii) ワーキングマザー　　仕事,家事,育児と大変な日々を過ごしているワーキングマザーと1日(または半日)一緒に過ごすことで,その生活実態と価値観,潜在ニーズの調査を実施した.調査の結果,ワーキングマザーのニーズは,以下の五つに大きく分類されることがわかった.①家事をもっと楽にしたい,②子どもと一緒に過ごしたい,③個人として認められたい,④子どもの安全を確保したい,⑤豊かに快適に暮らしたい.

　これらの潜在ニーズに基づき,サービス内容の提案が可能である.

iii) 上海の若い中国人女性のニーズ調査　　日本にとって重要なマーケットである中国上海の若い女性(80后世代呼ばれる)の価値観の調査を実施した.その結果,80后世代は豊かな中国を享受しており,独立心が強く,自由で開放的で生活を楽しみ消費に積極的である一方,仕事については達成感を重視することがわかった.これらの情報は,中国市場において,顧客としての80后世代への付加価値提案や,サービス産業の従業員としての80后世代のマネジメントなどに活用できる.

2) 生産性向上提案

　サービスのノウハウや課題について,すべてを共有するのは非常に困難である.「他の人が真似をできない俗人的な側面」は必ず残るものと考えられる.ただ,行動観察を実施することにより,これまで見えなかったノウハウや課題が見えてくると同時に,「俗人的で真似でない点」と「他の人が学習できる点」がある程度見きわめられると考えられる.

i) 営業ノウハウの共有　　優秀な営業マンと,普通の営業マンの違いは何かを知るために,同行する形で行動観察調査をしたところ,優秀な営業マンは「自分が話すよりお客さまが話している」「何をするにも許可を得る」などの行動特性があることがわかった.また,その言動は社会心理学の「説得」に関するさまざまな知見と合致しており,根拠のあるものであった.さらに,そういう言動に至るためには,営業マンのものの考え方や心構えが大きく影響していることがわかった.さらにそのノウハウを教育するプログラムを開発して実施することで,優秀な営業マンを育成している.

ii) お客さま記憶ノウハウの共有　　顧客を記憶するノウハウを知るため,リーガロイヤルホテルで5000人覚えている従業員の覚え方を観察・分析した.その結果,「ストーリー性と結びつけて記憶する」「何度も情報に触れる,特に寝る前に一番力を入れて記憶する」などのノウハウを取得し,他のホテルマンの方々に教育を実施した.

iii) 厨房の生産性向上　　がんこフードサービス社の店舗における厨房を観察して,実態を把握した.調理長が「付加価値の高い仕事(魚をさばく,すしを握るなど)」にもっと重点をおけるようにスキルに応じた作業配分を意識した現場改善を実行することで,調理長が本来すべき付加価値作業が大幅に拡大した(25.7%→40.8%).

iv) 駅の生産性向上　　近畿日本鉄道の上本町駅で行動観察を実施し,サイン計画を見直すことにより,お客さまが駅構内で迷うポイントが半減し,行くまでの時間が30%短縮した.

1.1.7　ミステリーショッパーズプログラム

渋谷行秀・西山博貢

a.　ミステリーショッピングとは

　ミステリーショッピング（mystery shopping：MS）とは，調査員（ミステリーショッパー mystery shopper）が身分を明かさず，ある店やサービスの顧客としてそのオペレーションや接客，クレンリネス（清潔さ）などのサービスの実態を明らかにする調査手法である．主に接客サービス業の現場の状態把握調査，または顧客満足度調査の手法として用いられる[1]．

　MSの最大の特徴は，調査員が依頼を受けたあとに実際にサービスを体験する点である．それによって，規定どおりのサービスが行われているかどうかのチェックや，そのときどきの状況によって異なるサービスの実態，そのときに行われたやりとりなどの具体的内容，サービスを受けたときの顧客の心理や，印象の変化まで詳細に知ることができる．

　また，MSは専門家による調査と通常の一般顧客による調査の二つに大別できる．専門家による調査の場合は，細かな接客マニュアルの実施度や従業員ごとの比較評価，またたとえば，飲食店の調査であれば提供される料理の味のチェックなど，評価に当たって多くの事前知識や専門性・経験を要する点を調査できるのが特徴である．一方，一般顧客による調査の場合は，一顧客としての顧客満足度に加えて，購買意欲や再利用意欲の高まりの度合いや，それらの低下の理由なども知ることができる点がメリットとなる．

　店舗のサービスを調査するための主な手法の特徴を表1にまとめたので，ご参照いただきたい．

b.　調査設計のポイント

　調査設計の視点は，①人的な対応（従業員の接遇や対応など），②商品やサービス内容，③施設や設備の3点に大きく分けることができる．それぞれの視点において，規定どおりの対応がされているかという点や，利用前の顧客の期待値に対する実際のサービス品質，またそれについて顧客が感じた価値を調査する．

　具体的に設問を作成するときのポイントの一つが，**サービスデリバリーポイント**（service delivery point：SDP，サービスの印象を決定づける要因となる項目）をあらかじめ質問内に入れておくことである（表2，飲食店のSDPの事例）．また，そのときの状況や顧客の気持ちの変化を詳しく定性情報としてレポートすることも必要である．このような定性情報を読み解くことによって，調査票設計時に気がつかなかった新たなSDPを発見することができたり，**顧客ロイヤルティ**を高めたり下げたりすることになった要因を深く探ることができる．

表1 店舗サービス調査の比較

	自社社員による現場チェック		一般的なアンケート調査				専門家による調査		ミステリーショッピング			
			店内設置		出口調査				自社運営		外部委託	
					インターネット調査				一般顧客による調査	既顧客による調査	一般顧客による調査	既顧客による調査
調査対象選定の自由度	×	自社社員のみによる調査を実施	×	ほとんどは既存の顧客が記入	×	ほとんどは既存の顧客が記入	○	新規顧客・既存顧客を選定可能	×	専門家が調査を実施	△	既存顧客からのモニター募集が一般的	×	○	新規顧客・既存顧客を選定可能	×
調査数の確保	×	限られた人によるみ調査	○	強制しにくいため確実性は低い	◎	大量の調査が可能	◎	大量の調査が可能	×	限られた人による調査	×	既存顧客の意見であれば収集しやすい	×	×	調査費用による	×
1調査あたりの情報量	○	視点は限られるがチェックに加えて直接のフィードバックが可能	×	簡単な内容に限られることが多い	×	回答時間が限られることには説問を絞る必要がある	×	説問数は多くできるが、簡単な内容に限られることが多い	◎	視点は限られるが専門的で詳しい調査可能	◎	普段は得にくい一般顧客の本音が聞け、約50～100問の説問設定、コメントデータも取得可能	◎	◎	普段は得にくい一般顧客の本音が聞け、約50～100問の説問設定、コメントデータも取得可能	◎
調査内容の問題点	—	顔なじみの社員が調査をするため正当な評価が難しい場合がある	—	クレームないし賞賛など両極端の意見が多くなる傾向がある	—	調査の実施が負担になるため可能性があるため実際には実施できない	—	記憶に頼った回答となるためイメージ調査には適しているが実態は詳しにくい	—	視点は限られる一方、一般顧客からの視点と乖離する恐れがある	—	調査員としての店舗利用のためあら捜しになる傾向がある。また調査員バレのスクがある	—	—	調査員としての店舗利用のためあら捜しになる傾向がある。また調査員バレのスクがある	—
評価基準の統一性	◎	内部社員による評価なので評価基準の統一がしやすい	×	一般顧客のため評価基準となるため評価基準の統一は難しい	×	一般顧客のため評価基準の統一は難しい	×	不特定多数の調査依頼となるため評価基準の統一は難しい	◎	専門家による調査なので評価基準の統一がしやすい	○	評価基準教育が必要になる	○	○	評価基準教育が必要になる	○
基準比較	△	自社基準との比較が中心	△	自社基準との比較が中心	△	自社基準との比較が中心	○	調査会社によっては同業他社との比較が可能	×	調査会社によっては同業他社との比較が可能	△	自社基準との比較が中心	△	○	調査会社によっては同業他社との比較が可能	×
費用	△	人件費	◎	無料	△	謝礼+人件費	×	調査委託料	×	調査委託料	△	謝礼+人件費	△	×	調査委託料	×

表2 飲食店（客単価3000円～4000円のレストラン）のSDPに基づいた設問例

	SDPに基づいた設問例
1	お客様の入店にスタッフはすぐ気づき対応してくれましたか
2	ウェイティングがあった場合，何かスタッフから気遣いのお声がけがありましたか
3	お客様がスタッフをお呼びになる前にお伺いにきましたか
4	お客様に目を合わせてオーダーをお伺いしていましたか
5	注文の際，自然なお勧めがありましたか
6	熱いものや，食べ方が変わったものを提供する際，スタッフから一言お声がけがありましたか
7	スタッフがテーブルに近づいたり立ち去ったりする際は，「失礼いたします」の一言がありましたか
8	お手洗いに入るために立ち上がってみてください．スタッフが気づきご案内しましたか

c. 近年，MSが注目を集める理由と今後の可能性

　現在，日本のサービス業は成熟化が進んでおり，提供される商品や施設設備には競合間で大きな差がみられなくなってきている．その中で，競合他社とどのように差別化を図るかが店舗運営を営む企業の課題となっており，顧客の個別のニーズに対応できるような顧客接点の強化や，より高いサービス品質が求められるようになってきている．そして，それぞれの顧客の状況や心理状態に応じた接客サービスを提供できるような従業員教育やサービス設計のニーズが高まっている．

　顧客がサービスを受けたときの状況や心理変化を詳細に把握できることがMSの大きな特徴であるが，そこに従業員のホスピタリティマインドやモチベーションを高めるための気づきのツールとしての利用価値があり，従業員のマインド教育の一環やサービス設計の改善手法として近年注目を集め始めている．主な理由は，次の2点である．

　（1）　サービスの見える化

　MSを使うと，目に見えないサービスのクオリティを「見える化」することができる．すなわち，改善の具体的なポイントを明らかにすることができ，また，点数化することで改善の度合いも把握できる．

　（2）　顧客目線による情報提供

　従業員が店長やトレーナーといった指導者からの指摘ではなく，実際にサービスを利用した顧客（＝調査員）からの生の感想を聞くことによって，自分たちが行っているサービスの価値，逆に顧客に不満を与えてしまった対応やその理由などを従業員がみずから感じることで，従業員の主体性が引き出され，意識変革を促すことにつながる．

　MSの導入を検討する際は，状態把握のためだけではなく，定期的な実施により現場の改善活動の促進ツールとしての活用を視野に入れたい[1]．

1.2 人間活動リアルタイム計測技術

1.2.1 生 理 計 測

吉 野 公 三

　サービスを受容する顧客の満足度を向上させるためには，顧客がサービスの現場のどこで，いつ，どのような**心理状態**（mental state）にあるかを観測して理解することが重要である．心の状態を評価する方法には，大きく分けて以下の方法がある[1]．第一の方法は，アンケート（質問紙）やインタビューを用いた**主観評価**（subjective evaluation）方法である．第二の方法は，内分泌系や免疫系の活動状態を表す血液，尿，唾液中のバイオマーカー（例：コルチゾール，クロモグラニンAなど）の濃度を測定する方法である．第三の方法は，認知課題（探索課題，弁別課題など）のパフォーマンススコア（正答率，反応時間など）を用いる方法である．第四の方法は，ヒトの体表面から非侵襲的に計測することのできる生理信号（physiological signal）の時間変動パターンを用いる方法である．ヒトの心理状態は中枢神経系や自律神経系（autonomic nervous system）の活動状態に影響を与える．このため，中枢神経系や自律神経系の生理状態を反映した生理信号の時間変動パターンに変化が生じる．これを利用して，生理信号の時間変動パターンを用いて心の状態を評価する方法が提案されている．

　生理信号を用いる方法の長所として以下の点があげられる．①短い時間サンプリング間隔で連続的な計測評価が可能であるため，急峻な心理状態の変化を逃さずとらえることができる．このことは，提供するコンテンツの内容の動的な変化に応じて心理状態が急激に変化するサービス現場などでは有効であると考えられる．②ウェアラブル型生理計測装置をいったん装着すれば，サービス現場における顧客の行為（たとえば，試合観戦）を中断することなく，計測評価ができる．さらに，測られるという意識による心理的バイアスの影響を比較的受けない点も長所である．③計測された生理信号に対する数値解析を自動的にかつ瞬時に行うことが可能であるため，サービス受容者に対してリアルタイムにフィードバック（たとえば可視化）をすることが可能である．以上の3点から，サービスの現場で顧客の心の状態をリアルタイムに，比較的無意識に，かつ連続的に計測評価できる可能性がある点においては，生理信号は他の手法よりも優れていると考えられる．

　サービス現場などの日常生活場面で比較的簡便に計測することができる生理信号の代表例は**心拍変動**（heart rate variability）である[2]．心拍変動とは心臓の拍動の時間間隔の変動のことである．図1左のような体表面に装着した電極から心臓の電気的活動により生じる電場を計測したものが心電図（electrocardiogram：ECG）である．心電図波形のR波を検出して，その間の間隔である**RR間隔**（R-R interval：RRI）を心拍の時間間隔とすることが多い（図1右）．図2左に被験者の座位安静時のRR間隔変動波形を示す．このようにRR間隔は時間軸に対して一定値をとらず，大きくゆらいでいることから，心拍ゆ

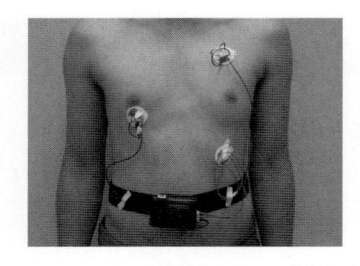

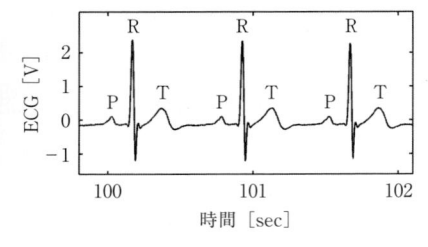

図1 携帯型心電図・身体加速度計測装置の装着の様子と心電図波形例

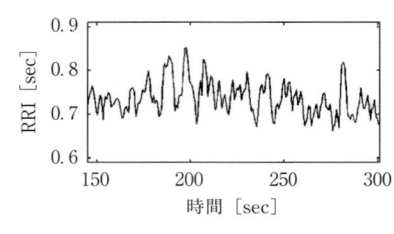

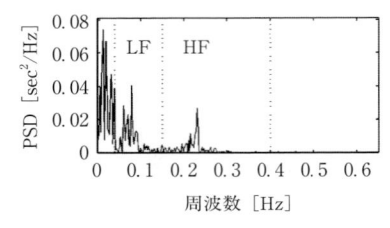

図2 安静時の心拍時間（RR）間隔の時間波形例と周波数スペクトル例

らぎとも呼ばれる．RR 間隔［sec］の逆数は瞬時心拍数［bpm］と呼ばれる．

　精神的に興奮することなどで自律神経系の活動バランスが交感神経系（sympathetic nervous system）優位になると心拍数は上昇する．反対に副交感神経系（parasympathetic nervous system）優位になると，心拍数は低下する．心拍変動時系列に対してフーリエ変換などの信号処理を行うことにより，その周波数領域の**パワースペクトル密度関数**（power spectral density function：PSD）が計算される（図2右）．周波数が 0.04～0.15［Hz］の帯域は LF（low frequency）と呼ばれ，0.15～0.4［Hz］の帯域は HF（high frequency）と呼ばれる．薬理学実験結果などを根拠として，LF 帯域のパワーと HF 帯域のパワーの比を用いて，交感神経系と副交感神経系の活動度のバランスが評価される．

　ヒトから非侵襲的に計測できる生理信号として，心電図のほかに，脈波，脳波，血圧，呼吸数，皮膚電気コンダクタンスなどがある．生理信号の変動パターンは，心理状態だけでなく，身体運動の影響も受ける．このため，**身体加速度**（body acceleration）などの身体活動量に相当する信号を同時に計測する必要がある．

　生理計測をサービスの現場に導入することで，顧客の幸福感などの心理状態を評価できれば，顧客満足度を高めるサービスの設計に生かすことが期待できる．実際のサービスの現場で生理計測を用いて心理状態評価が可能かどうかについて検証した事例を紹介する．プロ野球チーム「北海道日本ハムファイターズ」の 2008 年度主催試合を札幌ドームで観戦中の観客の生理反応（瞬時心拍数）を計測し，**幸福感**（happiness）などの心理状態との関係を明らかにする研究を実施した[3]．試合観戦中の瞬時心拍数，身体加速度などを計測した．ある被験者の試合観戦中の 30 秒ごとの瞬時心拍数の平均値の時間推移例を図3に示す．ファイターズの得点シーンで心拍数が上昇したことが確認できる．得点シーン以

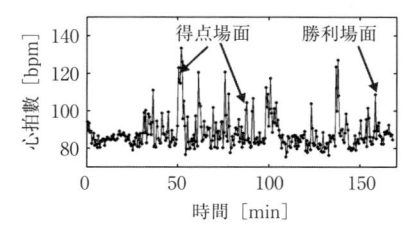

図3 被験者実験の様子とプロ野球観戦時の30秒ごとの瞬時心拍数の平均値の時間推移例

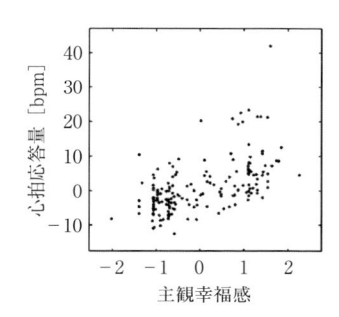

図4 左：プロ野球観戦時に生じた得失点シーンやファンサービスイベントに対する幸福感の主観評価規格値と心拍応答量との間の散布図．右：各心理状態の主観評価規格値と心拍応答量との間の相関係数（*は$p<0.0001$）

外でも，隣席のファンに選手の生写真を紹介したときなどに心拍数が上昇したことを確認した．

計測した瞬時心拍数のデータから，特定のイベントに対する心拍応答量を算出した．心拍変動の線形トレンドを求め，イベント発生の5秒前から25秒後までの間のトレンドからの瞬時心拍数の平均変動量を心拍応答量として求めた．試合中に発生した得失点シーンおよび4種類のファンサービスイベントに対する心拍応答量を算出した．さらに，被験者は各シーンやイベントのときの8種類の心理状態（幸福感，緊張感，疲労感，退屈感，落ち込み感，怒り，活気，興奮）を Visual Analog Scale 質問紙に回答した．個人差の影響を除くために，主観心理状態スコア値をz値に変換したあとに，両値の相関性を調べた．その結果，主観幸福感の規格値と心拍応答量との間に比較的強い正の相関（$r=0.56$, $p<0.0001$）が観測された（図4左）[3]．そのほかにも活気（$r=0.55$, $p<0.0001$）および興奮（$r=0.49$, $p<0.0001$）との間に比較的強い正の相関が観測された．この結果から，心拍応答量を用いて試合観戦中の観客の幸福感，興奮，活気を評価できる可能性が示唆された[3]．ここでは，集客型の**スポーツエンターテイメントサービス**（sports entertainment service）の一つであるプロ野球観戦サービスを受容する顧客の心理状態を評価するための生理計測の可能性について述べた．

1.2.2　視線・瞳孔運動の計測と解析技術

花　村　　剛

a.　ヒトの視線・瞳孔運動をとらえる意味

　ヒトは行動を起こす前および行動の過程において，必要となる外界の情報の大部分を視覚系（眼球）を通して得ている．つまり，ヒトの行動と眼球運動は密接に関連している．この事実により，眼球運動を客観的に計測して，その計測データを読み取ることで視覚的反応を解析し，行動の要因や意味を分析できることが知られている[1]．

　視線運動は，注視時間，移動速度・距離，跳躍性眼球運動（サッカード：視線方向が瞬間的に大きく変わる運動）の発生回数などをとらえることで，視野内でのヒトのものの「見かた」を示す指標として利用可能である．

　実用面でも多くの事例がある．自動車運転教習では運転時のドライバーの目の動きを示すことで，説得力の高い交通安全指導を行っている．また，店舗での商品陳列時には，消費者の視線の動きが参考になる．消費者の購買行動時に計測した視線運動から得られる数値化データに基づいて，見やすさ・目につきやすさを客観的に説明できる．

　一般動物の瞳孔運動は，網膜に入射する光量を調節する機能として知られている．しかし，ヒトの場合，瞳孔可動域の制約から，瞳孔運動で調節できる光量はたかだか全体の1/16程度しかない．つまり，ヒトの瞳孔は光量の調節にはほとんど役立っていない．

　一方，数十年にわたる認知心理学系の実験から，瞳孔の大きさは精神活動を直接反映する指標になることが知られている．たとえば，ヒトの瞳孔は興味あるものに対しては，大きく開き，関心がないものに対しては小さくなる．対象は視覚的な刺激に限らず，聴覚的な刺激にも瞳孔は同様に反応する．したがって，瞳孔運動を計測しその数値化データに基づいて指標とすれば，興味・関心の度合いを客観的に表すことが可能である．

b.　ヒトの視線・瞳孔運動をとらえる方法

　人間活動における視覚的反応を計測する方法として，小型カメラによる**アイカメラ**で眼球を撮影し，その映像の画像計測によって視線・瞳孔の運動量を導出する技術がある．視線・瞳孔運動を計測する際，ヒトの自然な行動を妨げないために，頭部に装着するアイカメラを用いることが多い．頭部装着型アイカメラを用いる場合は，顔面の向く方向の情景（視野映像）を記録するのと同期して，視線と瞳孔の運動を記録する．

　視野映像からは「何をみているか」を特定することができる．そして，視線と瞳孔の運動を重ね合わせることで，ヒトはどの方向を向き，どの対象にどの程度注視し，どの程度興味関心をもったかを観察できる．

　PC上のソフトウェアを用いる解析の過程では，注視点と瞳孔の開口度を視野映像上に

スーパーインポーズして（重ね合わせて）動画を再生することにより，被験者の視線行動を追体験できる．また，その動画から注視時間の長い映像カットを取り出し時系列に並べることで注視対象の遷移を分析できる．このような手順で人間活動分析の糸口にできる．

c. 視線・瞳孔運動を計測・解析する最近の事例

代表的な事例としてヒトが移動する量が異なる三つの場合（移動量0：講義聴講，移動量少：絵画鑑賞，移動量多：駅コンコースで歩行）で視線計測を実施した例を解説する．

1) ヒトは講義でどのように集中するか（移動量0）

瞳孔の変化がヒトの集中度の変化に連動するといわれている．それを仮定して，着座している学生の90分間の視線の動きと瞳孔径の変動を計測した[2]．視線は，講義の板書や投影されたスライドをみる，ノートに記録するために手元をみる，という動きになる．瞳孔径の変動をグラフ化すると，時間経過とともに，瞳孔の開口度は下がる傾向であった．つまり，時間が経つにつれ集中度が下がっていく．しかし，講師がスライドを切り替えたり，声に抑揚をつけて強調したりすると，瞳孔の開口度が上がり集中度が回復した．

また，講義の形式について，スライド教材投影による場合と板書による場合とを比較した．スライド教材投影による場合は，瞳孔径に大きな変化はなく時間とともになだらかに減少していた．つまり，講義への関心がだんだんと低下していて，時間経過に伴い講義に飽きていったと推測できる．一方，板書による場合では，約2分半ごとの周期で瞳孔径がもとの大きさに戻ることが確認できた．つまり2分半ごとに瞳孔径が拡大するような集中をもとに戻す効果のある刺激があったと考えられる（データ詳細は文献2を参照）．

これらの結果，板書するほうが受講者の集中度は保たれると仮説を立てることができる（実証には十分な計測サンプルが必要である）．このように，瞳孔運動の変化を解析することにより授業の特徴を分析することの可能性が示された．

2) ヒトは絵画をどのように鑑賞するか（移動量少）

江戸時代の画家である伊藤若冲の絵画作品（群鶏図）をみたときの，視線や瞳孔反応を計測した．これは，NHKで放送された番組内の企画実験として，色彩豊かで模様の複雑な群鶏図が，みている人の目線を釘づけにする秘密を探る目的で計測したものである[3]．5名の一般被験者を対象に計測した結果，13羽の鶏が複雑に入り組んだ構図の中で，赤色の頭に次々と目を奪われ，次第に引き込まれていくことがわかった．錯視の効果があるといわれる複雑な羽の模様に対しては，迷いをもつような動きがみられた．

なお，若冲のことをよく知る見慣れた年配の男性は，鶏の羽や体の線に沿ってなめるようにみる傾向があり，他の被験者とは異なる特徴的な絵画鑑賞をすることを確認した．

3) ヒトは歩行中にデジタルサイネージがどのように目にとまるか（移動量多）

多数のFPD（フラットパネルディスプレイ）が並んでいる駅構内のコンコースで視線計測を実施した．この結果，駅コンコースを歩行中の大部分の時間はサイネージをみていないことがわかった．これは，ヒトが多く，歩くのに集中して周囲に目を配る余裕がないためと考えられる．しかし，FPD画面の色彩がコンコース全体の背景色から変わったりしたときには，自然と視線がその方向に向くことを確認できた．

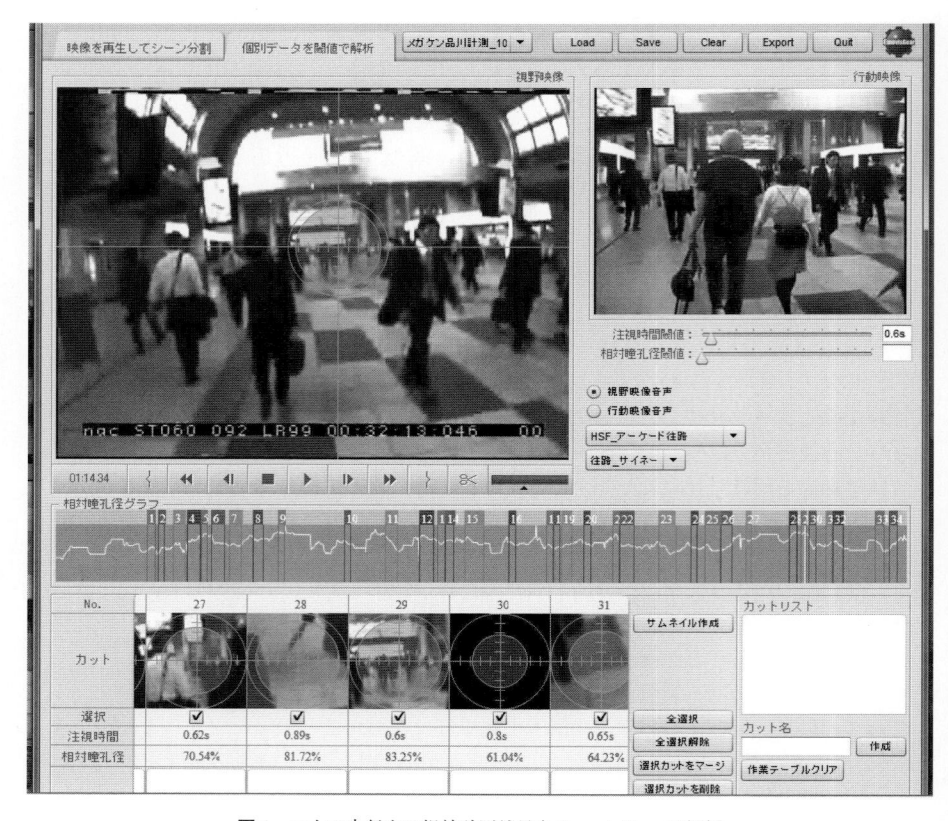

図1 二人で歩行中の視線計測結果を EmovisGear で解析

　一方で，比較的空いているときでも，友人と並んで話に夢中になっているときは，視線はFPDに向かないようである．実験でも，二人で話しながら歩いていると，ほとんどみられていないという結果になった（図1）．

　なお，本格的にサイネージの効果を分析するには，曜日・時間帯やそれにあった歩行速度を想定して，複数（十数人以上）の被験者を対象に実施する必要がある．たとえば，通勤時には多くのサラリーマンが足早に移動する．平日昼間には，主婦や学生が比較的ヒトの少ない空間で，自分のペースで歩くことが想定できる．こうした状況を考慮し，動線と視線の両方を同時に計測・解析する必要がある．そして，その結果に基づいて，時間帯および対象者の嗜好にあったサイネージを制作するのが得策である．

1.2.3 屋内測位

興梠正克・石川智也

　サービス産業の現場においては，人（従業員）が現場内を主として歩行移動してその業務を遂行するが，経営者および管理者はその業務中の動きをリアルタイムで逐一把握することは困難であったため，業務の最適化や改善に必要な情報を得にくいという問題があった．屋外環境では，GPS（global positioning system）による従業員のリアルタイム測位も可能であるが，特に屋内環境においては，GPS衛星からの信号が構造物などによって遮断され，GPSに基づく継続的な測位は難しい．

　屋内環境において人の位置を計測する技術としては，Wi-Fi（構内無線LAN）の複数の基地局からの信号を捕捉して現在位置を推定する手法が存在する．また，RFID（radio frequency identification）タグ（もしくはそのリーダ）を環境内に設置し，その信号を読み取ることで現在位置を割り出す手法も知られており，一部の現場では利用されている．しかしながら，これらの手法では，従業員の動線を正確に推定するには相当数の基地局からの信号を受信する必要があるほか，環境の変化に対して頑健でないなどの問題も多い．また，環境中の計測対象の密度が十分に高くない場合，無線基地局やRFIDタグなどの設置コストが無視できないレベルまで増大し，実用的とはなりにくい問題がある．

　計測対象を歩行移動する人に特化した歩行者測位手法として，**歩行者デッドレコニング**（pedestrian dead reckoning：PDR）が知られている．人が装着した加速度・角速度・磁気・気圧センサからの計測結果に基づいて人の歩行移動を計測して，現在位置と方位を推定する相対測位手法である．PDRで用いるこれらのセンサは外部のインフラを必要としないため，センサ単独でも連続的に位置・方位情報を取得できる．ただし，GPSやWi-Fi，RFID測位の手法とは異なり，絶対位置を推定する手法ではないため，少なくとも初期位置を与える必要があり，その後の累積誤差を外部から補正する必要がある．ここでは，まずPDRによる人の相対測位手法について述べ，その後，位置・方位の統合・補正方法である**センサデータフュージョン**（sensor/data fusion：SDF）の手法について述べる．

　PDRによる人の相対測位手法は大きく分けて，①姿勢角（方位角）の推定，②歩行動作などの移動検出，③移動速度の推定，の三つの計算プロセスからなる．

　まず，姿勢角（方位角）の推定では，基本的には加速度センサによって重力方向を検知して，磁気センサを用いて磁北方位を検知し，角速度センサ（ジャイロスコープ）によって姿勢角を時間積分して更新する．ただし，加速度センサが計測するのは重力加速度ベクトルと印加された運動加速度ベクトルの合成であり，角速度センサに基づく時間積分を組み合わせる必要がある．この組合せの処理にはしばしばカルマンフィルタが用いられる[1]．また磁気センサの計測結果には環境に起因する磁場も含まれているため，地磁気でない磁

場を方位補正から除外する仕掛けが必要である．なお，この姿勢角の推定結果はその後のプロセスで参照されるため，PDRの測位精度への寄与が最も大きい部分である．

前述の手法によって姿勢角が推定した結果としてセンサ座標系に対する重力方向が算出できるので，人の動きによってつくりだされる運動加速度を鉛直方向と進行方向の成分に分解できる．人の歩行動作は，これらの分解された成分についてピーク検出と位相のずれの検証によって検出できる[1]．また階段やエレベータの昇降などの高度方向の変位を伴う動作についても，歩行動作検出と同様に分解された運動加速度成分の特徴の分析によって検出可能である．高度方向の変化については，気圧に基づく変位検出手法もあるため，これらとの組み合わせた実現が望ましい．

歩行動作における加速度の鉛直・進行方向成分の振幅と歩行速度の間には強い線形の相関関係が存在することが知られており，この性質を利用して歩行速度を加速度成分から推定できる．この相関関係を示す直線回帰パラメータは個人差（身長や靴の種類など）による影響を受けるため，前もってその個人差を校正すると誤差の軽減に寄与する．

これらのセンサの装着位置は重要な意味をもつ．歩行動作を検出しやすい装着位置は，人の重心に近い腰部である．一方で，足の接地時に速度が0となる制約を生かせる足先も装着位置として有効であり，多くの先行研究で採用されている実績がある．メンテナンスや着脱の容易性とPOS端末などへの組み込みなどの将来の展開を考えると，腰部装着型のPDRの手法が適していると考えられる．

PDRはその動作原理からわかるように，外部の位置補正手段なしでは誤差が累積する相対測位手法である．その誤差要因としては，地磁気により方位補正ができない場合，角速度の積分誤差が時間の経過に伴って累積して方位角の誤差につながり，測位誤差が急増する現象が第一にあげられる．これらの方位角の誤差が地磁気に基づく方位補正によって除去された場合でも，移動速度の推定プロセスにおける誤差は存在し，測位誤差として歩行距離に比例して累積する．多くのPDRの実装では，移動速度（距離）の推定誤差に起因する測位誤差を性能指標としてあげており，それは歩行距離の2〜5%程度の範囲である．このような累積誤差を補正する手段であるSDFについて，以下に述べる．

SDFは，PDRからの相対移動情報と環境情報や環境中に設置された測位インフラからの情報を確率的に統合することで，PDRのみの測位で生じる累積誤差の補正や計測対象の個人特性の校正を行い，広域の屋内環境においても精度よく絶対位置・方位を推定可能にする．サービス現場における従業員の行動計測のためには，業務を妨害せず低コストで計測負荷の少ない技術が求められる．そのためには，行動分析のための計測結果の可視化や現場ですでに利用されているサービス（セキュリティなど）と行動計測技術との間で情報を循環させ，総合的な低コスト化と技術・サービスの高品質化を行うことが有効である．

行動計測によって得られた位置・方位情報は，その現場の環境モデルとあわせて可視化することでその行動の意味を直感的に理解可能となる．現場の環境モデルはたとえば文献2のような技術によって作成でき，その環境モデルを測位にも利用することで，コストの分散とPDRで生じる累積誤差の補正による高精度化が可能になる．SDFでは，正規分布とならない非線形な現象を確率的に扱うためにパーティクルフィルタによって実装され，

環境中の人が歩行移動可能な領域外への移動や壁に衝突するような移動を行うサンプルを排除することで，環境との整合性の高い確率分布を推定し，累積誤差の補正を行う．さらに，PDRから階段昇降やエレベータへの乗降動作などの情報が得られた場合には，それらの設備周辺の計測対象の存在確率を高めることができる．

屋内のサービス現場や，工場・オフィスなどではセキュリティインフラとして，監視カメラやRFIDタグが利用され始めており，これらのインフラを測位にも利用することで追加の設置・維持コストをかけることなく測位の高精度化を行うことが可能となる．監視カメラは映像中の人物の位置を高い精度で計測することが可能なため，PDRで生じる位置・方位の累積誤差の補正や映像から推定した歩行速度により個人特性を校正することができる．そのためには，まずPDRで推定した移動軌跡の形状とカメラ映像から推定した移動軌跡（映像軌跡）の形状の類似性を評価し，映像中の人物とセンサを装着した人物とを対応づける．そしてこの対応づけによって，映像軌跡による位置と方位の補正および，映像軌跡から得られる歩行速度の情報を利用した個人特性の校正を行うことができる．計測対象がカメラ映像に映るだけで個人特性の校正が可能なため，現場に導入した際の計測負担を低減できる．また，この対応づけによって監視カメラ映像に自動的にセンサをつけている人物のタグづけを行うことが可能になり，セキュリティサービスの高品質化にもつながる．入退室管理システムなどにRFIDタグが利用されている現場では，計測対象がタグに接近したことを検知することで，測位誤差補正を行うことができる．

実際の日本食レストランにおいて従業員の行動計測を行い，得られた位置・方位情報を環境モデルとあわせて可視化した例を図1に示す．図1は接客係と接客補助係という異なる業務を行う従業員の軌跡を示しており，接客係は主に客室や客室とパントリー間を，接客補助係はパントリーや客室周辺を移動していることがわかる．このような行動計測・可視化結果をもとに経営者は人的資源の配置検討や業務分析を行うことが可能になる．

ここで紹介した二つの技術は，今後の携帯電話・スマートフォンに内蔵されるセンサの高度化により，従業員の行動計測のみならず顧客であるサービス利用者の行動計測にも適用が可能となる技術であり，今後サービス産業へのさらなる展開が期待される．

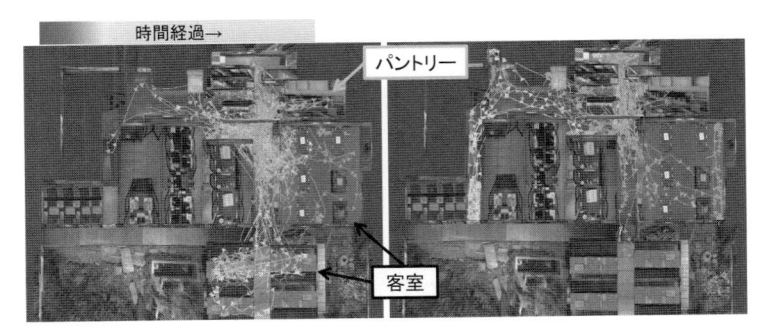

図1 日本食レストランにおける異なる業務を行う従業員の移動軌跡（左：接客係，右：接客補助係）

1.2.4 行動・作業内容の認識・推定技術

牧田孝嗣・天目隆平

サービス現場で働く従業員の勤務中の行動や作業の内容が把握できると，従業員教育や業務分析，QC活動などでの活用が期待でき，これらが効率よく得られれば大きな価値のある情報となる．ここでは，業務中の従業員のさまざまなデータを収集し，それらから従業員の動作や作業内容をオフラインで推定する技術について紹介する．

a. PDRplus

1.2.3項で述べられたPDRは，人が装着した自蔵センサの計測値を利用した歩行検出を行うことで，初期位置・方位からの相対変化を測位する自立航法である．PDRでは歩行動作の未検出や誤検出や蓄積誤差があるため，従業員が存在する大まかな領域（以下，エリア）での位置推定は可能であるものの，他の手法と組み合わせて測位精度を向上させることが望まれる．そこでわれわれは，測位精度向上，および複数種類の動作の認識精度向上を相補的に実現する測位および動作認識技術 **PDRplus** を開発した（図1）．

センサの計測値から動作を認識するには，動作と計測値の相関を調査・学習する必要がある．しかし，センサのゆれは動作の学習に悪影響を及ぼすため，PDRに利用されているセンサ座標系のスタビライズによりゆれの影響を軽減し，データ学習の精度を向上させる．また，各動作の生起確率はエリアによって大きく異なる場合が多いため，エリアごとに発生する動作の種類の絞り込みにより，動作認識の精度を向上させることができる．一方，PDRでは，動作データを利用して人の状態遷移を把握し，各データに対して移動を伴う動作かどうかを推定する．これにより，歩行を含めた移動動作の検出精度を向上し，その結果として位置・方位の計測精度が上がる．

b. PDRplusを用いた従業員の動作推定

ここでは，有用な特徴量を自動的に多く利用するアルゴリズムであるBoostingを用い

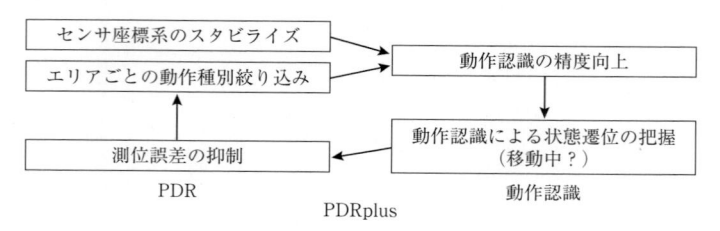

図1 測位精度，および動作認識精度の向上を相補的に実現するPDRplusの概念図

| 歩く | 立位での活発な動作
(材料を揚げる,盛り付け
をする) | 立位での安定した動作
(材料を切る) | 上下動
(屈む,立つ) | 止まる |

図2 認識を行う動作の外観の例

た動作推定について述べる.さらに,応用事例として日本食レストランにおける調理係の動作推定をとりあげる.

1) Boosting を用いた動作推定

はじめに,センサの計測値を用いて,「開始時刻」「終了時刻」「動作の種類」からなる学習用データを作成する.次に,弱識別器群の作成を行う.弱識別器とは **Boosting** によって作成される識別器(強識別器)を作成するための材料となる識別器である.弱識別器を作成するには,動作を識別するための特徴量やルール,しきい値などを設定する必要がある.そこで動作の種類ごとの学習用データを解析し,動作間の傾向の差が大きいと予想される特徴量を複数作成して弱識別器群を作成する.最後に,学習用データと弱識別器群をBoosting アルゴリズムで処理することで強識別器が完成する.強識別器は弱識別器を統合して作成されるもので,推定に有効である特徴量をもつ弱識別器が自動的に重要視される.

2) 動作認識の例

日本食レストランがんこ銀座4丁目店の調理係1名の動作認識の例を示す.はじめに,図2に示した5種の動作「歩く」「立位での活発な動作」「立位での安定した動作」「上下動」「止まる」を設定し,調理場内の映像(約8時間分)を撮影して学習用データを作成した.次に,3軸方向(上下,左右,前後)の加速度を利用して,各動作につき三つずつ,合計15個の弱識別器を作成し,存在エリアを利用して,動作ごとに一つずつ,合計5個の弱識別器を作成した.これらから強識別器を生成した結果,位置による特徴量や,前後方向の加速度による特徴量が重要視される結果を得ている.

c. 従業員のサービスオペレーション推定

サービス現場で働く従業員が業務中に実施した作業の内容は,1.2.3項および本項前半で述べた従業員の測位や動作認識結果など(以下,要素データ)と大いに相関があり,要素データから従業員の作業を推定することが可能であると考えられる.筆者らはこれを**サービスオペレーション推定**(service-operation estimation:SOE)と呼んでいる.

SOE の実現方法として,要素データとの相関に基づいてルールベースの分類器を構築することが可能である.しかし,ひとえにサービス業といっても,その実は多岐にわたっている.病院や介護施設のように医療を,レストランやホテルのように食事や宿泊を,ま

たは移動やエンターテインメントなど，種々の無形の状態変化を受け手に提供することがサービスである．したがって，サービス業の業務内容は現場によってさまざまであり，同一の現場であっても分業によって各従業員がなすべきSOは多様である．ルールベースのSOEでは，現場や従業員の役割ごとに従業員が行う作業やルールが異なるため，あらゆるサービス現場で通用するような汎用性の高いSOEシステムの構築は困難である．

そこで筆者らは，機械学習を利用した方式を提案している．筆者らの提案方式は，現場や従業員の役割ごとにSOと要素データの相関を，k-近傍法やサポートベクタマシン，Boostingなどの手法を利用して学習することで構築した分類器を用いて，もっともらしいSOを推定する[1]．推定に利用する要素データは，①POSデータのような会計データ，②従業員のシフト表，役割情報，業務スケジュールなどの業務データ，③各従業員の行動データの3種に大別できる．従業員の行動データは，測位データ，動作，発話区間検出（voice activity detection：VAD）やキーワードスポッティングの結果などを想定している．すべての要素データは時刻同期され，そこからさまざまな特徴量が抽出される．

実際のサービス現場における要素データとSOリスト構築例として，日本食レストランがんこ銀座4丁目店のケースを紹介する．同店の従業員は，調理係，接客係，調理済みの料理の調理場からパントリーまでの運搬やドリンクの準備などを行う接客補助係の3種の役割に分けられる．それぞれの役割における要素データとSOの候補を表1に示す．会計データには，当該店舗全体の注文の内容，個数，発生時刻，発生場所（客席番号），清算完了時刻，注文に応対した従業員名などが電子的に記録されたPOSデータを利用した．これらの要素データから約20種類の特徴量を抽出し，接客係のSOEを行う分類器をk-近傍法とAdaBoostを利用して構築したところ，k-近傍法では66%，AdaBoostでは84%の精度でSOを推定することができた．

SOと相関があるデータは何でも要素データとして利用可能である．SOとの相関が高いデータを多く集められればSOEの推定精度向上が見込めるが，計測にかかるコストや従業員負荷と推定精度のバランスを考慮して選択されたい．SOEの結果は，従業員教育や業務分析への利用および4.3.1項で述べる現場改善やQC活動での活用が期待できる．また，現場で扱う商品や顧客などを認識することで，オペレーションの対象を加味した推定に拡張可能である．

表1　要素データとSO候補の例（日本食レストラン）

役割	要素データ			SOの候補
	①会計データ	②業務データ	③行動データ	
接客	POSデータ	シフト表，従業員の役割情報	位置・向き，動作，VAD	移動/物を運ぶ，注文伺い，配膳，挨拶/案内，会計会話（客，スタッフ），片付け/セッティング
接客補助			位置・向き，動作	移動/料理を運ぶ，ドリンクをつくる，片付け/セッティング
調理				移動/物を運ぶ，配膳作業，皿などを洗う，調理・調理以外の作業（調理場内の各ポジションごとに）

1.2.5 モバイルデバイス利用からの活動観測

中村嘉志

　情報支援というサービス提供を考えるとき，まず利用者とシステムとの間の環境をデザインすることが重要である．裏を返せば，利用者の活動や嗜好を考慮せずに情報提供を行うことは困難である．利用者の活動状況の中でも重要な情報は，どこにいるのか，誰といるのか，そして，近くに何があるのか，であるといわれている[1]．これらは専門的には**コンテクスト**と呼ばれる．ここでは上記コンテクスト三つのうちのいくつかを扱う情報提供および情報共有サービスについてそれぞれ具体的に紹介する．そして最後に発想法にデザインとストーリーテリングの手法を取り入れた表現活動支援について述べる．

a. 位置と向きに基づいた情報提供サービス

　人は興味のある物の方向を向き，その視線の先にある情報を多く得たいと思うものである．このとき「見る」という行為を補足する情報提供ができれば高価値のサービスが実現できる．美術館を例に考えると，来館者は作品の前に立ってその方向を向き，作品の世界に没入して観賞するであろう．ここで，その場所，その向きに応じた補足説明が提供できれば作品鑑賞の価値も高くなる．手動入力ではあるが，実際，作品番号をデバイスに入力することで補足説明を聞くことのできる音声装置を貸与してくれる美術館もある．

　CoBIT（compact battery-less information terminal）は，利用者の位置と向きに応じて音声情報を提供することのできるデバイスシステムである[2]．その特徴は，プラグインの電池を必要とせず利用者もしくは環境中のエネルギーのみを用いて駆動するためメンテナンスフリーであることと，構造が単純であるため比較的安価に端末を製造することができることである．図1はCoBITのシステム構成を表したものである．端末自体は基本的に太陽電池，イヤホン，反射シートからできている．光源からは提供したい音声情報に応じた光が照射されている．美術館の例では展示作品それぞれに光源が装備されていると考えられたい．光は指向性を絞るとエネルギー密度を高くできるため，この特長を利用して音声情報と同時にエネルギーを送ることができる．一方，端末に搭載された太陽電池がこの光を受けると，その光に応じて発電をする．受けた光はもともと提供したい音声情報に関係しているので，太陽電池の起電力で直接イヤホンを駆動すれば，場所と向きに基づいて音声情報を利用者に提供することができる．CoBITでは位置センシングや方向センシングを必要としない．光の指向性を利用して自然に音声情報を利用者に提供する．

　CoBITは音声提供のみならず，利用者の意図をシステムに伝えることができる．端末には反射シートが施されており，赤外投光カメラでこの動きを追跡して「はい」や「いいえ」といった利用者の簡単な合図をシステムは認識することもできる．ここで紹介した

CoBITの一部の機能は，2005年の愛・地球博（愛知万博）の政府系パビリオンと屋外庭園でも用いられた．中でも屋外用のものはグッドデザイン賞を受賞している．

b. イベント空間における活動記録・情報共有サービス

展示会や学会など多くの人が目的をもって集う場所をわれわれは**イベント空間**と呼んでいる．ここには仲間づくりや情報交換，新しい発見を求めて人々が集う．近年ではイベントの情報はWebを通じて発信されることが多いが，いざ会場にきてみるとせっかくのWeb情報があまり生かされないことが多い．これは，事前，あるいは事後のWeb情報提供と，現場である会場での情報提供がシステムとして連携していないことに起因する．

品質の高いサービスをイベント空間で提供するためには，会期中だけに焦点を絞るのではなく会期前後を一貫してサービス対象としてとらえる必要がある．そのためには，Webでの情報提供を会場でのそれの前段階と位置づけ，両者が一貫するようにしっかりとシステムおよびサービスをデザインする必要がある[3]．たとえば，学会のようにある程度事前に参加者がわかっていれば，Webマイニング手法を用いて，参加者のコンテクストごとに異なるきめ細かな情報支援システムを構築することができる．一方，会場での情報提供は，CoBITのようなデバイスや非接触ICカードを用いることで，会場内の情報をWeb上のシステムに環流させ，状況に応じた情報提供を実現することができる．筆者らは2003年から2007年の人工知能学会の全国大会を対象に会場での活動記録とWebシステムの融合による情報提供サービスの実証実験を行い，両者を一貫してデザインすることが重要であり，このことがサービス提供に効果的であることを確認した[4]．

図2は，位置センサや方向センサを用いずに利用者の位置と向きの活動記録ができる名札型デバイスである．イベント空間における利用者の活動状況は，空間内での場所だけでなく，興味があるであろうどちらの方向を向いているかの情報にも高い価値がある．したがって，サービス提供を考えたとき，場所の情報の記録精度を上げるよりもむしろ向きの精度を上げたほうがよいことがわかる．図2のデバイスの戦略は，赤外線センサにより，まず利用者の周囲の情報を取得し，この周囲の情報から全体の位置および向きの関係をトポロジカルに得ることをもととしている．パーティー会場などの比較的混んだ空間を想定した実験では，向きの精度が角度10°以下を実現できることが確かめられている[5]．

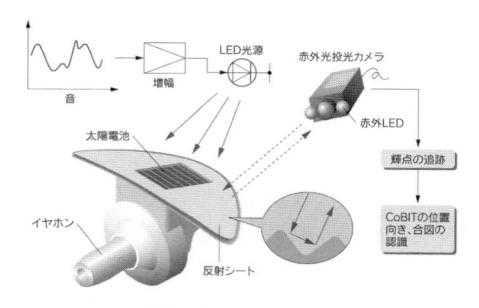

図1 CoBITシステム

図2 名札型の活動記録デバイス

c. 人々の感動や共感を促すグループ表現活動支援サービス

サービスをデザインするとき，規模によっては複数人でこれに当たることがある．そこでは扱う対象をさまざまな角度からみつめて解釈を繰り返すことによって，新たな視点を見いだしたり本質にたどりついたりすることが必要である．実際，プロのデザイナーは創作過程において複数回のスケッチを試行することが知られている．また，得られた新たな視座やコンセプトを物語の形で伝えることによって相手の心に響かせてより効果的に対象の理解を深める**ストーリーテリング**という手法も注目されている．KJ 法[6] は，発想法として広く知られているが，ここでは発想法にデザインとストーリーテリングの手法を取り入れた行為を総称して表現活動と呼ぶことにする．

グループでの表現活動において筆者らは**コンポジション**が有用であると考えている．コンポジションとは表現手法の一種で，平面上に要素を配置する作業のことである．これを複数回繰り返し行うことにより，さまざまな面から要素と要素関係を解釈することができ，新たな表現が生まれる．これには五つの段階があると考え，筆者らはそれらをまとめて**Zuzie 法**として提案している[7]．図 3 に Zuzie 法の手順を示した．Zuzie 法では，表現行為を個人とグループの二つフェーズに大別している．個人により対象の認識を外在化したものを**図**と呼ぶ．一方，複数の図の平面配置構成（コンポジション）から背景として描かれる絵の中に対象が関係したテーマが見いだされていく．Zuzie 法では見いだされたテーマを**地**と呼んでいる．コンポジションの繰り返しにより複数の地が見いだされるが，ここで重要なことは，同じ図の集合を用いることである．なぜなら，集合を同じくする図の配置を異なる地とともに複数回構成することによって，図の解釈が多面的になり多様性が高まるからである．最後に，得られた図と地に関してストーリーテリングによって発表する．

この Zuzie 法を，計算機上に実装した支援システムとともに 2008 年 7 月，日本科学未来館において小学 6 年生 30 名を対象にして参加体験型ワークショップとして実践した．その結果，未来館の展示物に関する理解と新たな表現が促されることが確認された．またこれを期に，Zuzie 法を利用したワークショップをこれまでに数多く実践している．

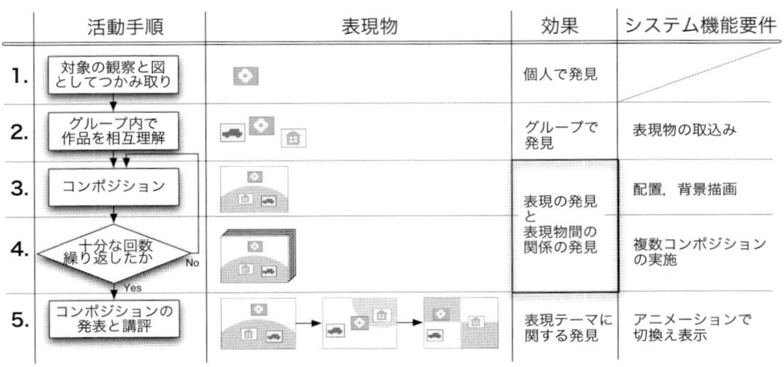

図 3 グループ表現活動を実現する Zuzie 法の流れ

1.2.6 ユビキタスセンシングによる活動観測

大西正輝・依田育士

　サービス工学の分野ではセンシング技術で人や物を抽出・追跡することによって活動を観測する研究がさかんに行われており，実証フィールドは研究室レベルから実際に処理を必要とする現場レベルへと移っている．このような機運の中で，いつでも，誰でも，どこにでも開かれた技術を目指して，センサのユビキタス化が加速している．このような**ユビキタスセンシング**技術が切り開くサービスの適用分野としては商業施設における顧客行動解析や，駅・踏切・空港における安全管理，病院・老人ホームにおける徘徊・異常検出などが考えられている．

　坂村らは身のまわりのあらゆる物・場所・人にコンピュータを組み込む**ユビキタスコンピューティング**を提唱しており[1]，「東京ユビキタス計画」と称して銀座や新宿での街歩きや観光をサポートする実証実験を展開している．これらの研究ではインフラ側にIDを埋め込む必要があるものの，身のまわりに存在するあらゆるものの個体識別番号を正確に認識することができるため，個人の要望に合わせたサービスの提供が期待できる．

　一方，環境にIDなどを埋め込む必要のない方法として依田らは，**ユビキタスステレオビジョン**と称するどんな場所でも頑健に使えることを目指した，ステレオビジョンのハードウェアとソフトウェアを開発している[2]．ユビキタスステレオビジョンは図1のような構成になっており，FPGAボードでステレオ画像を処理することで，各画素あたり2バイトの視差値を毎秒15フレームで得ることができる．さらに，後段のCPUで三次元復元演算を行ったのち，二段階の時系列クラスタリングを行うことで，0.5 人$/m^2$ 程度の混雑した環境においても，98%以上の精度で正しく人の位置を追跡することができる．図2に野外での人の追跡結果を示す．

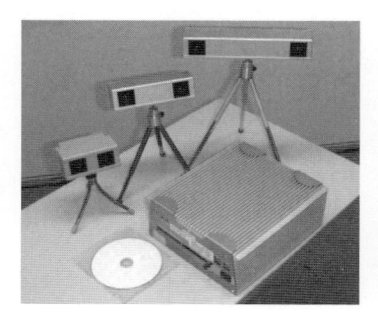

図1　ユビキタスステレオビジョン

図2　野外での人の追跡結果

ユビキタスステレオビジョンはファンレス，ハードディスクレスの設計になっていることから，屋根裏などの過酷な環境での長期運用に適している．本ステレオビジョンを用いて秋葉原駅に隣接する秋葉原 UDX のレストラン街 AKIBA-ICHI において，2008 年 2 月から 4 年以上にわたって人流解析に関する実証実験を展開している．図 3 に動線抽出結果とその代表的な動線を示す．

　商業施設における動線抽出実験はこれまでにもいくつか報告されているが，それらの研究の多くは数時間から数日，長くても数カ月程度のデータ収集しか行っておらず，1 年単位の長期間のデータをどのように扱うかについては議論されてこなかった．AKIBA-ICHI における実証実験では 4 台のステレオビジョンから 1 日当たり延べ 2 万 1000 人程度の動線が観測されており，日々大量に得られる人流データを効率よく表現する必要がある．特に施設管理やマーケティング支援の観点からは，宣伝や看板の誘導効果などを測定するための動線変化の比較手法と，長期間にわたる動線変化の可視化手法が重要になる．比較・可視化手法の詳細に関しては文献 3 に譲るが，ここでは AKIBA-ICHI における動線を解析することによって見えてきたことを明らかにする．

　図 3 のように得られた動線から始点・終点・形状に関する特徴量を抽出し，それらをクラスタリングし，意味を与えることで，それぞれの動線を「2 階から 3 階へ上がる」「4 階から 2 階へ下りる」のように表現することができる．時間ごとにこれらの観測頻度を数えたグラフを図 4 に示す．図 4 の上段は平日の 1 カ月間に「2 階から 3 階へ上がる」人数を淡色で表し，「3 階から 2 階へ下りる」人数を濃色で表している．横軸が時間を，縦軸が 15 分ごとの人数を表し，一本一本の線が特定方向の動線の観測人数を示している．昼食時の 12 時付近や夕食時の 18 時付近の人数が多くなっていることが確認できる．それぞれの動線の時間変化は日ごとに増減しているもののピークの時間帯や分布の傾向はきわめて類似していることがわかる．ここではこのような日単位の特定方向の観測動線の人数変化

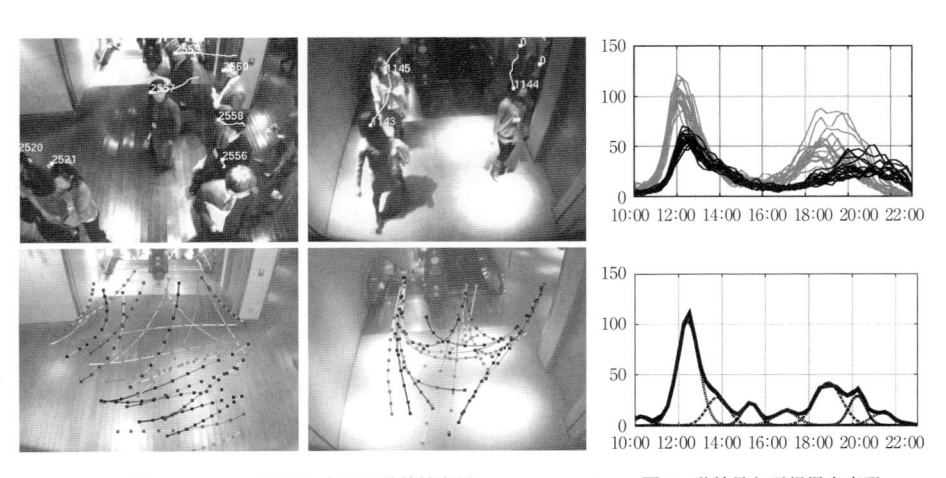

図 3　AKIBA-ICHI における動線抽出例　　　　**図 4**　動線量と正規混合表現

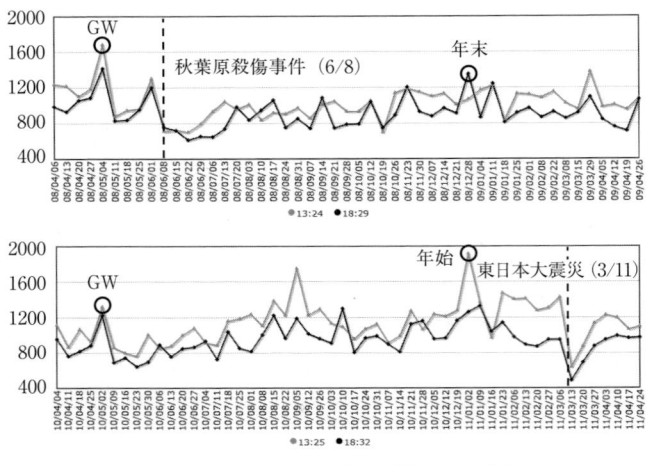

図 5 長期間にわたる日曜日の動線量の可視化

を動線量と呼ぶ．人は一般に時間に拘束されて行動していることから，動線量は正規混合分布で表現できると考えられる．図 4 下段はある日の動線量を正規混合表現した結果である．正規混合表現することで，動線量を比較や可視化する際には，それぞれの分布ごとに比較・可視化すればよいことになる．

誘導看板を設置する前後の「4 階から 3 階に下りる」動線量の比較から看板の誘導効果が昼食時間の分布に現れており，看板設置前には 468 人であった誘導人数は看板設置後には 766 人に増加していることがわかった．それ以外にもイベントスペースで開催されたあるイベントは昼食の分布を 353 人増加させ，分布の時刻を 30 分程度遅らせた．一方で，夕方時の分布にはほとんど影響を与えなかったことなどが明らかになっている．

次に，長期間の可視化結果について説明する．図 5 に秋葉原殺傷事件を含む 2008 年 4 月から 2009 年 4 月の日曜日の動線量を可視化した例と，東日本大震災を含む 2010 年 4 月から 2011 年 4 月の日曜日の動線量を可視化した例を示す．ともに昼食と夕食の二つの分布で構成され，2008 年と 2010 年の昼食・夕食の時間に大きな差はない．東日本大震災直後の落ち込みはきわめて大きいが，比較的短期間で回復する傾向にある．一方，秋葉原殺傷事件のあとは回復に時間がかかっていることがわかる．歩行者天国の中止などの影響もあることから単純な比較はできないが，ともに夕食時に比べて昼食時のほうが回復が早いことなどが明らかである．

このように，ユビキタスセンシングによる活動観測から得られる知見は定量的な数値を知ることができるため，これまでは勘に頼ってきたマーケティング支援を科学的に有効に活用するための基礎データになりうると考えられる．サービス産業発展のためにも今後の活動観測技術のさらなる向上が期待される．

1.2.7　Web・オンライン利用からの活動観測

濱 崎 雅 弘

　ソーシャルメディアの普及とともに多くの人々が情報を Web 上に発信するようになっている．さらに携帯電話やスマートフォンの普及により，日常生活においていつでもどこでも発信をするようになってきている．結果的に人々および人々が属する社会を理解するために有用な情報が Web 上に膨大に蓄積されるようになっている．具体的にどのような情報が観測可能になるのか，ある人物の普段の様子から考えてみよう．

> 　A さんは有名なラーメン屋にきている．ケータイから「今日のランチはラーメン．○○亭なう」とマイクロブログに書きこんだ．するとラーメン仲間の B さんから「そこは激辛ラーメンがお勧めですよ」と返信が．味にはうるさい B さんのお勧めならばと激辛ラーメンを注文．確かに美味しい．家に帰ったらブログでレビューを書こうと思った．
> 　A さんはブログでラーメンレビューを書いており，これまでに書いたレビューの数は 100 を超える．グルメサイトにもレビューを投稿しているが，そういったサイトはお店のレビューが中心で文字数にも制限があるので，メニュー単位で詳細なデータを残したいこだわり派の A さんは自分のブログにレビューを書いているのだ．先ほど情報をくれた B さんとは，このブログにコメントを書きこんでくれたのがきっかけで仲よくなった．
> 　ラーメンを食べて満腹の A さん，店を出ると空には大きな虹が．どうやら，通り雨が降ったらしい．すばやくケータイを取り出して虹を撮影し，またもやマイクロブログに「大きな虹が出ている！」と写真つきで投稿．きっと同じ虹をみているのだろう，マイクロブログのタイムライン上には虹をみたという投稿がたくさん並んでいた．
> 　気がつくとメールが一通届いていた．どうやらフットサルサークルのメーリングリスト宛らしい．サークルのホームページを更新したらしいのでみてみると，メンバーリストに新メンバーが追加されていた．ずいぶんにぎやかになってきた．今週末の練習が楽しみだ．

　このような A さんの何気ない情報発信から，A さんや A さんをとりまく環境についてさまざまな情報を観測することができる．たとえば A さんのブログに書かれたレビューから A さんの好みやラーメンの評価を知ることができる（**評判情報の観測**）．また，マイクロブログを監視すれば，虹のような多くの人がみるイベントを発見することができる（**リアルタイムイベントの観測**）．ブログやサークルのホームページからは，A さんのラーメンやフットサル仲間などの人間関係を発見することができる（**関係性の観測**）．これらは人々が自由気ままに発信した内容から観測したい内容を推測する話であるが，そもそも機械的に解析しやすい形で情報発信させるというアプローチも考えられる（**ユーザ参加に**

よる観測の高度化).

以下では,これらの観測を可能にするための技術について述べる.

a. 評判情報の観測

Turney は与えられた文書が肯定的であるのか否定的であるのかを判別する手法を提案している[1].まず肯定的か否定的かの判断材料となる極性語(肯定・否定の一方のみと共起する語)の辞書を構築する.ここでは肯定(否定)**極性語**の周辺には肯定(否定)極性語が現れやすいと仮定して,肯定極性語(例では excellent)と否定極性語(例では poor)それぞれとの **PMI**$_\text{IR}$(検索エンジンのヒット件数から求めた相互情報量)の差から,その語の極性語としての強さ **SO**(semantic orientation)を求める.

「x」をクエリーとして検索した際のヒット件数(単独ヒット件数)を $|x|$,「x and y」をクエリーとして検索した際のヒット件数(共起ヒット件数)を $|x \cap y|$ とすると,SO(x) は以下の式で求められる.

$$\text{SO}(x) = \text{PMI}_\text{IR}(x, \text{"excellent"}) - \text{PMI}_\text{IR}(x, \text{"poor"}) = \log_2 \frac{|x \cap \text{"excellent"}||\text{"poor"}|}{|x \cap \text{"poor"}||\text{"excellent"}|}$$

極性を判定したい文書に含まれるすべての語に対して SO を求め,その平均値が正であればその文書は肯定的,負であれば否定的であると判別する.単純ではあるが,Web を利用することで辞書を用意せずにどんな文書にも対応できるところが利点である.

b. リアルタイムイベントの観測

Sakaki らはマイクロブログである Twitter の書き込みから,**リアルタイムイベント**が起きたことやその発生場所を推定する手法を提案している[2].マイクロブログの書き込み一つ一つは情報量が少なくノイズも混じっているが,多くの書き込みを集めることでリアルタイムイベントの存在を推定することができる.これにより人々をいわばユビキタスセンサとして扱うことが可能になる.

提案手法では,まず対象イベントに関する書き込みを収集し,次に現在発生したイベントに関する書き込みかどうかを判定,そしてさらにイベント発生場所の推定を行う.たとえばイベントとして地震を対象にした場合,まず地震に関するキーワード(地震,揺れた,など)を含む最新の Twitter の書き込み(tweet)を収集し,それが目的イベントに関するものかどうかを tweet 中の出現単語やキーワードの出現位置をもとに機械学習により判別する.次に現在のイベント発生に伴う tweet かどうかを判定するために,時間軸に対する tweet の出現分布をみる.地震の例では,発生直後に tweet が急増し,そのあと指数関数的に減少する傾向があるため,指数関数とのフィッティングにより判定する.そうして得られた tweet に付与されている位置情報を用いてイベントの発生位置を推定する.文献 2 では 2009 年 8 月に起きた震度 3 以上の地震のうち 80% をリアルタイムに検出できたと報告している.

c. 関係性の観測

Matsuo らは複数の Web ページから，人や企業などの間の関係性を抽出する手法を提案している[3]．膨大な Web ページすべてを収集し解析するのは困難である．そこで検索エンジンを利用して効率よく Web をサンプリングするアプローチが有効となる．具体的には検索エンジンのヒット件数と，検索結果上位の Web ページの内容を利用する．

人物 x と y の関係の強さはそれぞれの単独ヒット件数 $|x|$, $|y|$ および共起ヒット件数 $|x\cap y|$ をもとに Jaccard 係数 $|x\cap y|/(|x|+|y|-|x\cap y|)$，Simpson 係数 $|x\cap y|/\min(|x|, |y|)$，コサイン係数 $|x\cap y|/\sqrt{|x||y|}$ などを用いて求められる．さらに関係の種類は，検索結果上位の Web ページの内容を用いて抽出する．たとえば人物 A, B がともに出現している Web ページ中に，「メンバー一覧」というキーワードが含まれていたら，人物 A と B とは同じグループに所属していると推測できる．文献 3 では研究者を対象とした関係性抽出タスクにおいて，C4.5 を用いて「共著関係」「同研究室関係」「同プロジェクト関係」「同会議参加関係」の 4 種類の関係性を 70〜90% の精度で推定している．

関係性には「共著関係」「同研究室関係」といった直接的な関係だけでなく，分野が近い，関心が似ている，といった間接的な関係もある．このような関係性を求める場合，まず人物 x と分野や関心を示すキーワード $w\in W$ との共起ヒット件数 $|x\cap w|$ を求める．これにより，キーワードとの共起ヒット件数を特徴量とした特徴ベクトルで，人物を表現することができる．この特徴ベクトルの類似性から，人物間の間接的な関係性を推定することができる．

本手法も Turney の手法同様，Web を用いることで問題ごとにコーパスを用意することなく，さまざまなデータに対応できる点が強みである．

d. ユーザ参加による観測の高度化

濱崎は，ユーザ側が情報の形式をつくりだしながら情報発信する仕組みを提案している[4]．ユーザは属性名と属性値のペアで情報を入力する．その際，ユーザは必要な属性名を自由に入力できるため，自身が発信したい情報を形式化して発信できる．発信された情報には属性名が付与されているため，属性検索や属性ごとの集計などが機械的に行える．しかしユーザが自由に属性名を入力できると，ばらばらの属性名がたくさんできてしまう．

そこで，入力済みの属性名-属性値ペアから必要な属性名を推薦することで，この問題を回避する．具体的には属性名間の共起関係や，属性値間の類似関係から，もつべき属性を推測する．

一般には情報がもつ属性は，その情報を記録する側が事前に定義したもの（データベースならスキーマ，人工知能ならオントロジー）を用いるが，提案手法は情報をよく知っている情報発信者それぞれにその定義を行わせることで，柔軟かつより詳細な属性の付与を可能にする．

参 考 文 献

1.1.1
1) 北島宗雄，内藤　耕編，『消費者行動の科学―サービス工学のための理論と実践』，東京電機大学出版局（2010）．

1.1.3
1) R. E. Nisbett, and T. D. C. Wilson, "Telling More Than We Can Know：Verbal Reports on Mental Processes", *Psychological Review*, **84**(3)，(1977)，231-259.

1.1.4
1) S. B. メリアム/堀　薫夫，久保真人，成島美弥訳,『質的調査法入門 教育における調査法とケース・スタディ』，ミネルヴァ書房（2004）．
2) 鈴木裕久,『臨床心理研究のための質的方法概説』，創風社（2006）．
3) 齋藤耕二，本田時雄編著,『ライフコースの心理学』，金子書房（2001）．
4) 矢野眞和編著,『生活時間の社会学　社会の時間・個人の時間』，東京大学出版会（1995）．
5) 北島宗雄，内藤　耕編著,『消費者行動の科学―サービス工学のための理論と実践』，東京電機大学出版局（2010）．

1.1.5
1) 北島宗雄，内藤　耕編著,『消費者行動の科学―サービス工学のための理論と実践』，東京電機大学出版局（2010）．
2) 北島宗雄，豊田　誠,『CCE（Cognitive Chrono-Ethnography）の実践的概説―認知科学に基づく人の行動生態の調査手法』，On Book（2011）．

1.1.6
1) W. E. Sasser, R. P. Olsen, and D. D. Wyckoff, *Management of Services Operations*, Allyn & Bacon (1978).
2) T. Kelley, *The Ten Faces of Innovation*, Currency/Doubleday (2005).
3) 松波晴人，山岡俊樹,"家庭用機器のユーザリクアイアメント抽出手法の比較研究"，論文集「デザイン学研究」，**51**(2)，(2005)，31-40.

1.1.7
1) 渋谷行秀,『こうすれば顧客満足を超える店になる』，商業界（2012）．

1.2.1
1) S. コーエンほか編著/小杉正太郎監訳,『ストレス測定法』，川島書店（1999）．
2) 日本自律神経学会編,『自律神経機能検査』（第4版），文光堂（2007）．
3) K. Yoshino, et al., *Natural Science*, **3**, (2011), 255-258.

1.2.2
1) 花村　剛ほか,"眼の動きから人間行動を解明する"，http://www.emovisgear.jp/．
2) 大山貴紀ほか,"瞳孔径による授業評価"，第10回情報科学技術フォーラム FIT2011, K-029（2011年9月）．

3) 「若冲ミラクルワールドー第2回命のクリエイター超細密画の謎」の番組内で実験，NHK BSプレミア（2011年4月26日放送）．

1.2.3
1) 興梠正克，大隈隆史，蔵田武志，"歩行者ナビのための自蔵センサモジュールを用いた屋内測位システムとその評価"，モバイル08予稿集，（2008），151-156．
2) T. Ishikawa, K. Thangamani, M. Kourogi, A. P. Gee, W. Mayol, K. Jung, and T. Kurata, "In-Situ 3D Indoor Modeler with a Camera and Self-Contained Sensors", *Proc. of Int. Conf. on Human-Computer Interaction*, LNCS5622, (2009), 454-464.

1.2.4
1) R. Tenmoku, R. Ueoka, K. Makita, T. Shinmura, M. Takehara, S. Tamura, S. Hayamizu, and T. Kurata, "Service-Operation Estimation in a Japanese Restaurant Using Multi-Sensor and POS Data," *Proc. of APMS 2011 Conference*, (2011).

1.2.5
1) B. Schilit, et al., "Context-Aware Computing Applications", *Proc. IEEE Workshop on Mobile Computing Systems and Applications*, (1994), 85-90.
2) 西村拓一ほか，"位置に基づくインタラクティブ情報支援のための無電源小型情報端末"，情報処理学会論文誌，**44**(11), (2003), 2659-2669.
3) 中村嘉志ほか，"個人端末をWeb支援システムIDへリンクする一手法の提案"，日本知能情報ファジィ学会誌，**20**(4), (2008), 130-141.
4) 濱崎雅弘ほか，"学会支援システムにおける実世界指向インタラクション"，日本知能情報ファジィ学会論文誌，**18**(2), (2006), 223-232.
5) 中村嘉志ほか，"複数の赤外線タグを用いた相対位置関係からのトポロジカルな位置および方向の推定"，情報処理学会論文誌，**48**(3), (2007), 1349-1360.
6) 川喜田二郎，『発想法—創造性開発のために』，中公新書（1967）．
7) Y. Nakamura, et al., "Zuzie : Collaborative storytelling based on multiple compositions", *Proc. of Int. Conf. on Interactive Digital Storytelling* (*ICIDS2010*), Springer LNCS, (2010), 117-122.

1.2.6
1) 坂村　健，『ユビキタスとは何か—情報・技術・人間』，岩波新書（2007）．
2) 依田育士ほか，電気学会論文誌，**124-C**(3), (2004), 805-811.
3) 大西正輝ほか，電子情報通信学会論文誌，**J93-D**(4), (2010), 486-493.

1.2.7
1) P. D. Turney, *Proc. of the ACL '02*, (2002), 417-424.
2) T. Sakaki, et al., *Proc. of the WWW'10*, (2010), 851-860.
3) Y. Matsuo, et al., *Proc. of the WWW'06*, (2006), 397-406.
4) 濱崎雅弘，人工知能学会研究会資料 SIG-SWO-A1001-07, (2010), 1-7.

第2章

分　　析

　本章では，サービスを通して取得されたデータの分析方法やモデル化の手法について議論する．第1章では，主に調査や現場観測を通した顧客や従業員の行動や意識（満足）の取得方法について紹介したが，現在のサービスを評価し，新たなサービスを設計するためには，このほかにもさまざまなデータが必要となる．データには，その取得方法，データの規模，データの主観性，取得に必要なコストがさまざまなものがある．たとえば，購買履歴データは，日々の業務上，最も重要なデータであるが，業務データにはこのほかにも発注データ，勤怠管理データなどがあり，それらは，情報技術の発展により自動的に大規模なデータが蓄積できるようになった．そこで，2.1節では，大規模な購買履歴データを用いた分析技術を紹介する．また，実際のサービス現場を離れて，インターネットのアンケートや口コミなどを通して収集できる消費者の意見も重要な情報源であろう．これらのデータは大量に取得が可能であり，1件当たりの取得コストは小さいが主観性の高いデータであり，また，しばしば言語情報の分析技術が不可欠となる．そこで2.2節では，アンケートを用いたライフスタイル分析技術を，2.5節では，テキストマイニング技術を紹介する．一方，調査や現場観測を通して得られるデータは，比較的データ数が少なく，コストも大きいが，より深い意味を含んだ情報を取得できる．そのため，単にデータを分析するだけでなく，それらのデータを用いて，実際のサービスをモデル化することが重要となる．このようなデータの活用例として，2.3節では，行動データと実環境の情報を用いた施設レイアウト計画の問題を紹介する．また，2.4節では，行動データと環境モデルを仮想環境において組み合わせたサービスフィールドシミュレーション技術を紹介する．最後に，本章では触れないが，実験室のような統制された環境においてもサービスの設計に必要なデータが取得されることを述べておきたい．これは，実際には存在しない仮想的なサービスを複数，被験者に提示し，被験者の意思決定のプロセスを理解するような場合に重要となる．このように，サービスに関連するデータにはさまざまなものがあるが，それらのデータを統合的に利用することが今後の重要な課題になると思われる．このような課題については，第4章における適用でいくつかの例を紹介したい．　　　　　　　　　　　　　　　　　　　　　〔松本光崇・竹中　毅〕

2.1 購買履歴データの分析技術

石垣　司

a. 購買履歴データ分析の目的

　ICT・センサネットワークなどの情報技術の発展により，生活の現場で観測されるデータの情報量は爆発的に増大している．記録媒体の小型化，低価格化，ユビキタス化により今後もその勢いは増大し続けるであろう．サービス産業の購買行動においても例外ではなくスーパーマーケット，コンビニエンスストア，インターネット上のWebショップでの購買記録やクレジットカードの支払い記録など，日常生活のあらゆる場面での購買履歴が定量的なデータとして蓄積されている．その背景には，購買履歴データを分析することで消費者のニーズに合わせたサービス品質の向上や経営上の意思決定に援用したいという目的がある．企業経営においては顧客との長期的な良好関係を築くためのcustomer relationship management（CRM）は重要な課題として俎上に載せられている．また，マーケティングにおいては，大量生産・大量消費時代のマスマーケティングから，特定のセグメントに特化した**マイクロマーケティング**への変遷が生じ，さらには個人を対象とする**one-to-one**マーケティングの必要性が叫ばれて久しい．これらの方策は消費者・顧客の行動を実データに基づき分析し理解することで効率的に遂行可能となる．以下では，サービス業における購買履歴データの種類，分析技術，分析の限界とその先について述べる．

b. 購買履歴データの種類

　本節では代表的な**購買履歴データ**である，POS（point of sales），ID-POS，コーザルデータ，スキャンパネルデータを紹介する．POSシステムとは購買された商品名，価格，数量，日時などの情報を収集・分析し，商品管理や経営の意思決定に利用するための販売実績管理システムである．POSシステムにより収集されるデータをPOSデータと呼ぶ．現在，スーパーマーケットやコンビニエンスストアなどの小売サービス業，ファーストフード，居酒屋チェーン，ファミリーレストランなどの外食産業，また，ガソリンスタンド，ホテルなどの多様なサービス業でPOSデータを収集できる環境にある．POSデータが観測される場所は商品やサービスが提供される場であり，「いつ」「どこで」「何を」「何個」「何と一緒に」購買したのかが記録されている．**ID-POSデータ**とは，ポイントカードや電子マネーの利用による個人IDが付与されたPOSデータである．つまりPOSデータの情報に「誰が」購買したのかという情報を付与したものである．これらのデータはPOSシステムを導入することで受動的かつ大規模に収集が可能となる．**コーザルデータ**とは，POSデータに加えて天候，気温，特別陳列，プロモーション，チラシ掲載などの商品の売上げに影響を与える要因も同時に記録されているデータである．コーザ

ルデータはPOSと比べてより豊富な情報を利用できるが，それらの情報を付与する作業が必要であるため，一般的な小売りサービス業では浸透していない．また，消費者自身が家庭内で商品の購買履歴を記録する**スキャンパネルデータ**（ホームスキャン式のパネルデータ）と呼ばれる購買履歴データも存在する．ID-POSデータでは個人がその店舗で購買した商品の履歴のみが記録されているが，パネルデータでは各家庭の購入商品を網羅できる．しかしその反面，収集コストが高く，サンプル数が小さいという特徴がある．

c. 購買履歴データの分析技術

ここでは分析目的を大まかに四つに分類し，その目的に適した分析技術を紹介する．

1) 顧客のモデル化

顧客や商品を何らかの特徴ごとに分類し，そのセグメントごとに異なる施策を実行することが主な目的となる．RFM分析，ABC分析，デシル分析では，買上金額や来店回数順に顧客を並べ，優良顧客を特定する．階層的クラスタリング，k-means法，潜在クラス分析に代表される各種クラスタリング法では，購買履歴や顧客属性に基づき同じような傾向をもつ顧客セグメントを構成する．また，因子分析，主成分分析，多次元尺度法，コレスポンデンス分析に代表される次元縮約の手法では，高次元の購買履歴情報をデータ解析者が理解しやすい代表的な解釈軸へと圧縮する．

2) 購買パターンの発見

商品の売れ方や顧客の購買パターンを探索的に発見し，顧客や商品に関する知識を抽出することを主な目的とする．ルール抽出やパターン発見などのデータマイニングの手法が適用されている．バスケット分析による併売商品の発見，決定木やサポートベクターマシンなどの分類学習機による購買を説明するルールの構築などが代表的である．

3) 商品の推薦

顧客が潜在的に欲している商品を推薦し，その商品の購買を促すことを目的とする．相関係数法や各種ランキング法により実現される協調フィルタリングでは，各顧客間での商品購買パターンの類似度を計算し，類似度が高い顧客が多く買っている商品を推薦する．

4) 消費者行動の予測

消費者行動の計算モデルを構築して，そのモデルに基づいた消費者行動の予測を行い，その結果に従った有効な施策を実行することを目的とする．ブランド選択モデルでは，効用最大化原理に基づく商品群の選択確率モデルを構築する．各種の回帰分析では，売上げや需要などのデータが，データをよく表現する関数にフィッティングさせ，未知の状態を予測する．

以上の観点からデータ分析において，分析の目的，データの種類，分析技術の三つを整合することで，購買履歴からの有益な知見の抽出が可能となる．

d. 顧客モデル化の必要性

近年の日本では，大量生産物の需要の飽和，消費者の要求の多様化などによりマーケット形成の主役は企業から消費者へと移行している．その変化は十人一色の時代から十人十

色の時代への変化として譬えられている.さらに現在では,生活者の価値観やライフスタイルが多様化し,時間・状況・気分などの各個人の動的な変数によりその行動が変化する一人十色の時代へと突入している.そのため,単なる顧客の欲求充足の視点を超えた生活者起点の発想がサービス業には求められている.このような状況の中で,日常生活における消費者の行動や傾向を,大規模に観測される購買履歴データ分析により理解しようとする試みは自然である.

しかしながら,多くのサービス業では購買履歴データ分析が新たなサービスの設計にうまく活用され,サービス生産性の向上につながっているとはいいがたい.大規模な購買履歴データを収集するためのシステムインフラの開発と維持のみにコストを費やし,データの分析・活用という点では十分な費用対効果が得られていないのが,多くのサービス業の現状である.そこでは,データ分析の専門家がいない,分析の目的を明確化できない,分析結果を施策に反映する仕組みがないなどの実務的な課題も多々存在するが,たとえその課題を解決できたとしても,購買履歴データのみの分析による消費者の理解には限界が存在する.それは,購買履歴のみの観測では購買行動が発現した文脈がわからないという点である.つまり,ID-POSデータからは英語の5W1Hのうち「いつ」「どこで」「誰が」「何を」「(支払方法やポイント付与などについて)どのように」買ったのかを観測可能である.しかしながら,「なぜ」買ったのかは観測できない.この「なぜ」という文脈は購買行動の発現の根底にある.

e. 購買履歴データの限界を超えて

消費者行動の発現の文脈を推定・理解することは,生活者としての消費者行動の理解につながる.購買履歴データ分析を通じてその推定・理解を行うためには,量的な購買履歴データのみの利用ではなく,アンケートやインタビューなどの質的データとのデータ統合・融合技術が必要となるであろう.たとえば,ID-POSデータと顧客ライフスタイルアンケートデータを融合的に利用することで,顧客ライフスタイルに基づいた商品カテゴリの生成と商品理解を行う試みがある[1,2].また,購買行動の文脈は,各消費者の主観や個々の状況などに複合的に依存する.そこで求められる分析技術の枠組みは,古典的な統計解析のようにデータから多数派の傾向を明らかにすることではなく,個人の嗜好や状況などの消費者の異質性と個の特性に適応可能なサービス提供技術の枠組みである.そのためにはデータ分析技術に加え,有効な情報を含むデータを取得するための実験計画の方法論や,多様な消費者行動に関する知識や経験を反映するためのモデル化が必要となる.さらには個人の特性に加え,個人が属する集団や地域の特性・状況,時代効果などの階層化されたモデル化が要求される.そこで必要となるのは,広義でのパーソナライゼーション技術である.そのための核となるのは大規模な消費者行動に関する購買履歴データであり,それに加えて現場の知識や暗黙知の具現化技術,複雑な消費者行動のモデリング技術,質的データとの統融合技術を柔軟に組み合わせることで,より豊かな知見抽出や行動予測によるサービス生産性の向上に寄与できるであろう.

2.2
ライフスタイル分析技術

竹中 毅

近年,「ライフスタイル」というキーワードが着目されている.これは急速に変化する顧客のニーズを適切にとらえるために,購買傾向だけでなく,顧客の生活全体の様式,すなわちライフスタイルに着目した戦略をとることが求められるようになってきたことを意味している.しかしながら,筆者は数年前まで,ライフスタイルという言葉に対して,心理学研究者として少なからず違和感をもっていた.その理由の一つは,「顧客の嗜好が多様化した」という問題意識であった.確かに10年ほど前から,多くの企業の方から,「何をつくってよいのかわからない」という言葉を聞くようになった.これは,商品やサービスの種類が爆発的に増える中で,どのようなサービスが市場で受け入れられるかを見きわめることが難しくなったという意味だと思われる.しかしながら,多様化したのはモノやサービスのほうで,むしろ消費者のほうは「何を選んでよいかわからない」状態になっているのではないだろうか? グローバル化する時代に,溢れる情報の中から商品やサービスを選ぶことは容易ではなく,そのため,人々は口コミなどを利用し,他人と同じ行動をとることで情報探索のコストやリスクを減らすようになってきた.つまり,むしろわれわれのライフスタイルは均一化している側面もあるのではないか,というのが筆者の素朴な疑問であった.

a. 個人差研究としてのライフスタイル研究

ライフスタイル(lifestyle)という言葉を最初に広めたのは,フロイトとも親交のあったオーストリアの精神科医・心理学者のアルフレッド・アドラー(1870-1937)だといわれている.彼は個人の性格(パーソナリティ)や価値観,倫理,嗜好,行動などは,独立したものではなく,ある一貫した全体として,その個人を特徴づけるものであると考え,カウンセリングの一環として独自のライフスタイル分析を行った.このように人間の特性を多面的にとらえ,その総合として,個人をある種のタイプに分類するというアプローチは,心理学では「**個人差研究**」と呼ばれてきた.実は,現在の心理学の中では主流とはいえない.認知心理学では,たとえば主として人間の活動を平均的にとらえるアプローチがとられてきた.多様性を考慮するアプローチが避けられた理由は,大規模な被験者のサンプリングの問題,人間の多様性を適切に知るための質問項目の設計の問題,得られたデータから人間をいくつかの意味のあるカテゴリに分類するための統計分析技術の問題などにあると思われる.

一方で知能検査法や精神分析による分類方法については,これまで非常に多くの種類の方法が提案されてきた.たとえば,**パーソナリティ**を分類する方法については,類型論,

特性論，因子論などの異なる視点によって，実に多くの方法が提案されてきたが，現在のパーソナリティ研究においては，特性論の立場から，人間の性格を五つの因子（外向性，愛着性，統制性，情動性，遊戯性）[1]によってほぼ記述できるとする**ビッグファイブ法**が主流となっている．

しかしながら，問題はパーソナリティという限られた側面だけでなく，それを含めたライフスタイル全体を理解したいと考えた場合に，そのカテゴリ化の妥当性をどのように担保できるかという問題である．ライフスタイルを分類するための質問項目は，無数に存在し，また，ビジネス上では，その目的に合わせて毎回異なる質問項目が用いられているのが現状となっている．

マーケティング分野におけるライフスタイル分析技術

マーケティング分野，あるいは消費者心理学の分野において，有名なライフスタイルの分類方法として，**AIO**（activities, interests, and opinions）や **VALS**（value and life-style research）などがあげられる．AIO は Plummer[2]によって紹介された方法であり，そこでは，活動（activities），興味（interests），意見（opinions）に関する多数の質問項目を用いることを提案している．VALS はカリフォルニアのスタンフォード・リサーチ研究所（Stanford Research Institute：SRI）が開発した方法で，現在まで改良が続けられている．日本版の VALS として，NTT 社と SRI 社が共同開発した **VALS-Japan** では，ロジャース[3]のイノベーター理論（普及理論）を取り入れ，イノベーター，アーリー・アダプター，アーリー・マジョリティ，レイト・マジョリティ，ラガーズという五つのタイプの特性に対応した 10 タイプのライフスタイルに人を分類する技術を提案している．これらは，同じ質問項目を用いて行われるため，検査法自体の信頼性はある程度高いと思われる．ただし，その対象範囲は，新商品や新サービスに対する反応性などが主となっており，マーケティング戦略としての効果の範囲は限定的である．

b．実サービスにおいて有用なライフスタイル分類技術を目指して

これまで述べてきたように，ライフスタイルを適切に分類し，実ビジネスに応用できる普遍的な技術は残念ながら確立されていない．

そこで，産業技術総合研究所サービス工学研究センターでは，サービス工学の立場から大規模アンケートによるライフスタイル分類技術の開発と，ライフスタイルごとの実際の顧客行動の違いを明らかにするための研究を行ってきた．そこでは，生活者の日常行動に着目し，ライフスタイルの構成要素をジオグラフィック基準，デモグラフィック基準，生活行動基準，サイコグラフィック基準の四つの要素でとらえることとした．また，それらの基準に関する個々人の情報を得るために，アンケートから得られる情報だけでなく，サービス利用に関する購買履歴など，異なるデータソースからの情報を統合することを提案した．つまり，行動履歴から得られる客観データとアンケートデータから得られる主観データの統合が重要である．また，アンケート項目の設計に関しては，毎回違う質問項目を用いるのではなく，パーソナリティや消費傾向など，核となるサイコグラフィック基準については，できるだけ同じ質問項目を用いている．

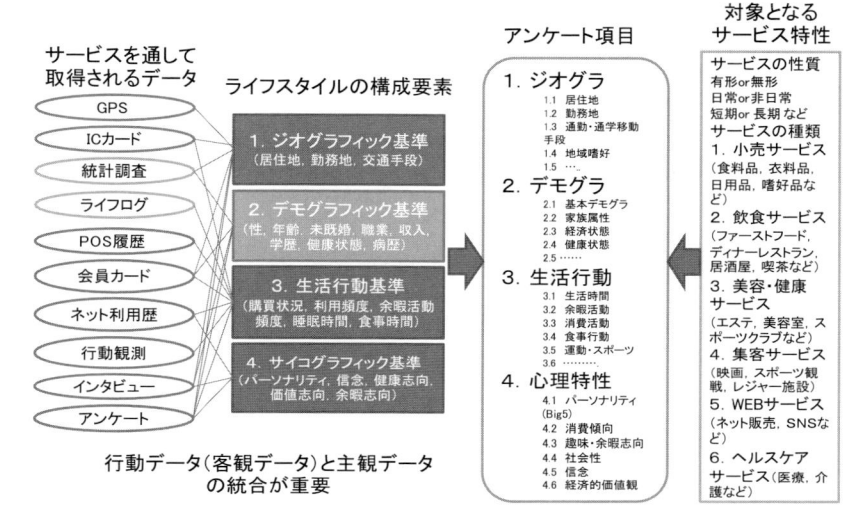

図1 ライフスタイル理解技術の構造

第1因子：**こだわり消費派**	高くても健康に良いものを選び，産地への関心，こだわりのブランドがある
第2因子：**家庭生活充実派**	料理が好きで食事も生活も充実している．気分も安定している
第3因子：**アクティブ消費派**	外向的で，新商品や話題の商品は試しに買ってみる．ただ無駄遣いは多い
第4因子：**節約消費派**	チラシを見てお得な商品を買う．安ければ少々遠い店にも行く．高い商品は買わない
第5因子：**堅実生活派**	几帳面で家計簿をつけ，無駄遣いはしない．毎日の献立はスーパーに行く前に決める
第6因子：**パパっと消費派**	スーパーでの買い物はできるだけ早くすませたい．お弁当を作ることがある

図2 アンケートによって得られた六つのライフスタイル因子

　ここでは，分析例の一つとして，あるスーパーマーケットチェーンの会員，約4000名へのアンケートと彼らの1年分の購買履歴データを用いた研究を紹介する．ここでは，購買された商品のうち，売上上位1000商品の購買履歴を用いて，潜在クラス分析を応用した新しい技術によって，顧客と商品を同時に的に分類した（詳細はPOSデータ分析技術を参照のこと）．その際，アンケート結果から，消費者のライフスタイルを図2にあげた六つの因子によってカテゴリ化するとともに，その値を初期値として上記の分析技術に利用した．その結果，商品のカテゴリとライフスタイル因子の間には，さまざまな関係性が推測された．たとえば，節約消費派の因子が高い人は，商品のジャンルにかかわらず，「見切り品」を買う傾向が強いことがわかった．また，こだわり消費派の人は，安心・安全志向の強いプライベートブランドを選ぶ傾向などがわかった．

　筆者らの関心はこのようなライフスタイル分析技術を用いて経営上の何らかの施策の意思決定を支援することにある．すなわち，従来のCRMのように，購買履歴だけをもとに，商品の推薦を行うのではなく，ライフスタイルを考慮した，もしくは，よりよいライフスタイルを提案する商品推薦技術へとつなげていきたい．

2.3 施設レイアウトおよびスケジュール技法

吉本一穂

サービスの提供の場である「施設：Facilities」(職場/店舗，職場内の作業域の総称)のレイアウト設計を合理的に行う際に有効なSLP (systematic layout planning) および，プロジェクト計画の無駄ない立案とリードタイム短縮のアイデアを得ることのできるスケジューリング技法の代表としてCPM (critical path method) について解説する[1,2]．

a. 施設レイアウト技法：SLP

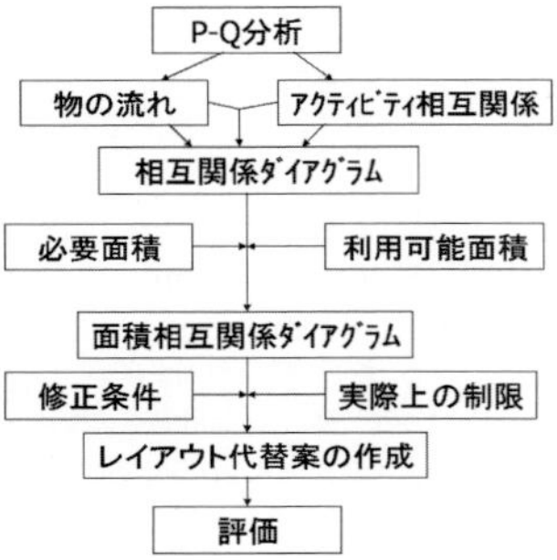

SLPは施設の規模によらず，また，陽光，匂いなど無形な配置対象(アクティビティ)を扱い，設計者と依頼者がステップに従って合議しながらレイアウト案を得る技法である．合議，明視化の工夫として，図1と表1，表2のようなフローと規約を有している．

1) レイアウトのインプット情報

次の5項目がインプット情報となる．

P (products)：製品/提供するサービス，Q (quantity)：量/サービスの量，R (route)：工程/サービス提供の過程，S (supporting service)：補助サービス/サービス提供媒体，T (timing)：時期/提供のタイミング．

図1 SLPのフロー

2) P-Q分析

どのような「質のサービス」を「どの程度の量」提供する施設の設計を行うかの方針の

表1 アクティビティの表示に関する規約

工程図表に使う記号と働き		アクティビティの記号，地区，設備の型	色別	白黒別
○	加工	○ 作業または生産区域（処理or製造）	緑	
		○ 作業または生産区域（部分組立or組立）	赤	
⇨	運搬	⇨ 輸送区域に関係するアクティビティ	黄	
▽	貯蔵	▽ 貯蔵区域	黄	
⌓	滞在	⌓ 一時保管区域	黄	
□	検査	□ 検査，試験，照合	青	
		⌂ サービス区域（保全，動力，福利）	青	
		⇧ 事務所区域	茶	

決定段階．サービスを提供する観点からは，「人/人と設備/人，設備と施設」の3パターンが，サービスの質としては「有形，無形」の2パターンがあり組合せ6パターンに対しどのような量のサービスを提供するかを検討する．

3) モノの流れ，アクティビティ相互関係の分析

アクティビティどうしの近接度合いを検討するに際し，モノの流れを重視すべきか，それ以外，すなわち，共通の情報/機器の共有，管理のしやすさなど**アクティビティ相互関係**を重視すべきかの判断を行う．サービス提供者が受容者に対し無形のサービスを提供する場合は後者となる．その情報を統合化してレイアウト設計の基本情報とする（図2）．

4) アクティビティ相互関係ダイアグラム

規約に則って，アクティビティどうしの近接度合いをダイアグラムとして布置し位置関係を検討する．Aの関係は「隣接」を，Xは極力遠ざけるよう工夫する（図3）．

5) スペース相互関係ダイアグラム

各アクティビティの要求・必要スペースと実際の敷地/職場の制約からくる利用可能スペースを勘案し，「4) アクティビティ相互関係ダイアグラム」に面積条件を付与する．この際，近接性の条件を極力満たすことが肝要である．

6) 修正条件，実際上の制限の付与

5) までは制約を加えない配置を考えた．この段階で，既存施設の制約，隣接する店舗，人の流動などの現実的条件を加味して実現可能なレイアウトとして修正する（図4）．

表2 近接性表示の規約

評定記号	重要度	線の数	近接性	色
A	4	////	絶対重要	赤
E	3	///	特に重要	黄
I	2	//	重要	緑
O	1	/	普通の近さ	青
U	0		重要でない	なし
X	-1	〰〰	望ましくない	茶

A: absolutely　　　　O: ordinary closeness OK
E: especially important　U: unimportant
I: important　　　　X: undesirable

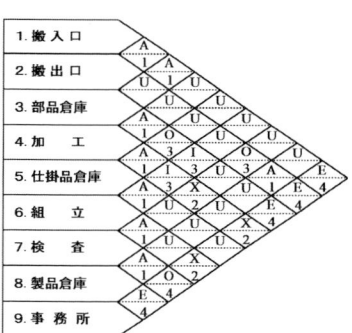

図2 アクティビティ相互関係

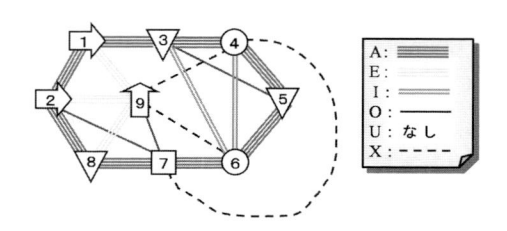

図3 相互関係ダイアグラム（図2の展開）

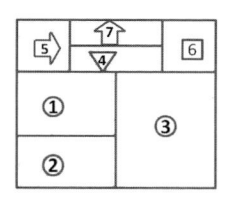

図4 面積条件と最終レイアウト案（例）

7) レイアウト代替案の評価

多くの場合，複数レイアウト案より一案を選択するが，評価要素に対し重みづけを行い累積評価点を算出する「**要素比較法**」が用いられる．

b. スケジューリング技法：CPM

1957年にJ.E.Kellyらによって提案された**CPM**（critical path method）は，顧客満足度の向上のためのリードタイム短縮，また，サービス生産性向上のための適正人員の配置に不可欠である．

1) CPMのステップ

次の5ステップよりなっている．①先行順位を満たした**AOA**（activity on arrow）**グラフ作成**，②時間値，負荷情報の付与（図5），③時間値情報を用いたクリティカルパスの発見，④日程計画への展開と負荷情報の付与，⑤全体納期を遵守しながら日程変更と負荷バランスの検討．

クリティカルパスは，最早・最遅結合時刻の算出を図6に示した要領で行い，両時刻に差のない，換言すれば余裕のないパスをみつけることで行う．

この例では，ノード⓪，②，③，④を通るパスがクリティカルパスとして抽出される．

クリティカルパスが納期を決定することより，これを重点に日程管理を行う（図8）．

水平な点線部分は日程に余裕のある部分を示している．この例では，①〜③作業を1日でも後ろに移動させれば，最大人数は7人となる．納期を遵守したうえで，投入最大人員を低減することができ，人時生産性の向上，顧客満足度の向上につながる．

表3 作業の所要日数および人員

作業	所要日数	必要人員（人／日）
a	2	6
b	1	5
c	5	1
d	1	3
e	3	4
f	1	5

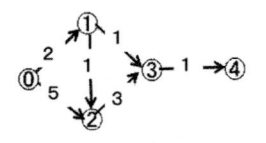

図5 AOAグラフと時間値情報の付与

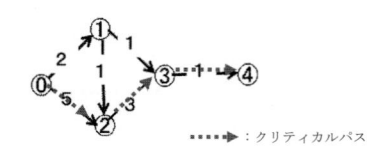

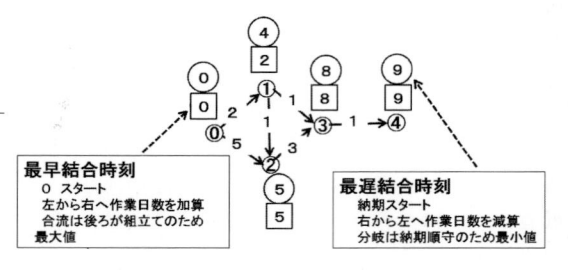

図6 最早/最遅結合時刻の算出（③）

図7 クリティカルパス

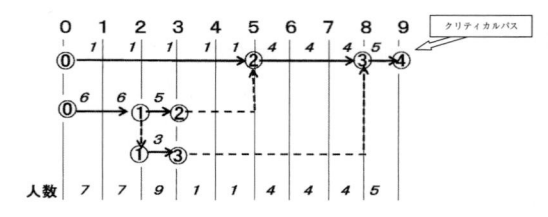

図8 最早開始時刻で開始したときのスケジュールと必要人員

2.4 サービスフィールドシミュレータ

玄　政祐・蔵田武志

　ショッピングモールやホテル，総合病院など，多くのサービス現場では，しばしば「歩行等による移動，（比較的単純な）作業，移動や作業に関する情報の獲得・共有」プロセスの繰返しにより，サービスの受容や提供がなされている．これを仮想的に体験可能とすることで，いったん構築してしまうと変更が困難になる現場レイアウト設定の妥当性や，看板，手持ちの紙媒体・端末，および対話による情報共有の効果などを事前に分析・評価することができる．さらに，顧客や従業員の行動理解を制御された環境で観測できるのでその分析も容易となる．これらを実現することを目的として図1のような**サービスフィールドシミュレータ**（SFS）が開発されている[1]．ここでは，そのシステム設計とフィジビリティ調査について概説する．

a. サービスフィールドシミュレータ

　従来から，仮想環境内での移動や行動を体験するための没入環境に関するさまざまな研究がなされているがそれぞれ一長一短がある．ヘッドマウントディスプレイ（head-mounted display：HMD）は**没入ディスプレイ**の代表格の一つであり，小型で容易に没入感を得られるという利点がある．ただし，視野角の狭さ，目の疲労，装着感，手に把持し

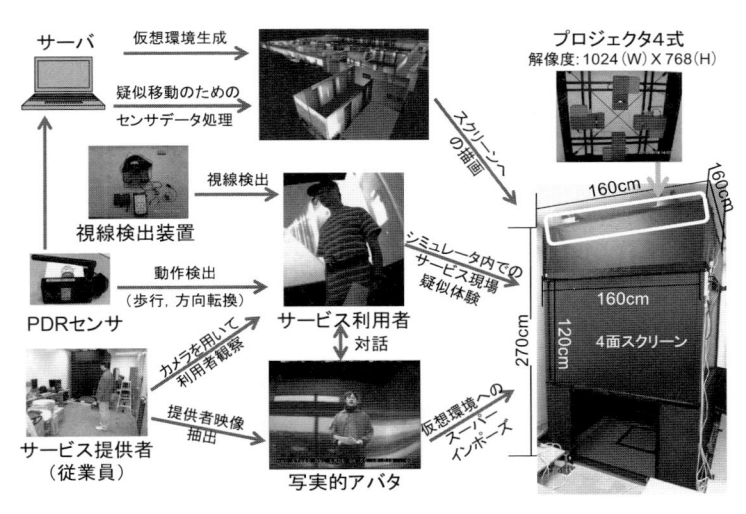

図1　サービスフィールドシミュレータ（SFS）のシステム概略

たもの（携帯端末や地図）の使用感，VR酔いなどの改善が望まれている．一方，**設置型没入ディスプレイ**では，HMDのもつ多くの問題が解決できるが，プロジェクタ設置のための広いスペースが必要である．また，全方位でない場合は，ユーザではなく仮想環境のほうを回転させる必要があるため絶対方位感覚を保持できず，全方位の場合は，比較的複雑な構造のため構築コストが高い．

歩行動作の模倣による仮想環境内の移動機能は，ハンズフリーを実現するだけではなく実世界と同様に移動に身体的な負荷を伴うため，動線の長さの受容性などを身体性に基づいて評価するのにも適している．

これらのことを踏まえ，SFSでは，4台の超短焦点プロジェクタを用いたフロントプロジェクションによる比較的省スペースな全方位ディスプレイを備えている．また，歩行者デッドレコニング（PDR．1.2.3項参照）の歩行動作検出と方位計測機能を用いて，その場での足踏みと進行方向変更による仮想環境内の移動を実現している．対話機能は，SFS外の別のユーザのライブ映像と音声を用いた**写実的アバタ**を仮想環境内に配置することで実現している．これにより，SFS内のユーザがそのアバタと身振り手振りを交えて対話可能となるため，従業員間での指示伝達場面や，接客場面を再現可能となっている．

b. フィジビリティ調査

SFSの適用事例としては，日本赤十字社医療センター（東京都渋谷区広尾）に建設された新病棟における（受付および配布地図による）院内誘導に関する予備調査がある．ここでは，旧病棟での観察，CG，SFSを含めた調査により，設計図面だけでは浮かび上がってこなかった問題，たとえば，典型的な診療コースの動線の長さや複雑さ，看板とレイアウトとの関係から受ける必ずしも直感的ではない印象などに関する問題点を洗い出すことができた．図2は調査時のSFS内の様子を示している．

ただし，SFSにおいて被験者が実環境とどの程度同じような行動をとるのか（再現性）についての検証がなければ上述のような調査の妥当性が揺らいでしまう．そのため，実環境とその仮想化環境を提供するSFSとで，同一の状況とタスクを設定し，被験者の行動を比較しながら**フィジビリティ調査**を行った．

調査では，被験者5名（男性2名，女性3名，20〜50歳代）はそれぞれ，1.2.2項にあ

| 写実的アバタとの対話 | 壁のサイン | 地図を手に持ちながらの移動 |

図2 日本赤十字社医療センターの新病棟を再現した様子

る視線計測装置と PDR センサモジュールを装着し，実環境，仮想環境のそれぞれで行動データを収集した．また，各被験者は，手に地図を把持しており，貼り紙や環境中に待機した指示者との対話によりタスク内容を入手した．仮想環境モデルは，1.2.3 項のモデルを用いて作成した．なお，フィジビリティ調査の詳細は論文[1]を参照されたい．

c. 調 査 結 果

　まず，SFS で提供する仮想環境の再現性については，全方位構造により被験者に実在感と没入感を与えることができた．しかし，SFS の上下方向の視野角の狭さ，視力 0.2 相当の投影像の解像度，運動視差のみでの 3 次元情報提供が要因となり，実環境と類似な視覚効果を生成するには限界があることが判明した．このような要因により，被験者はその環境に完全には同化しないことが明らかになった．また，センサの誤差に起因する仮想環境での作業負荷の高さが実在感と没入感に影響を及ぼすことがわかった．したがって，仮想環境の再現性を高めるためには，没入ディスプレイ，センサ双方の性能を向上させる必要がある．被験者の行動の再現性については，仮想空間を移動するときと情報獲得するときに関して評価を行った．その結果，被験者は装置を装着していることを意識せずに自由に行動したことがわかった．

　全方位ディスプレイと PDR センサを用いた足踏み動作と体の回転による操作体系によって被験者の動き，特に回転動作に同期した映像を提供することが可能となり，被験者は仮想環境でも絶対方位感覚の維持ができ，VR 酔いも感じなかったことが確認できた．また，この操作体系によってハンズフリーになるので，被験者は自然に地図を手にしながら目的地を探していくことが可能であった．貼り紙をみてタスクを遂行したり，壁のサインをみて目的地までの経路を決めたりといった行動も実環境と同様にできることも確認された．写実的アバタの導入によって，被験者は，実環境で人と対話するときと同様の行動や期待感をもちつつ意思の疎通を行うことが確認された．写実的アバタはリアルタイムに言語的・非言語的情報伝達が可能であり，想定していなかった状況が発生しても臨機応変に対話することも可能であった．

d. 今後の課題

　このように全般的には，SFS により構築される仮想環境によるサービス現場の評価や行動分析に関するフィジビリティが示されつつある．ただし引き出しを開ける，エレベータのボタンを押すなどの仮想環境に対するインタラクション機能など，今後の課題も明らかになった．技術のサービス産業への適用という視点ではコストは非常に重要な要素の一つであるが，まず，シミュレータ自体の構築・維持コスト（設置場所の固定費を含む）も考慮する必要がある．また，コンテンツの作成コストも無視できない．さらに，評価実験時の最大のコストの一つは被験者（特にサービス提供者）の拘束であるため，評価実験実施可能な場所の制限を少しでも緩和しなければならない．そのためにはよりいっそうのコンパクト化や可搬性の向上も望まれる．

2.5 テキストマイニング技術

福原知宏・中島正人

a. テキストマイニング

サービス産業では,従業員の事務日誌や申し送り書,顧客へのアンケートなどさまざまなテキストデータが存在する.それらの情報からサービス品質向上に役立つ従業員の気付きや顧客の隠れた要望を負担なく確認する技術として,**テキストマイニング**が注目されている.テキストマイニングは,テキストデータをコンピュータで定量的に解析して,客観的な解釈を可能とする一連の技術である[1].

b. テキストマイニングの方法

テキストマイニングを用いた調査の手順は,データ収集フェーズ,前処理フェーズ,分析・まとめフェーズの三つの作業フェーズに分割すると理解しやすい(図1).

1) データ収集フェーズ

テキストマイニングを調査に適用する場合,まず,分析対象となるテキストデータを収集するための方法を選定する.テキストデータは,大量に獲得できるというメリットがある反面,同じ事柄でもさまざまな表現で記述されること(表記ゆれ),略語や指示語が多いことなどの難点がある.収集するデータの質を高めるためには,明確な調査計画を立て目的,対象,方法を決定することが重要になる.その際,回答を得るための適切な媒体

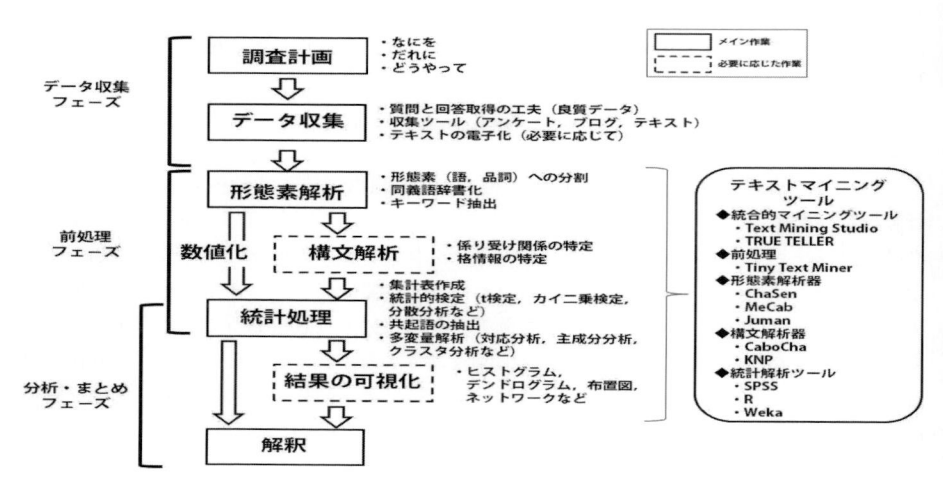

図1 テキストマイニング手順のフロー図

（メール，アンケート，インタビューなど）を選択すること，テキスト処理（**前処理**と呼ぶ）がしやすくなる回答（主語や目的語の省略されない文など）を得る適切な質問を作成することを十分に検討する必要がある．

2) **前処理フェーズ**

前処理フェーズでは，形態素解析や係り受け解析によってテキストを処理し，テキストを数値データ化する．これには，特定のキーワードやフレーズの出現回数や，抽出されたキーワードの品詞を数えるだけでなく，「刺し身定食/の/盛り付け/が/よかった」など文節間の関係を解析するなどの処理が行われる．

形態素解析とは，文を形態素（語として意味をもつ最小の文字列）に分解し，その品詞を特定する処理である．形態素解析により，テキスト中のキーワード抽出が可能となる．

係り受け解析とは，文を文節に切り分け，文節間の依存関係（係り受け関係）を特定する処理である．これにより，主語と述語，修飾語と被修飾語の関係に注目し，テキストデータのもつ特徴を把握できる．

3) **分析・まとめフェーズ**

数値データ化されたテキストは集計され，さまざまな統計処理を施せるようになる．また，単語や同義語間の関連について，共起関係や共起頻度を分析することも有効である．**共起**とは，文や段落中に複数の単語が同時に出現することをいう．互いに結びつきの強い単語を調べたり，その頻度を調べることでテキストの特徴を把握できる．数量化されたデータは，必要に応じてグラフなど可視化することで特徴を把握しやすくなる．たとえば，用語の意味的距離を表すグラフ（空間的可視化：布置図，デンドログラムなど）や時間的変遷のグラフ（時間的可視化）などを作成できる．

c. 適用事例：新聞記事からの社会的関心の"時間的推移"の可視化

新聞記事やWeb上には，そのときどきの社会の関心が反映される．ここでは，新聞記事を対象とした，社会的関心の時間的推移を把握するために行ったテキストマイニングの適用事例について述べる[2]．

1) **データ収集**

2004年から2005年までの1年分の朝日新聞の記事を利用した．記事はCD-ROMとして市販されているものであり，収録されている地方版と全国版のすべてを対象とした．

2) **前処理：キーワードの抽出と分類**

まず，新聞記事から話題を表すキーワードを抽出するため，記事本文に形態素解析を適用した．形態素解析の結果からキーワードとなる名詞を抽出した（インフルエンザ，農場など）．次に，どのような話題があったか，そして話題とその記事数に関する時間的な推移を把握するため，キーワードを同じ話題を表すキーワード群としてまとめ，話題を示すラベルづけを行った．ここでは，共起関係に注目し，複数のキーワードが，(a) 同じ話題内に出現する割合，(b) 同じ時期に出現した割合という二つの数量化に基づいてクラスタリングを行った．

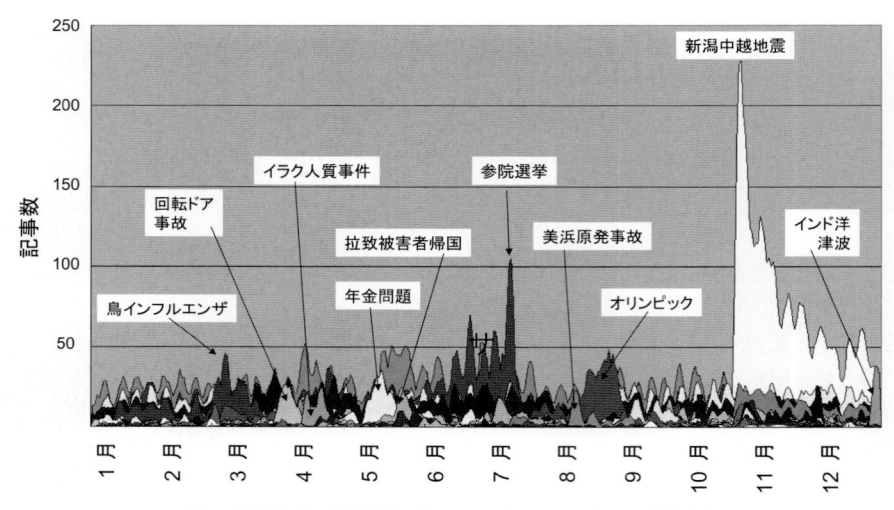

図2 関心事項となる話題（キーワードクラスタ）の時間推移図

3） 分析：結果の可視化

(b)の結果を用いて，話題に対する関心の時間的変化を可視化した（図2）．縦軸は各クラスタに含まれるキーワードの出現記事数であり，話題に対する関心の強さを表している．横軸は話題の時系列的な変化を示しており，どの時期にどの話題があったか把握できる．たとえば，2004年の大きな話題の発生順序を季節で追っていくと，春先には鳥インフルエンザ，夏には参院選，秋から冬にかけては，新潟中越地震へと話題が変化していることがわかる．

4） まとめ：結果の解釈

関心事項の話題の推移結果の解釈の一例をあげる．2004年は，新潟中越地震への関心が高かったことがわかる．そして時間が経過するとともに，その関心は沈静化したことが確認できる．10月23日の地震発生直後には200件を超す記事があったが，1カ月後には半数を切り，2カ月後には1/4程度にまで減少した．このように，テキストマイニングによって，話題に対する社会の関心度合いを定量的に示すことができた．それによって，話題間の関心度合いやその変化を比較できるようになった．

参 考 文 献

2.1
1) 産業技術総合研究所,『平成21年度ITとサービスの融合による新市場創出促進事業（サービス工学研究開発事業）成果報告書』,（2009）.
2) 産業技術総合研究所,『平成22年度ITとサービスの融合による新市場創出促進事業（サービス工学研究開発事業）成果報告書』,（2010）.

2.2
1) 辻　平治郎,『5因子性格検査の理論と実際―こころをはかる5つのものさし』, 北大路書房 (1998).
2) J. T. Plummer, "The Concepts and Application of Life Style Segmentation", *Journal of Marketing*, **38**(1), (1974), 33-37.
3) E. M. ロジャーズ／藤竹　暁訳,『技術革新の普及過程』, 培風館（1966）.

2.3
1) 吉本一穂ほか,『POM―生産と経営の管理―』, 日本規格協会 (1999).
2) 吉本一穂, 大成　尚, 渡辺　健,『メソッド・エンジニアリング（経営システム工学ライブラリー9）』, 朝倉書店（2001）.

2.4
1) 玄政祐, 朴鴈振, 石川智也, 興梠正克, 羽渕由子, 大隈隆史, 蔵田武志, "サービス現場の事前評価のためのハンズフリー全方位ウォークスルーシミュレータとそのユーザスタディ", 日本VR学会論文誌, **16**(1), (2011), 45-56.

2.5
1) 松村真宏, 三浦麻子,『人文・社会科学のためのテキストマイニング』, 誠信書房（2009）. http://mtmr.jp/ttm/
2) 福原知宏ほか, "時系列テキスト集合からの社会的関心の分析", インテリジェントシステム・シンポジウム講演論文集（日本機械学会）, **16**, (2006), 51-56.

第3章

設　　計

　本章では，サービスを設計するための要素技術を，実例を交えて解説する．第1章・第2章の観測・分析技術を読んできた読者は，やや物足りなさを感じるかもしれない．一般の工学分野においても設計という統合化技術（＝シンセシス）に関する学問体系はいまだ発展途上である．まして，より複雑な人工システムを対象とするサービスの設計研究であるから，その体系化に向けては二重の難しさがあるといえよう．しかしながら，サービスの競争力の強化と効率性の向上を実現するうえで設計技術は必要不可欠であり，産業界からの強い要望もある．そこには，既存サービスの改善だけではなく，知識の体系化を通じた人材教育の効率化と知識伝承，ならびに新たなサービスの創造という要望も含まれる．本章では，3.1節から3.3節の構成を通じて，サービス設計の大まかな流れをつかめるように要素技術を並べてある．

　3.1節「サービスの機能設計」では，サービスの上流設計を実現するうえで有力と考えられる，設計工学とシステム工学の手法について解説する．さらに，設計後の機能品質を定量的に評価するための関数モデルの例を解説する．

　3.2節「サービス提供プロセスの設計」では，人間活動としてのサービスの側面に着目し，提供者と受給者の双方の活動のモデル化技術を基本とし，それらのスケジューリングと最適化，およびヒューマンモデリングに関する取組みを解説する．

　3.3節「社会的受容性のシミュレーション」では，一対の提供者と受給者間などの閉じた系を対象に設計が完了したサービスに関して，それらの受容性を評価するための普及シミュレーションと会員制度のシミュレーション技術について解説する．

　3.4節「サービスの設計支援」は，やや独立した構成になるが，産業界への導入を推し進めるうえで重要と考えられる，創造的設計の支援技術，モジュール化支援技術，および計算機による設計支援システムについて解説する．　　　　〔原　辰　徳〕

3.1 サービスの機能設計
3.1.1 品質・機能構造の設計

原　辰徳

　製造業製品の上流設計では，その製品のはたらきを定義づける機能の設計作業が中心に行われる．サービスにおいても，製造業製品と同様に，顧客の要求する品質をもとに設計品質を決定し，これを実現するための構成機能や構成要素（ヒト，モノ，情報）を準備する活動がみられる．本項では，設計工学分野における機能設計手法について述べ，これらをサービスに適用する際に考慮すべき点について述べる．最後に，エレベータの保守・運用サービスにおける例を紹介する．

a. 製品設計の流れ

　製品設計とは，目標とする製品の要求仕様を満たすために必要な機能や部品などの製品要素を明確にし，それらのかかわりあいからなる製品システムをつくりあげる一連の活動である．ポールとバイツは，こうした製品設計の段階的な進行を「役割の明確化」「概念設計」「実体設計」「詳細設計」の四つのフェーズに分類し，体系化を行った[1]．なお，「役割の明確化」とは，今日における製品開発からみれば「企画」に相当するであろう．
　ここで理解すべきことは，製品の種類によって違いはあるものの，製品設計では**機能**を中心として**概念設計**，実体設計を進め，詳細設計以降では形状やレイアウトを中心に設計を進めることである．機能を中心とした概念設計についてもう少し詳しくみてみよう．

b. 機能を中心とした概念設計の方法

　機能は，設計上の目的ないしは設計対象の役割を表す重要な概念であり，設計工学の分野において，機能のモデル化に関する研究が古くより行われてきた．機能の表記法として状態変換による表現，入出力による表現，動詞による表現などが知られているが，ここでは動詞による表現を用いる．動詞による表現とは，「○○を〜する」という目的語と動詞の組合せによって設計対象物の役割を表現する方法であり，記述の自由度が高く，直観に沿った機能表現が可能である．
　機能の階層構造を利用した概念設計は図1に示すように以下の手順によって行われる[1]．
　① **要求機能（仕様）の分析**　設計対象物の役割を明確にし，仕様あるいは要求機能を作成する．
　② **機能分解**　設計対象物の機能構造を，階層的分解によって明らかにする．具体的には，①の要求機能をいくつか

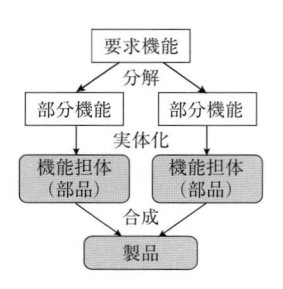

図1　機能の階層構造を用いた設計方法

の部分機能に分解する．この分解操作を繰り返すことで，機能の階層構造が構築される．

③ 機能担体（部分解）の発見　　**機能担体**とは，そのうえで物理現象が発現することで，機能が実現される実体の一部（機構）である．②で得た機能の階層構造をもとに，末端の機能にそれを実現しうると思われる部品や機構（設計解原理）を対応させていく．この過程は実体化と呼ばれる．

④ 部分解を合成して全体の解を生成　　発見された部分解である機能担体を合成して，全体解を生成する．

こうした設計方法により，多くの設計解候補の体系的な導出と，無駄な解や不合理な解の合理的な排除を期待できる．次に，サービスに適用するに当たり「要求仕様」「実体化」において注意すべきことについて述べる．

c. サービスにおける要求仕様：受給者の状態パラメータ

上述の①に示したとおり，まずはサービスの要求仕様を明確化する必要がある．製品もサービスもともに人工物システムであるから，実世界での構造とその振舞いが決まれば，それらに応じて機能的な特性が決まると考えられる．製品設計では製品自身のこの客観的な特性向上を目標とするのに対して，サービスの設計では**顧客満足度**の向上を目標とする．つまり，サービスは最終的に受給者によって評価されるものであるから，受給者視点での顧客満足度の評価が必要である．そこで，サービスに対する受給者の評価項目として**受給者状態パラメータ**（receiver state parameter：RSP）を導入し，この RSP を変化あるいは維持させることによって受給者は満足すると定義する[2]．ここでの受給者の状態変化は，身体的な変化（状況・場所の変化），生理的な変化（疲労効果），精神的な変化（知識の増加）のほか，受給者の所有物や受給者がおかれている環境状態の変化も含む．したがって，サービスを設計する場合には，受給者の要求を反映した単一／複数 RSP への作用を要求仕様として設定したうえで，おのおのの RSP を対応した機能の階層構造を記述し，提供するサービスを具体化していけばよい．これにより，概念設計の段階において設計者が想定する顧客満足度の評価構造を組み上げていく．

d. サービスにおける実体化：ヒト，モノ，ソフトウェア

一般的なサービスを対象にその実現構造を考えると，そこに含まれる実体は物理的なものに限らず多岐にわたる．ここでは，人間工学分野で用いられる SHEL モデルを参考に，実体を製品系と人間系とに大分し，表1に示す4種類に分類する[3]．

e. エレベータの運用・保守サービスの例

最後に，機能構造の設計例を示す．エレベータの運用・保守サービスの例[3]をみてみよう．エレベータは製造業製品のサービス化の好例であり，エレベータの製造・販売そのものよりも，設置後のアフターサービスによる利益が大きい．また，エレベータは見知らぬ人との同乗を余儀なくされるために，集合住宅や商業施設の双方において犯罪発生が問題となっている．こうした中，単なる定期保守にとどまらず，監視センターを通じたセキュ

表1　サービスシステムにおける実体の分類

	分　類
人間系	ヒューマンウェア（humanware）：従業員など，システム内の人的な要素
	ヒューマン・ソフトウェア（humanware-associated software）：ヒューマンウェアに付随するソフトウェア．規則，手続き，マニュアル，慣例など，ヒューマンウェアの振舞いを制御
製品系	ハードウェア（hardware）：機器，設備，施設などの，システム内の物理的かつ非人的要素
	ハード・ソフトウェア（hardware-associated software）：ハードウェアに付随するソフトウェア．物理法則，計算機プログラム，アルゴリズムなど，ハードウェアの振舞いを制御

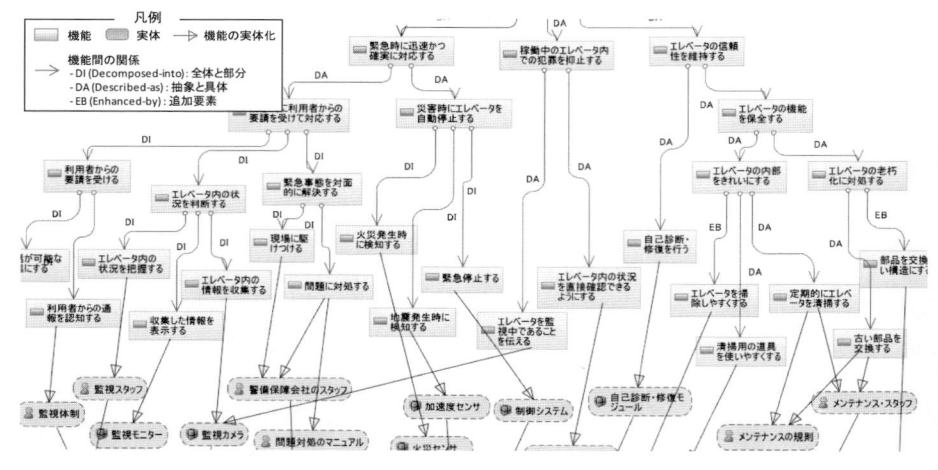

図2　エレベータの保守・運用サービスにおける機能の階層構造の例

リティ管理を含めた，総合ビル管理が行われている．図2は，このような安心・安全に関するエレベータの保守・運用サービスの機能構造の例である．

RSP「安心・安全」に対する実質的機能は，「緊急時の迅速かつ確実な対応」「稼働中のエレベータ内での犯罪防止」「エレベータの信頼性の維持」の三つであり，図下部に示されるさまざまな人間系・製品系の実体とそれらによる機能を通じて達成される．なお，階層構造の構築には，「全体と部分」「抽象と具体」，および「追加要素」の機能関係を用いており，これにより最終的な解に至った設計者の思考過程が示される．

本項で述べた，概念設計における機能の階層構造化と実体化の作業を通じて，サービス提供に必要な知識を見通しよく整理できる．サービスは多数の規律の組合せ（マルチディシプリン）からなる人工物であるから，より詳細な設計を行う前に，規律ごとの知識（領域知識）への分解とその統合化の枠組みを準備することが，サービスの体系的な設計・開発を推し進めるうえで重要である．

3.1.2 システム設計の定量的支援

青山和浩

サービスは，関連するさまざまな要素（プロバイダやレシーバなど）によって形成されるシステムである．複雑なサービスを設計するには，サービスのシステムとしての構造を適切に設計することが肝要となる[1,2]．

a. システムとしてのサービス：サービス・システム

「**システム**とは，機能が異なる複数のシステムを構成するサブ要素が，密接に相互作用しながら振る舞うことで，全体として多くの機能を発揮し目的を達成する動的な集合体である」と定義される．

システムとしてのサービス，つまり**サービス・システム**を構成する要素はプロバイダやレシーバ，さらにはサブサービスなどが相当する．これらの構成要素は機能単位となり，あるシステムからみれば部分であるが，全体としての性質ももち，上下の階層と調和する．

システムを明確に認識するためには，システムを構成するさまざまな要素，関係などを決定する必要がある．これがシステムの設計につながる．

①対象（たとえばサービス）の全体（システム境界 system boundary）の認識，②対象の部分（要素 element）の認識，③対象の要素間および要素と全体との関係（相互関係 relation，あるいは構造 structure）の認識，④対象の多重レベル構造（階層構造 hierarchy）の認識，⑤対象の境界を通しての，モノのやりとり（入力 input，出力 output）の認識，⑥対象および要素のもつ役割や働き（機能 function）の認識．

システムを認識し，設計するうえで一番重要となる対象は，システム境界である．このシステム境界は，認識対象とするシステム（内部システム）とそれ以外（外部システム）を区別する基準となる．この境界によって，システムに必要な入力と出力を規定することができる．

b. システム思考とシステムの概念化

システム的なもののとらえ方が**システム思考**である．これは，認知している対象を近視眼的・表層的にとらえるのではなく，全体のシステムを構成するシステム要素のつながりと相互作用に着目し，そのうえで，システム全体を理解しようとする思考である．このシステム思考に基づいて現実の状況の理解・改善を目指し，何らかの介入・行動を行うための方法が**システムズアプローチ**である．一般的なシステムズアプローチのプロセスは図1のように示される．

システムズアプローチの中核となる段階は「問題の明確化」と「システムの概念化」で

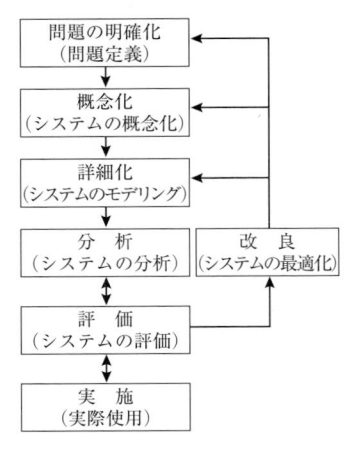

図1 システムズアプローチのプロセス

ある．この段階では，解決すべき問題を構成する要素を認識し，分析し，問題を解決するための方策を思考する．ここでのシステムの認識は重要な位置づけとなり，問題構造やシステム構造の把握はシステムを具体化するために重要である．問題/システムの構造を把握するためには，問題/システムを構成する要素の認識，相互関係の認識，階層関係を認識する必要がある．

c. システムの概念化と構造モデル

システムの概念化において，システムの構造的な特徴を定量的に把握することは重要となる．そこで，グラフ理論と行列計算に基づくシステムの構造モデルと構造化手法の代表的な手法である ISM 法と Demruel 法を紹介する．

構造モデルは，システムを構成する要素を基本とし，他の要素との関係の有無を枝とするグラフで表現されるモデルである．このグラフによる図的なモデル表示は，人間の視覚を通して大脳にシステムのイメージを直感的に焼きつける効果が期待される．また，構造モデルはグラフによる図的表現のほかに，行列を用いて表現することも可能である．行列を利用すると，論理演算によって数学的に扱うことが可能となる．

d. ISM 法：システムの構造化手法

「システムの概念化」におけるシステムの構造を把握する手法は，特にシステムの構造化手法と呼ばれる．構造化手法として有名なものとして ISM (interpretive structural modeling) 法が存在する．ISM 法は，システムを構成する要素を節点，要素間の相互関係（たとえば因果関係など）をリンクとして定義する構造モデルが基本的な考え方となっている（図2）．

ISM 法では，グラフ理論を基礎とする行列計算が利用され，二つの要素間の関係である二項関係から，推移律の存在を仮定し，要素間の直接的関係および間接的関係を導くことで処理される．要素間に潜在する階層構造が導かれ，求めた階層順に要素が配置され，要素間の間接的関係

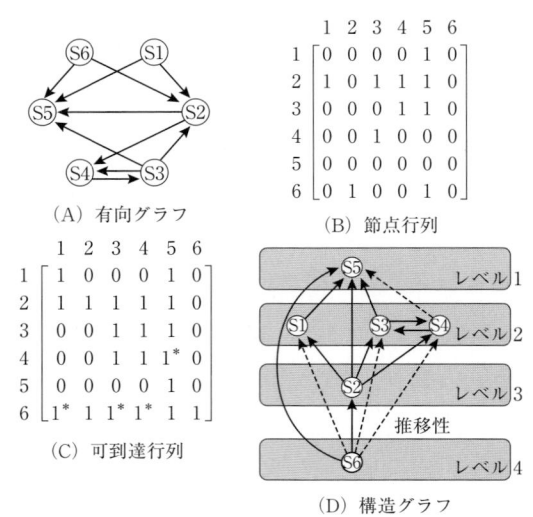

図2 ISM 法の概要

が有向枝で結ばれた構造グラフが示される．

　求められた構造グラフの解釈は，指定した要素間の関係に依存する．たとえば，要素間の因果関係を指定した場合では，因果関係の基点となる要素，終点となる要素が階層的に配置されることにより因果構造を視覚的に把握することができる．また，階層構造を利用した要素のクラスタ構造も抽出することができる．

　ISM 法の使用において重要なポイントがある．これは，この構造化手法を活用し，検討する作業者のメンタルモデルと比較することから，抽出した要素の十分性，要素間の関係の十分性などを評価し，さらには，メンタルモデルにおけるシステム境界を明確にすることにつながる．先述したが，システム境界を規定することはシステムを規定するうえで重要な位置づけとなる．

e． Dematel 法：要素間の関連度の把握

　ISM 法と同様に定評がある構造化手法として **Dematel**（decision making trial & evaluation laboratory）法がある．Dematel 法の概要を図 3 に示す．Dematel 法は，主に問題の構造モデルを作成することを目的に開発され，要素（サブ問題）の抽出と要素間の関係の把握は専門家による処理とされている．Dematel 法ではすべての要素間の影響の強さの関係を指定することが特徴である．構造モデルの生成に関しては，以下のように整理される．

　Dematel 法では，要素間の間接的な影響が関係の強弱によって指定されるために，求められるグラフは強連結グラフとなることが多い．したがって，構造モデルを求める際には要素間に指定した影響度を閾値で切り，強い影響があるものだけを認識して構造化するなどの処理が工夫される．要素間の間接的な影響度を算出する際には，指定した影響度を考慮した計算が処理され，最終的には，すべての要素間に存在する関係の強弱が定量的に計算される．この定量的に求められた関係の強弱を用いて，要素間に存在する影響度と関連度が求められる．

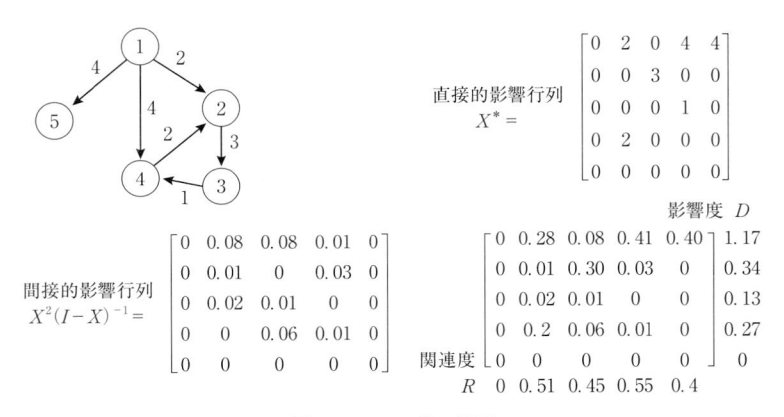

直接的影響行列
$$X^* = \begin{bmatrix} 0 & 2 & 0 & 4 & 4 \\ 0 & 0 & 3 & 0 & 0 \\ 0 & 0 & 0 & 1 & 0 \\ 0 & 2 & 0 & 0 & 0 \\ 0 & 0 & 0 & 0 & 0 \end{bmatrix}$$

間接的影響行列
$$X^2(I-X)^{-1} = \begin{bmatrix} 0 & 0.08 & 0.08 & 0.01 & 0 \\ 0 & 0.01 & 0 & 0.03 & 0 \\ 0 & 0.02 & 0.01 & 0 & 0 \\ 0 & 0 & 0 & 0.06 & 0.01 & 0 \\ 0 & 0 & 0 & 0 & 0 \end{bmatrix}$$

影響度 D

$$\begin{bmatrix} 0 & 0.28 & 0.08 & 0.41 & 0.40 \\ 0 & 0.01 & 0.30 & 0.03 & 0 \\ 0 & 0.02 & 0.01 & 0 & 0 \\ 0 & 0.2 & 0.06 & 0.01 & 0 \\ 0 & 0 & 0 & 0 & 0 \end{bmatrix} \begin{matrix} 1.17 \\ 0.34 \\ 0.13 \\ 0.27 \\ 0 \end{matrix}$$

関連度 R　　0.51　0.45　0.55　0.4

図 3　Dematel 法の概要

3.1.3　設計品質の評価技術

木見田康治

a.　サービス品質とは

　3.1.1項で述べたように，サービスの構成要素は，設計対象とする主たる機能と，実現構造の属性，ならびにそれらの関係により表現することが可能である．これらの機能の発現度合いや必要とされる属性の値，すなわち設計品質を決定することにより，提供プロセスの決定などのあとに続く工程に対して具体的な指示を与えることが可能となる．本項では，サービスにおける設計品質の評価技術について紹介する．それに先立ち，サービスの品質評価に関してその特徴的な点について述べておく．

　航空サービスの利用者は，目的地までの輸送を実現する航空機などの有形の要素だけでなく，機内における客室乗務員の行為など多くの無形性を有する要素から価値の提供を受ける．このように，一般的にサービスは多くの無形性を有する要素がかかわっている．これらの無形要素により，サービスの品質評価は，製造業製品におけるそれとは異なる特徴を有する．たとえば，サービスマーケティング分野では，品質をその評価プロセスにおける特性に応じて，**探索品質**（search qualities），**経験品質**（experience qualities），**信頼品質**（credence qualities）の三つに分類している[1]．探索品質とは，顧客が購買に先立ち容易に評価できる特性を有し，多くの製造業製品の品質がこれに当てはまる．一方，経験品質とは，顧客が実際にサービスを経験することによってのみ評価できる特性を有し，旅行サービスやレストランサービスにおける多くの要素がこの品質に分類される．また信用品質とは，購買や受給のあとですらすぐに顧客が評価することができない特性を有し，一部の教育サービスや医療サービスの品質がこれに該当する．この品質分類では，サービスの要素における無形性が高まるほど，その品質は経験品質，信頼品質の特性を有することが指摘されている．そのため，サービスにおける品質の多くは，顧客の経験や提供者に対する信用など顧客の主観的な指標に基づき，その評価が行われる．

b.　顧客満足度に基づく設計品質の評価

　では，設計品質の評価において，顧客の主観性をどのように考慮すればよいのであろうか．一つの方法としては，設計品質に対する顧客の満足度を用いてその評価を行う方法が考えられる．しかしながら，実際の設計では品質はさまざまな制約のもとでトライアル＆エラーを繰り返し決定されるため，その都度，顧客へのアンケートやインタビューを実施する負担は大きい．そこで，ここでは，機能や属性の定量的値から顧客の満足度を推量するS-A（satisfaction-attribute）関数が提案されている．**S-A関数**は，機能や属性の定量的値を入力とし，顧客満足度を出力する評価関数である．設計者はそれぞれの機能に対し

てS-A関数を設定し，機能の品質水準に対する顧客の満足度をS-A関数を用いて算出する．

図1にS-A関数の基本的な形状を示す．サービスマーケティング分野では，期待からの乖離が満足や不満として認識されるといわれている．この知見に従いS-A関数では，期待より好ましい品質によって満足を感じ，期待より好ましくない品質によって不満を感じるものとする．また，S-A関数は品質と満足度の関係を示した狩野モデル[2]や投資の見返りに対する評価理論であるプロスペクト理論[3]と同様に非線形性を有し，期待値を境界に満足側と不満側のそれぞれに対して異なる関数が設定される．

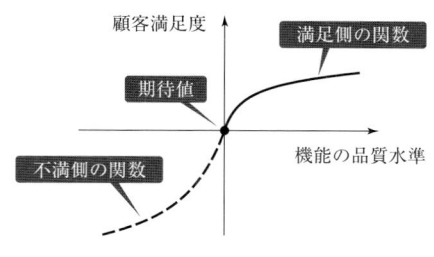

図1 S-A関数の基本形状

S-A関数を決定するためには，受給者として見込まれる消費者セグメントに対するアンケートなどにより，「期待値」「知覚品質」「満足度」の3種類の情報を収集する必要がある．**期待値**とは，顧客が次回のサービス利用において想定している品質の水準を示す．表1は，国内の航空機内サービスに関して，座席前後間隔に対する期待値のアンケート例を示したものである．回答者はそれぞれの機能について次回のサービスにおいて想定される品質を選択する．なおアンケートでは回答者に，期待値とは回答者が実際にそうであろうと想定している品質の値で，願望ではないことを注意書きとして与える必要がある．

知覚品質とは，直近のサービス利用において顧客が機能に対して認識した品質の水準を示す．アンケートでは，期待値と同様の選択肢から回答する．**満足度**は，直近のサービス利用における知覚品質に対する満足度を示す．アンケートでは「非常に不満」から「非常に満足」までの7段階により評価する．S-A関数に用いる品質の水準は，定量的な値により表されることが望ましい．しかしながら，品質の水準を定量的に表すことが難しい場合，設計者は別の方法で品質を数量化する必要がある．

S-A関数の数式は，満足側と不満側のそれぞれについて回帰分析を用いて決定する．アンケートの回答がそろった時点で，設計者は顧客の期待値，知覚品質，満足度のデータを得たことになる．期待値のデータは全回答者について平均化し，平均値はS-A関数の値が0になる品質の水準として用いる．満足度のデータは−1（非常に不満足）から1（非

表1 期待値に関するアンケート例
問：下記の項目に関して，次回搭乗する際どのようなサービスを想定していますか？　足元のスペース【膝から前の座席までの距離】（（　）内は標準体型の場合の例．単一選択）

選択肢1	5 cm
選択肢2	10 cm（普通運賃席と同等）
選択肢3	15 cm
選択肢4	25 cm（A社プレミアムシートと同等）
選択肢5	60 cm（足が伸ばせる程度，B社国内線ファーストクラスと同等）
選択肢6	85 cm（国際線ビジネスクラスと同等）

(a) 足元のスペース

(b) 客室乗務員の気遣い

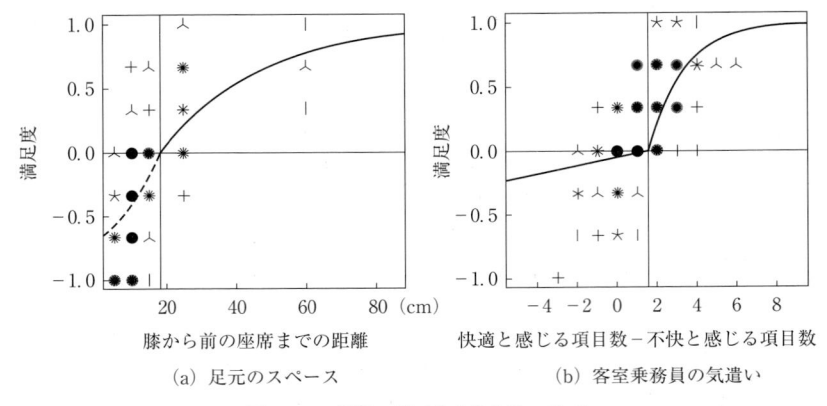

図2　S-A 関数の例（航空機内サービス）

常に満足）に正規化する．そして各機能に対し，満足度と知覚品質に関するすべての回答を用いて回帰分析を行う．回帰関数はデータの分布から任意の関数を選ぶことが望ましいが，多くの場合において当てはまりのよい関数の一例を式 (1) に示す．

$$S_r = a\left\{1 - \exp\left(-\frac{b}{a}(v-c)\right)\right\} \tag{1}$$

ただし，v は機能の品質水準，a は S_r（満足度）の最大値または最小値．満足側の場合1に不満側の場合 -1 に設定する，b は回帰分析より得られるパラメータ．関数の期待値における傾きを示す．c は顧客の期待値である．

図2に，航空機内サービスに関するアンケートデータをもとに，回帰分析によって得られた S-A 関数の例を示す．図中の実線は満足側の S-A 関数を示し，破線は不満側を示す．また，花弁は重なった回答の数を示す．機能の発現度合いを示すパラメータ「足元のスペース」に関しては，膝から前の座席までの距離をその品質水準としており，回帰分析により得られた関数を用いて，各水準に対する顧客満足度を推量することが可能である．また「客室乗務員の気遣い」に関しては，アンケート時に「荷物の上げ下げの補助」「呼び出しに素早く応じる」などの客室乗務員の気遣いにかかわる項目を提示し，回答者は「快適に感じる項目」と「不快に感じる項目」のそれぞれを複数項目選択した．そして，選択された「快適と感じる項目」の数と「不快と感じる項目」の数の差を用いて品質水準を数量化している．

設計品質の評価におけるゴールは，各機能の品質水準に関する組合せを決定することである．通常，品質水準の組合せは，予算，物理的な制限，提供者が保持するリソースなどさまざまな制約条件のもとでその意思決定が行われる．S-A 関数は，顧客満足度の観点から複数の品質水準の組合せを比較・検討することを可能とし，設計品質に関する意思決定を支援するものである．

3.2 サービス提供プロセスの設計

3.2.1 提供プロセスの可視化

原　辰徳

　無形性の特徴をもつサービスを設計するうえでの基本対象は,「誰が何をどのような手順で実行するのか」という一連のプロセスであり,多数の関係者が一様に理解可能な形式で表すことが望まれる.本項では,マーケティング分野におけるサービスブループリントの考え方について述べたあとに,業務プロセスの標準表記法を用いた記述例を紹介する.

a. サービスの提供プロセスとは

　無形的なサービスを表現し可視化する意義について,ものづくりとの比較から考えてみよう.機械の設計についていえば,機能的要件と物理的要件の双方において,設計図面や解析データなどの多種の情報が目に見える形で部門間で共有されている.それゆえに,設計や製造などの各工程の作業を並行して進めるコンカレントエンジニアリングやそこでのデザインレビューが可能である.一方,サービスの開発については,より多様な関係者が介在するにもかかわらず,サービス内容を相互に理解可能な表記法すら十分に確立されていないのが現状である.

　一般にサービスは多数の場面から構成され,時間経過を通じて段階的に認識されることが多い.また,サービス提供におけるすべての作業が状況に依存して変動するのではなく業務マニュアルや接客マニュアルに代表されるように,標準的な作業手順と顧客対応とが存在すると考えられる.そのため,多数の関係者が相互に理解可能なサービスの設計図面の存在を仮定すると,顧客とのかかわりを中心とした**フローチャート形式**の**作業手順書**として記述されることが予想される.これは,物理的製品の設計図面が形状あるいは機構的であることと対照的である.フローチャート形式による手順的定義では,分岐数が膨大になるとプロセスの複雑度が増すが,本項では「サービス提供の場面分割」と「標準的な作業手順と顧客対応の定義」および「関係者間の相互理解」を重視し,フローチャートによる**提供プロセス**の可視化手法について述べる.

b. サービスブループリント技法

　サービスマーケティング分野で広く知られている従来研究として,**サービスブループリント技法**[1]がある.これは,無形的であるサービスを活動というプロセスでとらえ,生産活動の結果たる製品とは異なる次元でサービスを把握しようとするものである.本技法では,顧客への働きかけを含めて,サービス中の活動をチャート形式で時系列的かつ構造的に記述する.図1に示すように,提供者の活動には「顧客との直接のやりとりがあるか/ないか」「顧客からその活動が見えるか/見えないか」の分類が与えられており,これら

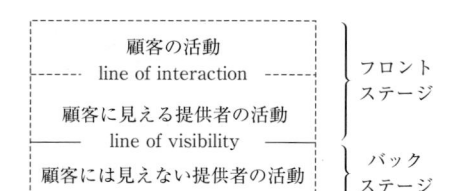

図1 サービスブループリント技法における活動の階層

の区分を表す境界（line of interaction と line of visibility と呼ばれる）に基づいて活動を整理する点が特徴である．line of visibility を境として，上部の活動はフロントステージ，下部の活動はバックステージと呼ばれる．サービスブループリントはサービスの全体像の理解に役立ち，サービス品質の改善や生産性の向上に寄与することが知られている．しかしながら，サービスブループリント技法の概念がはじめて示されたのは 1980 年頃と比較的古く，表記方法が統一されていない問題点がある．そこで本項では，その基本コンセプトを踏襲しながらも，Business Process Modeling Notation（BPMN）を用いてサービスブループリントを記述していく[3]．

c. ペトリネット

従来，人間活動を含むプロセスのモデル化手法としてペトリネット，**UML**（unified modeling language），**IDEF**（integrated definition）などが用いられてきた．特に**ペトリネット**（Petri net）は，複数プロセスから構成される並行非同期の離散分散システムの表現のためによく知られた言語である．工学分野では，たとえば工場における生産システムのモデル化と解析に古くより用いられてきた．ペトリネットは視覚的な表現が可能なモデリングツールであると同時に，数学的計算が可能なシミュレーションツールでもある．

d. BPMN

BPMN（business process modeling notation）は，さまざまなプロセスモデリング手法を踏まえたうえで，2004 年に策定された業務プロセスモデリングの表記標準[2]であり，その制御フローはペトリネットの影響を強く受けている．BPMN では，グラフィカルな表記によって「誰が何をどのような順序で実行するのか」という観点から業務の流れをモデル化する．関係者間の相互理解を図ることを第一の目的としており，業務プロセスの可視化を背景に広く普及している．BPMN はシンプルな表記をもつ一方，少ない種類の図形でさまざまなパターンの業務プロセスを幅広くモデル化できる．また，UML が IT システムに精通した開発者を対象としているのに対し，BPMN はすべての業務の管理者・従事者，IT 技術者がともに理解し，使用可能なグラフィカルな表記法を提供する．

e. 二つのサービスプロセス：サービス活動と製品挙動

次に書かれるべきプロセスの構成要素について述べる．かつてサービスといえば，対面販売を代表とする人対人の間でのやりとりを意味することがほとんどであった．しかしながら，情報通信技術と ATM（automated teller machine）に代表されるようなセルフサービス技術の急速な進展は，人対人に従来限られていた顧客とサービスとの接点を，人対人工物にまで広げた．このようにサービスを幅広く扱おうとすると，提供者による人的な

振舞い（**サービス活動** service activity）のほか，準備した機械や情報システムによる振舞い（**製品挙動** product behavior）もサービスの構成要素としてとらえる必要がある．BPMNによるサービスブループリントでは，これら振舞いの双方を記述し，サービス全体の提供プロセスを構成していくことが望ましい．

f. エレベータの運用・保守サービスの例

図2に，安心・安全に関するエレベータの保守・運用サービスの提供プロセスを構成した例を示す．本サービスの説明は，3.1.1項を参考にされたい．最上部に利用者（受給者）の行動が並び，続いて監視スタッフによるサービス活動のプロセス，監視システムによる製品挙動のプロセスが並んでいる．この図面では「地震/火災発生による緊急時のプロセス」が記述されており，緊急時の標準的な業務の流れのほか，受給者とサービス間の相互作用，およびサービス活動と製品挙動間の協調の様子をよく理解できる．

本項で示した手法は，関係者間が相互に理解可能でグラフィカルなサービスの提供プロセス表現である．加えて，図1で示したサービスブループリントの活動の分類に従えば表1に示すような構造解析[3]を行うことができ，プロセスの特徴を容易に把握できる．

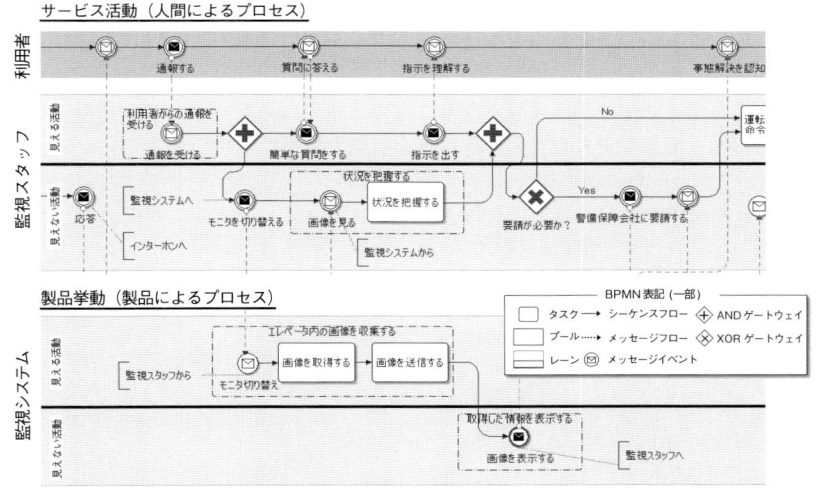

図2 エレベータの保守・運用サービスにおけるサービスブループリントの例

表1 サービス提供プロセスの構造解析の例

	全タスク	可視タスク	相互作用タスク	協調タスク
受給者	21	—	12 (57%)	—
サービス活動	41	10 (24%)	4 (10%)	6 (14%)
製品挙動	53	17 (32%)	8 (15%)	6 (11%)

3.2.2 業務のスケジューリングと最適化

太田　順

a. サービス業務とスケジューリング

　サービスは遂行するサービス主体と実行すべきサービス業務，そしてサービス対象（顧客）から構成される．通常当該主体が行う業務は多種類に及んでおり，主体は顧客のために適切なタイミング，手順で業務を処理する必要がある．

　一般にこのような問題のことを，「多数業務をこなす手順を決定する＝スケジュールする」という意味で**スケジューリング問題**と呼ぶ．この問題は，元来は生産システムの分野で発展した最適化問題の一つであり数十年にわたり研究されている．その解法は，厳密解法に基づく方法やメタヒューリスティクスに基づく近似解法など，多数提案されている[1]．

　スケジューリング問題をより詳細に説明すると以下のようになる．すなわち，「遂行しなければならない複数の仕事（**ジョブ**）とジョブを行う際に必要となる複数の資源が与えられたときに，各資源にどのような順番でジョブを割りつけるか，ジョブを遂行する順番を決定する問題」をスケジューリング問題と呼ぶ．ここで，ジョブは**オペレーション**と呼ばれるいくつかの小ジョブから構成される．この問題では，解く際に必ず満たさなければならない制約と，最小化最大化などの最適化を目指す評価関数を設定する．

　サービス分野におけるスケジューリング問題では，ジョブがサービス業務に，オペレーションが業務を構成するタスクに，資源がサービス主体に，それぞれ対応する．サービス分野のスケジューリング問題の特徴としては，ジョブが事前にわかっておらず実時間で発生する場合が多いこと，各ジョブ完了に要する時間が変動すること，があげられる．

　以降では，看護サービスを例にとり議論を進めたい．病棟で勤務している看護師は1日24時間，高機能なサービスを提供し続ける必要がある．具体的な業務内容は対患者，対医師，対他の看護師，と多様なものが含まれており，これらを的確かつ迅速に終えなければならない．看護師の業務遂行レベルの向上は，そこにいる患者へのケアクオリティを向上させ，早期治癒，退院へと結びつく．これより看護師の業務遂行スケジューリングの支援が重

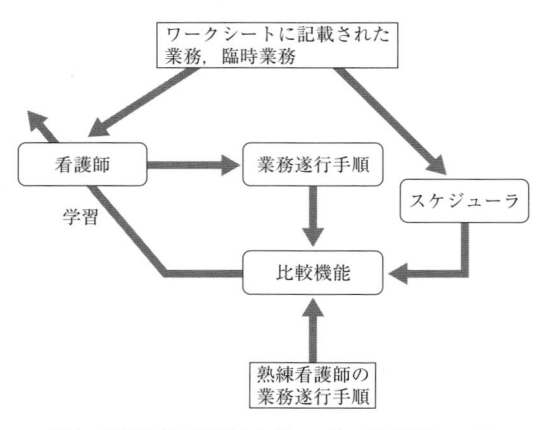

図1 看護業務の遂行スケジューリング支援システム

要である.ここでは「看護師の業務遂行状況と看護師に与えられている業務内容に基づき,適切な業務遂行スケジュールを看護師に教示するシステム構築(図1参照)」を目標とする.これを教育現場で用いることで看護学生や新人看護師の教育システムに,病院で用いることで看護師の業務遂行を支援するシステムに発展する可能性がある.

以下,看護師の業務遂行スケジューリング問題の定式化(看護師の業務遂行過程がどのようにスケジューリング問題として定式化できるか),ならびにスケジューリング支援(看護業務は自動スケジューラによりどこまで支援できるか)について述べる.

b. 看護サービススケジューリング過程の定式化

以下,定式化過程を述べる[2].病棟勤務の看護師には,仕事の始まりの際に複数個の業務指示(ワークシート)が与えられる.このワークシートには,30分〜1時間程度の時間帯において行うべき業務対象(患者)と内容(点滴や検温など)が記載されている.これが既知の業務であるが,これ以外に臨時に発生する業務も存在する(たとえば患者からの要望,医師の指示,他の看護師の補助).看護師はそれらの多様な業務を適切な手順でこなさなければならない.この業務がスケジューリング問題におけるジョブに対応する.また一つの業務は準備タスク,実行タスク,後片付けタスクに分解可能である.たとえば,点滴業務の場合は,薬剤の準備が準備タスク,患者への点滴が実行タスク,器具の片付けが後片付けタスクとなる.上記3種類のタスクがオペレーションに対応する.

看護師の業務遂行において通常,以下の三つの制約が考えられる.

【制約1】容量制約:看護師が同時に遂行できる業務量に限界がある.多くの場合,看護師は一度に一つの業務しか遂行できない.

【制約2】順序制約:自身に先行するタスク(たとえばある実行タスクに対しては同一業務の準備タスクが相当)が終了するまで当該タスクを開始できない.なお,この先行関係は異なる業務に属するタスク間でも存在する.

【制約3】時間制約:あるタスクを開始してから次のタスクを開始するまでの時間の下限が決まっている.その時間幅は「あるタスクを実行するのに要する時間」と「あるタスクを終えてから次のタスクを開始するためにかかる移動移間(たとえばナースステーションから病室への移動時間)」の和で表現できる.

評価関数としては「ある業務に含まれる実行タスクは,ワークシートに記載された作業時間帯すなわち最早タスク開始時刻と最遅タスク終了時刻の間に実行しなければならない」という,着手可能時刻制約・納期制約に関する違反量(時間)の総和(時間制約違反量)とする.このことは,看護師の業務量が非常に多く,すべてのタスクについて上記二つの制約を満たしつつ遂行することはほぼ不可能であり,看護師はその違反量をできるだけ少なくするべく業務遂行手順を決定している,という理解に基づいている.

ここまでで看護業務遂行過程をスケジューリング問題として定式化できた.

c. 看護サービススケジューリング支援

図1に示した支援システムの妥当性を検証する実験を行った[3].

実験に際して，以下に示す看護業務のモデル実験環境を想定した．
① 40床程度の消化器病棟．
② 1チーム：3名の看護師と1名の助手．被験者はそのうちの看護師1名を担当．
③ 17：10～17：50の，夕食前の多忙な時間帯．

なお，この支援システムを実際に実現するためには，看護師の業務内容の自動計測と自動業務指示機能が必要であるが，ここではスケジューリング支援の効果の検証を重視するため，第三者による目視による計測と口頭での指示で代替した．

上記の環境において2～3年目の看護師16名を対象に実験を行った．業務内容はワークシートに書かれており，一定間隔で臨時業務（患者，医者，他の看護師からの要請）が入るようにした．各回において，ワークシートは同一のものを用いたが，臨時業務にはバリエーションを与えた．一被験者当たり2回実験を行い，1回は被験者自身の判断により業務を遂行するもの，もう1回は提案する外部スケジューラの指示により業務遂行するものとした．この被験者自身の判断の回とスケジューラの指示に従う回の順番は被験者ごとにランダムとした．外部スケジューラのアルゴリズムには，この問題用に構築した解法[2]を採用した．被験者があるタスクが終了するたびにスケジューラを起動，数秒で導解し，その結果をもとに次に行うタスクを被験者に伝えるという手順で行った．

実験においては，被験者がどの時刻にどのタスクを開始，終了したかを記録した．評価は，先に述べた評価関数すなわち時間制約違反量を用いて行った．外部スケジューラを用いた「支援あり」の場合，「支援なし」の場合と比較して評価関数値が71%減少，すなわちスケジューリング支援により時間制約違反量を大きく下げることができた．

各被験者の主観的評価としては，以下のようなものがあった．
(1) 多くの被験者が，提案システムは実システムとして許容可能であるとの意見を述べた．業務中のスケジューリングが不要であり，業務遂行に専念できるというのが主な理由であった．
(2)「支援あり」より「支援なし」のほうがやりやすい，という意見もあった．支援ありの場合，所定の場所への移動を強制され，より多くの距離を移動させられている印象をもってしまうということであった．実際には支援ありの場合のほうが支援なしの場合より移動距離が短縮されているため，この感想は自身の意志に反して行為を外部から決められる，という主観的な要因による可能性もある．このことは今後議論する必要がある．

これらより，看護サービスのスケジューリング支援をするシステムの有効性が示された．この概念は他のサービス業務のスケジューリング支援に拡張可能と考えられる．

本項では，サービス業務遂行過程がスケジューリング問題として定式化可能であり，その支援が可能であることを述べた．看護師の業務遂行過程をスケジューリング問題として定式化した．看護サービススケジューリング支援システムを構築し，有効性を示した．

3.2.3　サービス認知と人間中心のシミュレーション

菅野 太郎

a.　サービス認知

　サービス科学・工学において，サービスという言葉は，価値を産み出す「行為」や「プロセス」，その「機能」や「効果」，あるいは提供物（モノ）のアナロジーとしての「価値」そのものを含意するとされている．本項でもこのような意味あるいはそれらを包括する言葉としてサービスという語を用いる．一方，サービスとはそこに人の存在がなければ成立しない．いうまでもなく，価値をつくり，運用し，受け取り，感じ，さらなる新しい価値を産み出すのは人である．そこでは，設計者や提供者，受容者，潜在的受容者といった多数の主体がさまざまな営みを繰り広げている．本項では，サービスにおいて重要な要素となるこの「人」に積極的に注目し，上述のようなサービスの諸相・循環に介在するさまざまな主体の営みの背後にある認知的活動の総称を「**サービス認知**」と呼び，その整理を試みる．

　サービスのコンテキストを表現する際に，図1のような提供者と受容者の二者間のインタラクションに還元した基本モデルがよく用いられる[1]．基本モデルには，サービスの主要構成要素として提供者，受容者，媒体，環境と，それらの間の相互作用が表現されている．実際のサービスでは提供者，受容者が多層多重に連結しサービスの社会が形成されている．サービス認知の諸相をこれら基本モデルの構成要素に基づいて主体と対象別に整理すると表1のようになる．各行は認知の主体を，各列は認知の対象をそれぞれ表している．各セルには主体と対象間のインタラクションにおける代表的な認知対象や重要な行為，現象などのキーワードを配してある．たとえば提供者-提供者における認知的側面には，サービス提供の際の連携や協調が価値向上や価値創成に重要な項目となるであろう．さらに，マーケティング，サービス設計，生産・製造，提供といった提供者側のプロセスや，検討，選定，購買，利用といった受容者側のプロセス別に主体-対象の視点から，より詳細にサービス認知を整理することもできる．

　サービスに関する認知的側面というと，これまでとかく価値認識や満足度といった受容者側の観点のみ意識されてきたが，このようにサービス基本モデルに基づいて主体別，対象別，あるいはプロセスごとにサービス認知を整理する

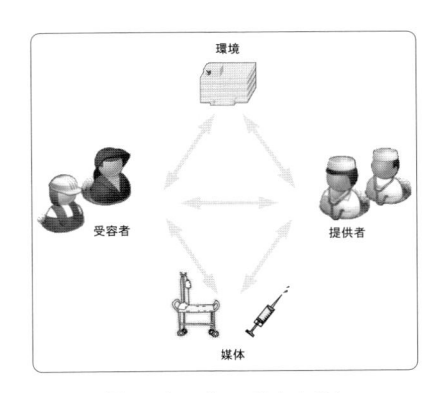

図1　サービスの基本モデル

表1 サービス認知の諸相

	提供者	受容者	媒体	環境
提供者	協調，連携，チームワーク	受容者の理解提供，互恵，創発	機器・道具使用，スキル，オペレーション，設計，製造	状況・場の認知，設計，製造
受容者	受容，創発，価値の認知	コミュニティ，口コミ	モノ・コト，質・機能・価値の認知・発見・気づき	状況・場の認知，質・機能・価値の認知・発見・気づき

ことで，サービス設計や価値創成のために考慮すべき点をより明確，詳細に把握する手助けとなる．

サービス設計に重要と思われるサービス認知のいくつかの特徴をまとめる．

(1) 主体別の認知：サービス認知はまず主体別の認知として分類できる．従来扱われてきた顧客の価値認知や満足度のみならず提供者の認知もまた価値創成の源となりうる．

(2) インタラクションにおける認知：提供者-提供者，提供者-受容者，受容者-受容者間のインタラクションによって，意図された価値の受容の程度が大きく左右されたり，新たな価値が共創されたりする．インラクションにおける認知は，単純な個人の認知の総和では説明できず，その理解や分析は価値創成のための重要な課題といえる．

(3) サービスを俯瞰する認知：表1では認知の主体と対象の観点から整理したが，さらに重要な観点としてサービスを俯瞰する認知（**サービスメタ認知**）がある．一般サービスモデルはサービスを俯瞰する認知の一例といえる．これはサービスコンテキストの理解や分析の際に要される認知であり，サービス設計者にとって重要な視点である．

(4) 主体の多層性，多重性：通常サービスは提供者-受容者の一対関係で成立してはいない．あるサービスにおけるサービス提供者が同時にそのサービスに関連して別の主体からサービスを受ける場合（多重性）や，異なる複数のサービスの主体であったりすることが普通である（多層性）．サービス（価値）システムを創成するためには，そこでのサービス認知のネットワークを理解することが重要である．

(5) 主観価値の総体性：受容者によって認知される価値は，必ずしも単一のモノやプロセス，行為によって引き起こされる効果ではない．たとえば表1に整理されるさまざまな対象とのインタラクションから顕在化する多様な価値の総体としてサービスは定義されうる．時空間に分散したさまざまなモノ，行為，プロセス，効果から顕在化する価値の総体の認知もサービス認知の重要な一面である．

b. 人間中心のシミュレーション

製品設計・評価において計算機シミュレーションが有用であるように，サービスシステムの設計・評価においても計算機シミュレーションの活用が期待される．サービスシステムは系の主要素が人間であるため，ヒューマンモデルを考慮した人間中心のシミュレーションが必要とされる．このような計算機シミュレーション例を二つ紹介する．

1) **対話型サービスデザイン**

　サービスの運用では提供者の専門知が大きな役割を担っているため，これらを反映したシミュレーションモデルが必要となる．一方，専門知は暗黙的に保有されていることも多くこれらを抽出することは容易ではない．また，サービスにおける問題点やその解決案はシミュレーション結果から分析的に得られるとは限らない．Makinoら[2]はこれらの問題に対してシミュレーションを用いた**対話型サービスデザイン**を提案している．この対話型サービスデザインでは，①観察や専門家への聞き取りなどによってサービスプロセスのモデルを構築するステップ（modeling），②サービスプロセスをシミュレーションし結果を可視化するステップ（simulation），③シミュレーションで発見された問題点の解決案や改善案をシミュレーションに反映させるステップ（planning），の3段階を現場の専門家と対話しながら繰り返し，モデルの精緻化や問題点の発見，解決案の発見と評価を繰り返し行うことで理想的なサービスの設計を追求していく．

2) **サービスレジリアンス評価**

　サービスの運用は社会インフラによって支えられているため災害時におけるサービスの持続性や復旧は，これらのインフラ被害や復旧に大きく依存する．災害のような外乱に対して，被害を避け，軽減し，できるだけ早く回復するといった性質は**レジリアンス**（resilience）と呼ばれ，サービスや社会システムにおいては特に被害からの回復力が重要であると認識されつつある．Fujiiら[3]はサービス活動とインフラの相互依存性を考慮した**サービスレジリアンス**の評価に関する研究を報告している．ここでは，サービスシステムにおける人間の活動をマルチエージェントモデルで，インフラシステムをネットワークフローモデルで表現することで両者とその依存性をモデリングしている（図2）．具体的なサービスを想定してサービスの回復プロセスをシミュレーションした結果，たとえば，インフラの復旧率だけでなくサービス活動も考慮した人間中心の復旧計画がサービスシステム全体の回復を早めることや，インフラ投資以外にもサービス活動の再設計によってサービスシステムのレジリアンスが向上しうることなどを定量的に示している．

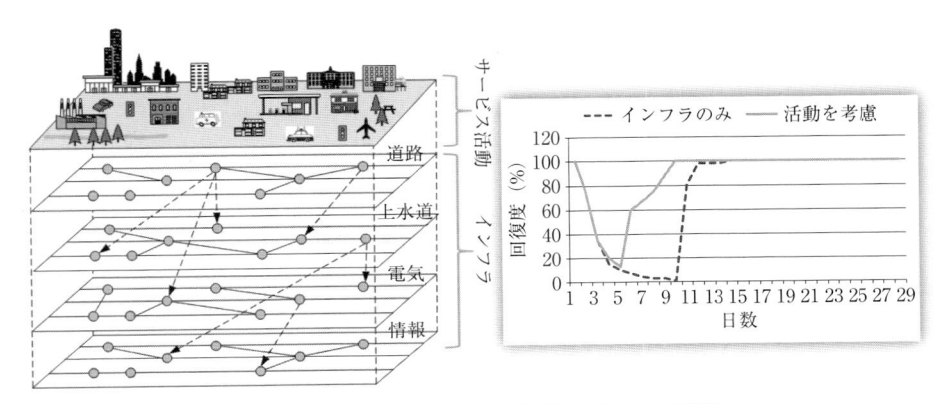

図2 サービス-インフラ相互依存性とレジリアンス評価

3.3 社会的受容性のシミュレーション

3.3.1 消費者ネットワークにおけるサービスの普及過程

藤井信忠

a. サービス普及の構成論的研究

　社会のグローバル化やネットワーク化が進み成熟経済となった現在，消費者の価値観は多様化し，技術的に優れた製品やサービスが必ずしも普及するとは限らない．そのため，サービスの技術的革新だけを追究していたのではもはや十分ではなく，サービスの社会的受容に関する知見が必要となってきている．分析論的アプローチといえる従来からのマーケティング手法に代わり，ここではサービスの社会的受容に対する構成論的アプローチを紹介する．構成論的手法とは，消費者を自律的なエージェントとして計算機上にモデル化し，消費者間の相互作用の結果として市場の複雑な振舞いを創出するというものである．行動主体であるエージェントの意思決定をモデル化するため，情報の収集能力に制限をつけたり，その結果として限定合理的な意思決定をモデル化することが可能である．また，現実の消費者行動に影響を与えうるであろう要因を仮説としてモデルに導入し，それが社会的受容にどのような影響を与えるのかも検証可能となる．最終的には，消費者だけでなく生産者もモデル化することによって，生産者と消費者の相互作用によって新たな価値をどのように共創するかというサービスの設計論への展開を目標としている．

　サービスの社会的受容を考えるうえで二つの要素に着目している．一つ目は**消費者効用**が非均質となることである．サービスは，無形性，同時性，非均質性，消滅性など，製品とは異なる特性を有している．これらの特性による消費者への影響として，サービスを利用した際に提供される品質は一定でなかったり，購入前にサービス品質を把握できないなどの影響が考えられる．サービス利用前の効用を**期待効用**，利用して実際に得る効用を**事後効用**とし，これらを消費者のサービスに対する効用と考えると，これらの消費者効用が消費者間で非均質であることに着目し，モデルに導入している．

　二つ目は**外部性**と**消費者ネットワーク**である．サービスは製品に比べると広告などだけでは十分な情報伝達が難しく，クチコミなどの消費者間のコミュニケーションが重要となる．コミュニケーションの影響を外部性としてモデルに導入している．外部性とは，ある経済主体の行動が市場を通さずに別の経済主体に対して影響を与えるというものであり，クチコミや流行などの消費者コミュニケーションもその一例である．外部性の影響を考えるうえで本研究では消費者の「つながり」も考慮している．つまり消費者間のネットワーク構造をモデル化し，ネットワーク上で結合した知り合いからのみ外部性の影響を受けるものとしている．これは実際のサービスを購入・利用する際に，友人やカリスマブロガーの意見を参考にしていることに対応する．以下では，詳細は参考文献[2,3]などを参照．

b. サービス普及のエージェントベースモデル

6人の消費者からなる消費者ネットワークを例に，サービスの普及過程の概要を図1に示す．図1(a)は初期状態を表し，1名の消費者がサービスを購入済みであるとする．購入済みの消費者と友人関係にある消費者5名のうち1名が外部性の影響を受けて時刻 $t+1$ で購入に至り（図1(b)），さらに時刻 $t+2$ では，購入済みの2名の影響を受けてさらに2名の消費者が購入に至ったことを表している（図1(c)）．このように消費者のつながりと外部性の影響によってサービスが普及していく．

以上のようなサービスの普及過程を実現するために，**消費者エージェント**を以下のようにモデル化している．ここでは，インターネットの接続プロバイダの選択のように，一度サービスの購入を決定するとそのサービスを継続的に利用するようなサービスを対象とし，競合サービスもなく新サービスが市場に普及していく過程を想定したモデルである．

消費者エージェント i は時刻 t において，$U_i(t) \geq T_i$ を満たす場合，サービスの購入に至るものとする．ここで，$U_i(t)$ は消費者エージェント i のサービスに対する効用，T_i はサービスの効用に対する閾値を表している．消費者エージェント i の効用 $U_i(t)$ は以下のように与える．

$$U_i(t) = R_i(t) + \sum_{j \in N \setminus \{i\}} g_j y_i^j(t)$$

ここで，$R_i(t)$ は消費者エージェント i がサービスから得る効用，$y_i^j(t)$ はネットワーク上でリンクのつながった消費者エージェント j から得られる効用であり，外部性の効果である．また，N は消費者エージェントの集合，g_j は消費者エージェント j がサービスを購入済みの場合にのみ1となる $\{0,1\}$ 変数であり，サービスを利用中の消費者からのみ外部性の影響を受けることを表している．サービスから得る効用 $R_i(t)$ は以下のように表す．

$$R_i(t) = \begin{cases} R_i^{\mathrm{act}}(t), & i \text{ がサービスを使ったとき} \\ R_i^{\mathrm{exp}}(t), & \text{その他} \end{cases}$$

$R_i^{\mathrm{exp}}(t)$ は購入前のサービスへの期待効用を，$R_i^{\mathrm{act}}(t)$ は購入して得られる事後効用を表す．サービスの期待効用，事後効用をそれぞれ平均 α，標準偏差 β_e, β_a を用いて，$R_i^{\mathrm{exp}}(t) = N(\alpha, \beta_e^2)$，$R_i^{\mathrm{act}}(t) = N(\alpha, \beta_a^2)$，とすることで非均質性を表している．$\beta$ の値を変化させることにより非均質性の大きさが変化する．詳細は省略するが，消費者の効用のうち外部性の項 $y_i^j(t)$ は，つながりのある友人 j の効用 $R_j(t)$ と，期待効用と事後効用の差である満足度 $S_j(t)$ からなり，プロスペクト理論の特徴を用いて不満足の影響のほうが大きいように設定している．

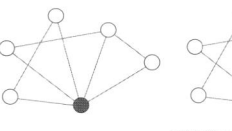

図1 消費者ネットワークにおける消費者エージェントの購買行動

○：未購入消費者
●：購入済消費者

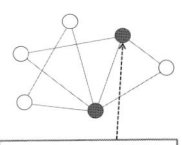

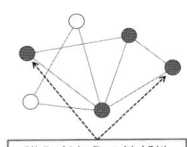

(a) 時刻 t
(b) 時刻 $t+1$ ：購入者からの外部性の影響により購入
(c) 時刻 $t+2$ ：購入者からの外部性の影響により購入

次に，消費者ネットワークについては，社会ネットワーク分析などで盛んに研究されてきている複雑ネットワーク[1]の知見を用いている．対面コミュニケーションやネット上でのコミュニケーションなど，種々の人のつながりのモデルが提案されており，本研究では代表的なレギュラーネットワーク（Reg），ランダムネットワーク（Rand），スモールワールドネットワーク（WS），スケールフリーネットワーク（BA），頂点非活性化ネットワーク（KE-1），SW頂点非活性化ネットワーク（KE-2）の六つを用いている．

c. サービス普及過程の一例

以上の消費者モデル，消費者ネットワークモデルを用いた計算機実験の一例を紹介する．消費者エージェント数を1000，閾値 $T_i = U(3, 6)$ の一様乱数，期待効用，事後効用の平均 $\alpha = 3$ とし標準偏差を0から0.1刻みで1まで変化させた場合の実験結果が図2である．

消費者ネットワークの特徴で結果は三つに大別できる．各消費者間のネットワーク上の距離の平均（平均頂点間距離）が小さく，凝集性（クラスタ係数）も小さいRandom・BAでは，外部性の情報がネットワーク全体に伝播しやすく，すべての消費者がサービスを購入するに至った．また，効用の非均質性の影響も小さいことがわかる．

次に，平均頂点間距離・クラスタ係数が大きいRegular・KE-1ではネットワーク全体への情報伝播が遅く，結果として普及率が低くとどまっている．また，非均質性が大きいほうが普及率が高くなるが，大きすぎるとかえって普及率が下がることが確認できる．これは非均質性が大きいと期待効用が大きく購入しやすい消費者が存在するため，早期に購入する消費者の数は効用が一定である場合より大きくなる．そのような早期購入者から外部性の効果によってつながりをもつ消費者たちの間で購入が広がっていくため普及率が高くなる．しかし非均質性が大きくなりすぎると，期待効用と事後効用の不一致から不満足を感じる消費者が多くなり，普及率は下がってしまうことになる．

平均頂点間距離が小さくクラスタ係数が大きいWS・KE-2では，Regular・KE-1とほぼ同様な傾向を示すが，ネットワーク上のショートカットの存在により情報が早く伝わるため，非均質性が小さいとその影響を受けにくい．

以上の結果は消費者ネットワーク構造と消費者効用の非均質性の観点から，ネットワーク構造の影響を受けにくく普及しやすい頑健なサービスは，消費者の期待効用と事後効用にある程度の非均質性があるサービスであることを示している．継続的に利用するサービスを対象とした結果を紹介したが，複数競合するサービス[3]や繰り返し利用するサービスの場合は異なった結果が得られることがあり，対象とするサービスや消費者ネットワーク構造によって適切なバラツキ具合を選択することが必要となることを示唆している．

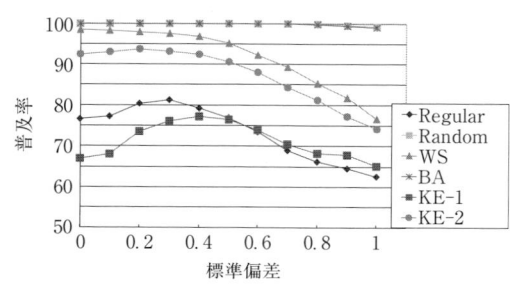

図2 各消費者ネットワークにおける普及率

3.3.2 サービスの社会受容の数理モデル化

松本光崇

　工学が社会に影響を及ぼすには工学的技術開発とともに開発技術の社会受容（social acceptance）や社会普及（social diffusion）が必要である．サービス工学も同様であり，サービスの生産性向上に寄与する工学技術の開発とともにその社会受容が必要である．またサービス業そのものの社会普及分析も重要である．社会経済の構造や環境が変化する中でサービス業へのニーズは拡大している．サービス工学やサービス業の社会受容の分析はサービス工学にとって重要な柱である．本項ではサービスの社会受容・社会普及の数理モデル分析の考え方を示すこととし，その最も基礎的なモデルである **Bass 普及モデル**（Bass diffusion model）と**消費者選好モデル**の内容と事例を示す．これらのモデルはこれまで主に製品の普及分析に用いられてきており，こうしたモデルを踏襲しつつ，今後サービスの普及分析モデルを構築していくことが求められる．

a. Bass 普及モデル

　Bass 普及モデルは最も基本的な普及分析モデルである[1]．耐久財などの普及の時間推移を数理的に記述するモデルである．特に普及の長期的な予測や分析に用いられる．耐久財などの普及数（率）の推移はS字型の形状を示すことが多い．図1は後述するいくつかのサービスの普及率の推移であるが，特に「テレビ放送」や「固定電話」は比較的わかりやすいS字型曲線である．Bassはもともと物理学や生物学で用いられてきたロジスティック曲線モデルに，購買行動の解釈を与えて普及モデルを定式化した．このモデルはシンプルなモデル構成でありながら高い予測精度をもつことが知られている．Bass 普及モデルの定式化は次のとおりである．

　t期の新規普及数 X_t が次式で表されることを仮定する．

$$X_t = (p + r \cdot n_t) \cdot (1 - n_t) \cdot N \tag{1}$$

ここで N は**最終普及数**（total market potential）であり，n_t は t 期の普及率（したがって $N \cdot n_t$ は累積普及数である），p と r はそれぞれ**革新係数**（coefficient of innovation），**模倣係数**（coefficient of imitation）と呼ばれる係数である．式（1）はわかりやすい仮定から導出されるが，ここではその仮定と導出過程は省略する．参考文献に記述がある[1,2,3]．

　式（1）は，t を連続値とすると $X_t = (dn_t/dt) \cdot N$ が成り立ち，以下の微分方程式を得る．

$$\frac{dn_t}{dt} = (p + r \cdot n_t) \cdot (1 - n_t) \tag{2}$$

境界条件を $n_{t=0} = 0$ とすると，式（2）を満たす n_t は次のとおりである．

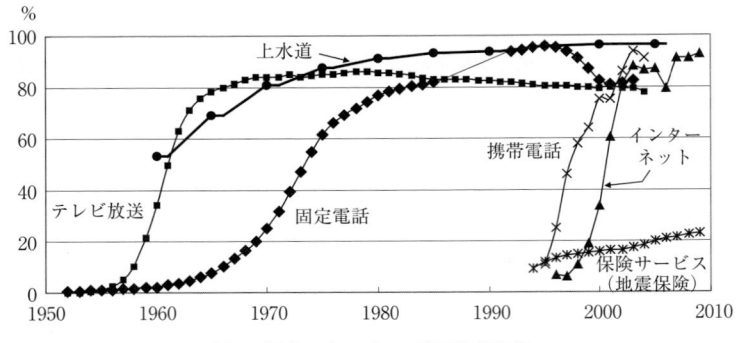

図1 過去のサービスの普及推移曲線
出典：総務省「日本の長期統計系列」(http://www.stat.go.jp/data/chouki/)．(社)日本損害保険協会（地震保険のみ）．注：「テレビ放送」は NHK テレビ受信契約数を世帯数で割った値．「固定電話」は住宅用加入件数を世帯数で割った値．

$$n_t = \frac{1 - e^{-(p+r)t}}{1 + (r/p) \cdot e^{-(p+r)t}} \qquad (3)$$

$N \cdot n_t$ が普及数の時間推移曲線の関数である．

このモデルを用いた普及予測は次のように行う[2,3]．普及推移の時間関数 $N \cdot n_t$ は，三つのパラメータ N, p, r の値を設定できれば決定される．パラメータ値の決定法は，予測対象製品がすでにある程度普及している場合は，それまでの普及推移（$N \cdot n_t$ の実績値）をもとにパラメータ値を推定する．一方，対象製品がまだ市場に投入されたばかりか，あるいはまだ投入されていない場合には，過去の類似の製品の普及推移曲線を参照し，そこから抽出されるパラメータ値を適用するなどして予測を行う．後者の方法がしばしば用いられるため，過去の製品普及のデータの蓄積が種々の普及予測や分析に必要である．

過去の普及データは，製品については整備されている一方[3]，サービスについては未整備である．図1はデータ入手が可能なもののうち，性質が異なるいくつかのサービスの普及推移を描いたものである．普及の速さや曲線の形状，最終普及率などにそれぞれの特徴がみられる．こうした特徴はサービスの特性や条件によって決定づけられるもので，さまざまなサービスの普及推移データの整備と蓄積が，サービスの普及分析のために必須である．

b. 消費者選好モデル

Bass 普及モデルはサービス普及の長期的マクロ的な時間推移の分析に重要である一方，サービス受容の短期的ミクロ的な分析や状況ごとの分析のためにはより詳細なモデルも必要になる．具体的には，普及には消費者（需要側）の選好や意思決定，供給側の販売戦略などが直接的に影響を及ぼし，その他間接的にステークホルダーや，制度や政策，市場環境，技術性能などの要因も影響を及ぼす．こうした要因を Bass モデルで明示的にとらえることはできない．分析の対象や目的に応じて種々のモデルが必要になる．その中でも最

も基本的で重要になるのが消費者選好のモデルである．

　消費者（サービス受容者）がサービスを構成するさまざまな要素（価格，新規性，ブランド，待ち時間など）に対してどの程度の重要度をおいているかを把握することは，サービスの普及分析にもサービスの設計上も重要である．こうした分析の代表的手法として**コンジョイント分析**（conjoint analysis）がある[2]．コンジョイント分析は1980年代に急速に発展しマーケティングなどで多く利用される実験計画法であるが，方法は，サービスについて複数の仕様を書いたカード（コンジョイントカード）をサンプル回答者に示し，回答者にカードを好みの順番に並び替えてもらう．結果を統計的に処理することで，回答者が平均でどの要素をどの程度重視しているかを定量的に抽出することができる．

　具体例として筆者が実施した自動車修理サービスに対するコンジョイント分析を示す．サービスを構成する要素として，価格，修理店の知名度，修理用の交換部品の新旧（新品か中古品か），交換部品のブランド（メーカ純正品か否か），の四つを取り上げ八つのコンジョイントカードを用意して，Web上で550名の回答者にカードを選好順に並び替えてもらった．価格の選択肢は，6万円，8万円，10万円の三つとし，コンジョイントカードとしては，（価格：10万円，修理店：有名店，交換部品：新品，交換部品：純正品），（価格：6万円，修理店：知らない店，交換部品：中古品，交換部品：純正品）など8種類を設定した．図2が分析の結果である．各要素の相対的な重要度を，修理価格に換算すると次のとおりであった．

　修理店が有名店：修理価格が3万3200円低いことに相当，交換部品が新品：修理価格が1万6300円低いに相当，交換部品が純正品：修理価格が1万5400円低いに相当．

　こうした分析から消費者がどういったサービスを受け入れやすく，また受け入れにくいかを把握することができ，また普及分析の基本データとなる．

　既存の普及分析モデルを参照しつつ，サービスの受容や普及を分析するためのモデルを構築し精緻化していくことがサービス工学の重要課題の一つである．

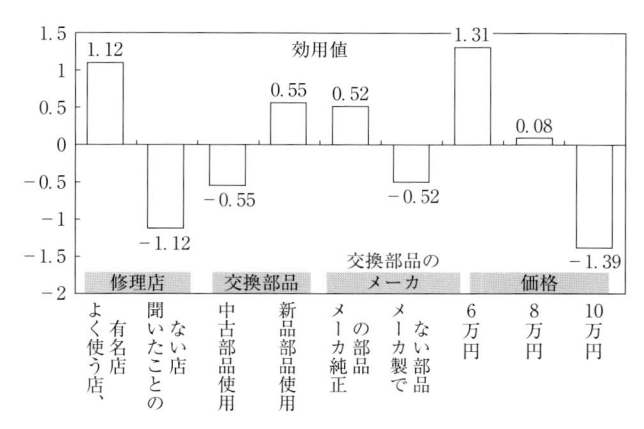

図2　コンジョイント分析の例：自動車整備サービスの分析結果（筆者作成）

3.3.3 会員サービスにおけるインセンティブ設計

西野 成昭

近年,会員型の枠組みを用いたさまざまなサービスが提供されている.たとえば,マイレージサービス,スポーツクラブ,ソーシャルネットワークサービス,カーシェアリングなど多種多様である.会員ポイントを付与し顧客ロイヤリティの向上を目指すものが多いが,利便性が向上する一方で他サービスとの連携など,サービス自体が複雑化され適切な設計が必要とされてきている.そのような観点から,経済産業省の報告書でもポイント利用に関して消費者保護が示唆され,適切な設計が必要であると述べられている[1].

会員型サービスの構造は経済学でいわれるクラブ財に相当するが,完全合理性の仮定をもとにした理論的なアプローチが多くを占める.また,会員ポイントなどの割引プログラムという観点では,マーケティング分野で,店舗での実証実験やアンケートなどを利用した研究や,ゲーム理論を用いたアプローチもなされている.関連研究については,先行論文[2,3]に一部をまとめているので参照されたい.

本項では,インセンティブ構造の異なる2種類の会員型サービスの数理的モデルを構築し,完備情報下での均衡分析に加え,マルチエージェントシミュレーション,実験経済学の手法に基づいた被験者実験で二つのメカニズムの違いを分析し,会員サービス設計の問題について議論する.

a. 会員型サービスモデル

1人のサービスプロバイダと,n人のサービスレシーバが存在し,T種類のサービスが価格P_Oで提供されているとする.サービスレシーバは,入会価格fを支払い会員になれば各サービスが利用可能となる.この基本枠組みにおいて,会員が割引価格で利用できる「**会員割引モデル**」と,サービス利用頻度に応じてポイントが蓄積し無料利用できる「**会員ポイントモデル**」の2種類を考える.

1) **会員型サービス1:会員割引モデル**

会員になると割引価格P_I($P_I<P_O$)でサービスを利用できる.ただし,非会員でも通常価格のP_Oで利用可能とする.サービスプロバイダは,fとP_Iを決定し,利得Πは以下のように定式化できる.

$$\Pi = fn_I + N_I(P_I - c) + N_O(P_O - c)$$

ここで,n_Iは入会人数,N_Iは会員のサービス利用回数,N_Oは非会員のサービス利用回数である.またcはコストを表す.

一方,サービスレシーバは,入会と各サービスの利用について意思決定を行う.サービスj($1 \leq j \leq T$)に対する留保価格(支払ってもよいと思う最大価格)をR_jで表し,その

組を $R=(R_1, R_2, \cdots, R_T)$ と定義する．なお，簡略化のためすべてのサービスレシーバは同じ R をもっているものと仮定する．このとき，サービスレシーバ i の利得 U_i は以下のように定式化される．

$$U_i = \begin{cases} \sum_{j=1}^{T} a_{ij}(R_j - P_I) - f & （会員の場合） \\ \sum_{j=1}^{T} a_{ij}(R_j - P_O) & （非会員の場合） \end{cases}$$

ただし，a_{ij} はサービスレシーバ i のサービス j に対する利用の意思決定を表しており，利用するならば1，利用しないならば0となる変数と定義する．

2) 会員型サービス2：会員ポイントモデル

会員になると，サービスを M 回利用する（M ポイントを蓄積する）と1回無料になるチケットを受け取り，1度だけ無料でサービスを利用できる．会員・非会員ともに利用価格は P_O とする．サービスプロバイダは f と M を決定する．このとき，プロバイダの利得 Π とレシーバの利得 U_i は次のように定式化される．

$$\Pi = fn_I + N(P_O - c) - P_O n_r$$

$$U_i = \sum_{j=1}^{T} a_{ij}(R_j - P_O) - f + r, \quad \text{ただし，} r = \begin{cases} P_O & （\sum_{j=1}^{T} a_{ij} \geq M+1 \text{ の場合}） \\ 0 & （\text{それ以外}） \end{cases}$$

ここで，N はサービス利用回数，n_r は無料チケットの利用回数である．

b. 理論的メカニズム

二つのサービスモデルについて，完備情報下の理論的メカニズムを明らかにする．紙面の都合上，解析的に求めた均衡解についての説明は割愛し，表1に示すパラメータ設定を用いて議論を進める．結果として，次のとおりナッシュ均衡が得られる．

会員割引モデル $f^* = 3000$, $P_I^* = 1100$，全員入会し，すべての i, j に対して $a_{ij}^* = 1$ となる．このとき，$\Pi = 3000$, $U_i = 1200$, 社会的余剰（各主体の利得の総合計）は4200である．

会員ポイントモデル $f^* = 600$, $M^* = 5$，全員入会し，すべての i, j に対して $a_{ij}^* = 1$ となる．このとき，$\Pi = 3000$, $U_i = 1200$, 社会的余剰は4200である．

以上のとおり，両会員型サービスにおいて，入会と利用の状態は等しくなるが，入会価格は異なり会員割引モデルのほうが高い．ただし，各行動主体の利得と社会的余剰は両モデルで等しい．

c. マルチエージェントシミュレーションと被験者実験による検証

先に完備情報下での均衡解を導出したが，実社会のサービスでは，入会意思決定をする段階では留保価格がわからないことが多い．そこで，留保価格の組 R がわからない場合（不完備情報）において，二つのモデルの違いを**マルチエージェントシミュレーション**と**被験者実験**によって分析する．シミュレーションでは，プロバイダとレシーバをエージェントとし，それぞれが強

表1 パラメータ設定

プレイヤ数	$n=1$
サービスの種類	$T=6$
コスト	$c=1100$
サービス価格	$P_O=1800$
留保価格	$R=(1600, 2400, 1600, 1200, 1600, 2400)$

表2 シミュレーション・被験者実験の結果

	シミュレーション		被験者実験	
	会員割引	会員ポイント	会員割引	会員ポイント
入会価格 f	3305	1176	3000（固定）	600（固定）
会員価格 P_I	1060	—	1100（固定）	—
無料チケット取得までの利用回数 M	—	4.04	—	5（固定）
プロバイダ利得	2993	2749	2290	2720
レシーバ利得	1138	1099	1860	1400
社会的余剰	4131	3848	4150	4120
入会率	100%	28%	60%	30%

化学習のアルゴリズムを搭載しており適応的に行動を学習する．一方，被験者実験ではレシーバの意思決定に着目し，プロバイダは均衡解に固定し被験者がレシーバ役として意思決定する．

実験結果を表2に示す．シミュレーション結果は十分に収束した行動解について100回の平均値を示し，被験者実験の数値は被験者全員の平均値を示す．シミュレーションの収束解をみると，会員割引モデルでは f が少し高いが完備情報の均衡解と近い状態が達成されているのに対し，会員ポイントモデルでは f が高く M が少なく，さらに入会率も低いことから，全体的に利得が減少し社会的余剰も低い．

一方，被験者実験の結果として興味深いのは，会員割引モデルの入会率が大きく減少している点である．情報が不備であるために，レシーバは得られる利得を予想し意思決定しなければならないことが強く影響している．その結果，プロバイダの利得は会員ポイントモデルのほうが高くなっている．これは，シミュレーション結果とまったく逆である．

d. 考察およびまとめ

たとえば映画館は，本項で扱ったタイプの会員サービスが多く使われている．一般価格は1800円であるが，数百円の会員割引がある．また，ポイント蓄積で1回無料となる場合も多い．情報の不備性に関していえば，公開される映画情報も完全ではないし，どの程度映画館に足を運ぶかも確かではなく，入会の段階で留保価格は通常はわからないはずである．つまり，映画館の会員サービスは本質的に不備情報である．

被験者実験の結果，完備情報の理論解と比べて会員割引モデルでプロバイダ利益の減少が顕著であることがわかった．しかし，シミュレーションでは減少は1割程度で，むしろ会員ポイントモデルのほうが減少割合が大きい．実際の人間の意思決定によって，パフォーマンスに違いが現れるため，計算上で利益が出るからといってプロバイダが安易に会員サービス設計をすると予想外の結果になることもある．

近年，サービスに関する科学的アプローチの重要性が注目されているが，本項で紹介したような数理的モデルを基礎にシミュレーションや被験者実験を用いた統合的アプローチで，サービス提供を事前に詳細分析し，検証することが必要であると考えている．

本稿は筆者らの論文[2,3]をもとに修正・加筆し，まとめ直したものである．

3.4 サービスの設計支援
3.4.1 創造的設計の支援技術

下 村 芳 樹

　計算機利用技術やネットワーク技術の継続的な発展と社会への急速な浸透は，膨大でかつ多種多様な情報を計算機上に蓄積し，それらを自在に閲覧することをすでに可能としているが，それらの情報を設計において知識として有効に利用するためには，いままでにはない知識管理の枠組みが必要である．筆者らは，設計者によって行われる高い創造性を有する設計を支援する計算機ソフトウェアを開発することを目的として，設計において重要な役割を果たしている知識およびそれら知識に対する操作を形式化することを行った[1]．そこにおいては設計者が行う設計を，個々の設計対象分野ごとに領域化された設計対象固有の知識群（領域知識）を用いて設計解を生み出す場合と，本来の設計対象とは本質的に異なる領域で行われた設計の事例，あるいは一見すると無関係と思われるような領域知識から新たな知見を得て設計解を生み出す場合の二つの場合に大きく分類している．そして既存の設計知識を単純に組み合わせることだけでは到底得られないような，高い創造性が要求される設計解を生み出す設計においては，アブダクション（abduction）と呼ばれる推論形態が重要な役割を果たしていることを指摘した．

　知識を互いに関連づける方法は一般に複数存在する．筆者らはこれら知識の関連づけに関する複数の手法を総合的に使用する環境を提供し，設計者による創造的設計を支援する知識統合環境を提案している[2]．設計とは，大局的には人工物に対する機能的な要求からその人工物を創造するのに必要十分な属性情報を獲得する過程である．一般に，与えられた属性と値の組を有するような人工物の機能を推定することは演繹的な操作をもって行うことが可能である．しかしその逆，すなわち，所与の機能を発現可能な人工物の属性を一意に特定することは一般に困難である．設計とは，この後者の操作に相当し，単純な演繹的操作のみで所与の機能を発現可能な属性を特定することはできない．つまり設計活動のモデル化を行うに当たっては，非演繹的操作を用いることの必然であり，筆者らが提案する知識統合環境もまた，アブダクションと演繹という二つの論理的概念操作に基づく設計過程モデルをその前提としている．

　米国の論理学者である Peirce によってその存在が主張された**アブダクション**とは，定理群から公理を発見するための論理的過程である[3]．アブダクションを知識を拡張する推論であると解釈すれば，設計におけるアブダクションとは，ある設計課題を解決しうる設計解を，既存の知識のみからは導出不可能であるような場合に，新たな知識を既存の知識に対して統合することにより，最終的な設計解を発見する知識操作プロセスであると考えられる．ここでいう知識の統合とは，領域に対して単に新しい知識を加えるだけでなく，これに伴う知識の再構成や修正を含む．

近年の急速に進む市場経済の悪化など，産業を取り巻く環境が激変する中，サービスの提供者もまた，競合相手との差別化を図るために高い創造性を有するサービスを顧客に提供することが求められている．このような背景のもと，サービスを「設計対象」として取り扱う議論に至ったことはごく自然な成り行きであった．サービスと製品を統合的に設計することにより，あるいは高い創造性を有するサービスを提供することにより，顧客要求の高度な充足を達成するためには，サービスが対象とする顧客要求を従来にない斬新な手段により満たすことが一つの方法である．そして創造的なサービスを設計するためには，先に述べたとおり，（サービスの）設計者が複数の異なる領域に属する知識を横断的に活用することが求められる．筆者らは，異なる領域に属するサービスが有する機能に関する情報を用いて，設計対象サービスの顧客要求を満たす斬新な機能を発想するための支援手法を提案している[2]．当該手法は，既存サービスの顧客要求とそれを満たす機能の対を知識化し，顧客要求と機能の間の類似性に基づき，設計対象サービスの新たな機能を発想することを支援する．しかしながら，この「顧客要求と機能の対」に関する知識を，人手により多量に蓄積することはきわめて困難である．そこで筆者らは，多量の情報・知識が蓄積されている現代の代表的情報リソースであると考えられるインターネット上のWeb情報を仮想的な知識データベースと見なし，因果関係に基づいて表現した知識を自動で抽出し，データベースに格納する手法をあわせて提案している．

以上の研究・開発に先立ち，筆者らは設計対象であるサービスにおける顧客の要求を満たすための機能を構造化することにより，サービスの実現構造を表現する方法を構築している．当該手法により表現されるサービス実現構造では，顧客要求を **RSP**（receiver state parameter）と呼ぶパラメータにより表現し，RSPの変化を実現する構造をツリー構造状に機能展開し，記述する．一つのRSPに対しては，それを顧客が望む方向に変化させうる機能を段階的に詳細化し，最下位機能には機能を実現するために必要な製品・人・組織などの実体を紐づける．加えて，機能には機能の発現度合いを表現する機能パラメータ（function parameter），実体には実体の属性情報を表現する属性パラメータ（attribute parameter）がそれぞれ定義される．すなわち，本構造表現においては，顧客要求の高度な充足を実現するためには，多様な視点からRSPを満たす機能を発想することが重要な設計戦略となっている．

すでに述べたように，データベースに知識を多量に蓄積するためには，その作業を人手に頼るのではなく，計算機による自動蓄積が可能であることが必須である．そこで筆者らは，多量で多様な情報・知識を含むと考えられるインターネット上のWeb情報より，計算機が自動で設計の知識をデータベースに蓄積し，設計者に知識を提示することで，サービスを構成する斬新な機能を設計者が発想することを支援する手法（universal abduction studio：UAS，図1参照）を提案している[2]．その具体的実現手段においては，まず，Webクローラと呼ばれる技術を用いて，Web上に自然言語で記述された文書を自動的に計算機が収集することにより，設計の知識を取得する．たとえば，既存の製品・サービスにかかわる代表的な情報リソースであるWeb上のプレスリリース記事に対して，Webクローラツールを適用し，プレスリリース記事を計算機が自動取得する．一般に大手マスコ

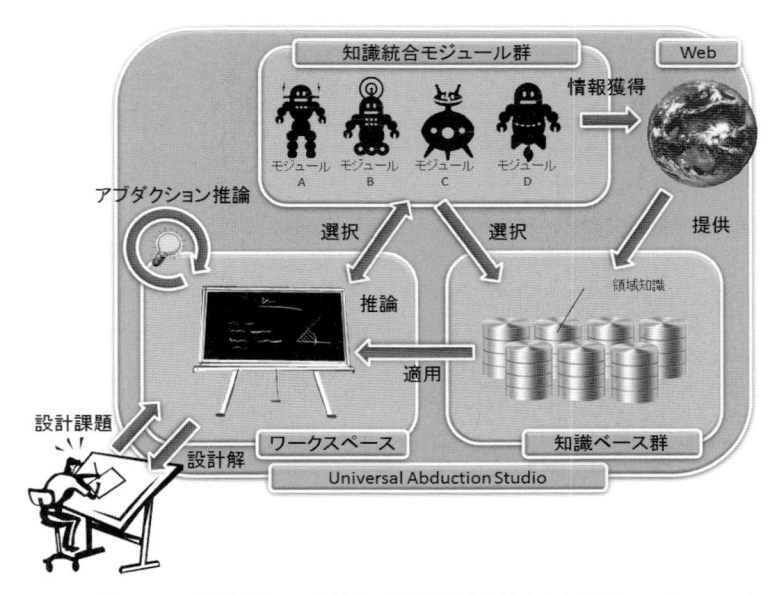

図 1 Web 情報を用いて設計者の問題解決を支援する UAS システム

ミが管理するプレスリリース記事は，一般的な刊行物であるため信頼性の高い情報源であるばかりでなく，新製品や新しいサービスに関する最新の設計情報を数多く含んでいる．結果的に，Web 上のプレスリリース記事には，先に述べた RSP を満たす機能を設計するために有効な情報・知識が多数含まれると考えられる．しかしながら，自然言語の PR 記事全文には，RSP を満たす機能を発想するために有効な情報・知識とは到底見なせない，サービス設計には不要と思われる記述内容も当然多く含まれている．すなわち，プレスリリース記事全文を，サービス設計者に提示するだけでは，不要な情報を排除し，有用な情報だけを抽出するという新たに作業負担をサービス設計者に強いることとなってしまう．そこで筆者らは，一般的な知識表現の形式として広く用いられている因果関係に基づく知識表現（以下，**if-then 型知識**）の形式に基づいてプレスリリース記事に含まれる知識情報を抽出する方法をあわせて提案している．目的（結果）を実現するためにどのような手段（原因）をとるべきであるかを示す if-then 型の知識表現形式は，サービス設計者が RSP を満たす機能を発想する際においても，一般的でかつ有用性の高い知識表現形式であるといえる．if-then 型知識は，知識工学などの研究分野において古くから広く利用されているばかりでなく，設計者を含む人にとって容易に理解可能な知識の表現形式であることから，筆者らが目指す設計支援に適した知識表現の形式であった．以上で紹介した手法は，すでにエレベータの設計・設置・管理サービスなど，実際のサービス設計に試用されはじめている．

3.4.2 製品サービスシステムの設計とモジュール化

古賀　毅

a. 売切型ビジネスの限界

1) これまでの日本のビジネスモデル

　日本が外貨を得るビジネスモデルは主に，原油・鉄鉱石などの原材料を輸入し，輸送機械や家電などの工業製品に変え付加価値を付与し，販売することであった．このビジネスは，高品質で安価な工業製品を大量に供給する，という **売切型のモデル** であるといえる．
　近年，新興国の成長に伴い，市場における品質・コストの競争が激化し，単なる売切型ビジネスだけでは利益が確保できない状況になっている．戦略を転換し，レッドオーシャンから脱却することが求められている．

2) 売切型ビジネスがつくったゆがみ

　売切型ビジネスとは，主に工業製品を製造し販売することが，利益の中心となっているビジネスのことである．つくって売るまでが仕事であり，売ったあとのことには重きをおかない，というパラダイムが長く続いた結果，現在ではデフレでも大量供給が止まらない，という構図が発生している．この構図は，700万戸以上の家余り（2008年住宅・土地統計調査）にもかかわらず新築マンションが大量に供給される住宅市場や，値崩れの速度が速い大型液晶テレビ市場などでみることができる．

3) システム構造の問題

　売切型ビジネスからなかなか脱却できない要因の一つに，システムの構造の問題が存在する．雇用を確保し，国内総生産を維持するために，多く製造し消費する，という循環を保とうとする構造が設計されている．たとえば高額の住宅ローンが容易に借りられる結果，手を入れればまだ居住可能な家屋が取り壊され，現在も新築マンションが大量に供給されている．自動車は，フルード系や消耗品のケアをきちんと行えば，10年程度は問題なく機能するにもかかわらず，法定耐用年数は6年のままである．このように，技術水準と乖離して短い耐用年数の設定や，給与所得者の消費行動に対して多額の融資が容易に承認される判断基準は，いずれも売切型ビジネスを助ける構造になっている．売切戦略を脱却するためには，システムの構造から抜本的に改革する必要があるといえる．

4) 売切型ビジネスのデメリット

　売切型ビジネスの最大の弱点は，つくる人，売る人，使う人，修繕する人，改装する人がばらばらになってしまうことである．たとえば50年以上使われるタンカーやマンションの販売1年後を，設計者が把握していない場合がある．その結果，設計意図が伝わらず修繕が高価となり，効果的な改装が行えず，海賊品の利用が横行し，ブランド力の喪失につながっている．このデメリットは保有コストを押し上げ，トータルでは顧客の損につな

がってしまう．

b. 製品サービスシステムによる高収益ビジネスへの転換

1) 顧客は何を求めているのか

　顧客の意思決定は，販売時の価格に影響されがちであるが，本当は運用を考えた生涯の保有コストを削減し，品質を高く保つことで，**生涯価値**を最大化することを求めていると考えられる．メンテナンスの品質向上は，2次市場での価値向上にもつながる．良質な修繕で資産価値が目減りしなければ，バランスシート上で経済活動に回すぶんを多くとれるという価値がある．究極的には顧客は，運用の過程で成長し，価値が増す工業製品を欲すると考えられる．そのためには，製品とサービスを統合し，機能モジュール単位で設計・運用保守・アップグレードを行っていく仕組みが必要であるといえる[1]．

2) 製品サービスシステムとは

　工業製品というモノの売切型ビジネスから脱却し，**生涯ビジネス**に進化するためには，保守し修繕し，アップグレードするという一連のサービス活動を考え，高度化する必要がある．もはやモノ単一では差別化が困難である以上，サービスとモノを統合し，パッケージングして価値を提供することが求められる．モノとサービスを手段ととらえ，一つのシステム（＝**製品サービスシステム**）として価値を提供する仕組みを構築してはじめて，売切型のレッドオーシャンから脱却し，生涯価値を創出する新たな顧客との関係を築き，高収益ビジネスへ転換することができる（図1）．

c. 製品サービスシステムの設計とモジュール化

1) 限りない顧客要求への同期

　多様な顧客要求と，生涯にわたるサービスを両立させるのは，容易なことではない．製品とサービスからなるシステムは，分野や領域をまたぎ，複数のステークホルダから構成される複雑なシステムとなる．多様な顧客要求を，複雑なシステムによって満足する際に**モジュール化**は大きな武器になる．複雑な製品とサービスのシステムを，**機能モジュール**

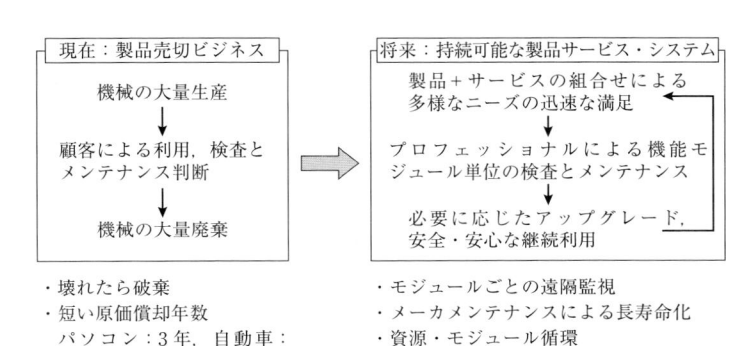

図1 製品・サービスシステムによるイノベーション

現在：製品売切ビジネス
- 機械の大量生産
- 顧客による利用，検査とメンテナンス判断
- 機械の大量廃棄

・壊れたら破棄
・短い原価償却年数
　パソコン：3年，自動車：6年，木造家屋：17年など

将来：持続可能な製品サービス・システム
- 製品＋サービスの組合せによる多様なニーズの迅速な満足
- プロフェッショナルによる機能モジュール単位の検査とメンテナンス
- 必要に応じたアップグレード，安全・安心な継続利用

・モジュールごとの遠隔監視
・メーカメンテナンスによる長寿命化
・資源・モジュール循環
・ユーザとともに成長

に分割することで,モジュール単位で品質を向上し,多様な要求をモジュールごとに,あるいはモジュールの組合せで満足できるようになるからである[1].

2) Win-Win ビジネスのための機能モジュール分解

製品とサービスから成るシステムにおける価値提供の過程は,非常に複雑なものになる.このため顧客と提供者だけでなく,提供者も機能ごとに分担し,お互いに Win-Win の関係を築くことが重要になる.製品とサービスのシステムを,機能ごとに分解することで,お互いの接点をはっきりさせ,責任体系を明確化し,伝達が可能となる.

3) モジュール化の技術

このシステム構造の理解や価値提供のプロセスの把握のために,モデリングが重要な役割を果たす.さらに,機能分解のために,モジュール化の技術が発展している.製品サービスシステムは,ハードウェアとソフトウェアから構成されるため,モデリングには双方に記述能力がある **SysML**(system modeling language）が有望である[2].また,モデル化されたシステムを構造化する手法として,**DSM**（dependency structure matrix）が有効である[3].

図2は,検査や修繕などといったサービスと,その対象を表す製品の関係をシステムとして表現し,機能モジュールに分解した結果を表している.DSM でパーティショニングした結果,モデルのネットワーク構造から二つの**クラスター**を得る.クラスターは,製品とサービスの組合せで発現する機能的なまとまりを意味している.このため得られたクラスターは,製品サービスシステムの機能モジュールとして認識できる.

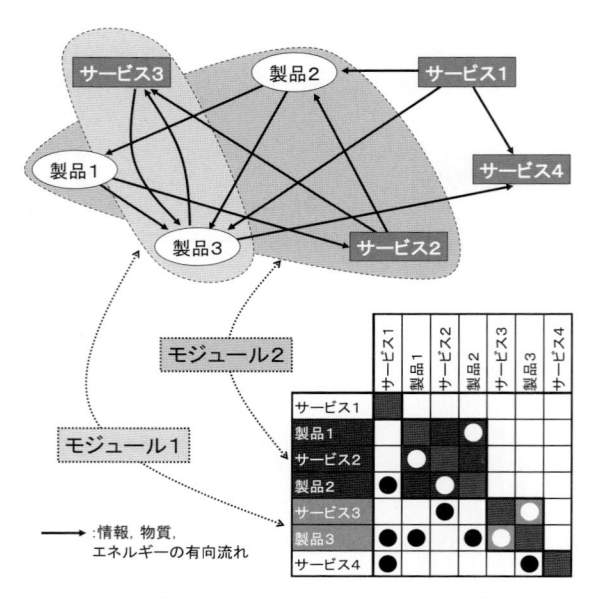

図2 製品・サービスシステムのモジュール化

3.4.3 計算機による設計支援システム

原　辰徳

ものづくりの分野においては，設計・解析作業を計算機上で支援するソフトウェア（CAD・CAEシステム）が産業界において普及し，製造業の高生産性に大きく寄与している．サービス産業においても，顧客満足度と効率性の向上の双方を支援するためのサービス用のCAD・CAEシステムの実用化が望まれる．本項では，これまでに本章で述べたいくつかの手法を組み込んだサービスの設計支援ソフトウェア **Service Explorer** を紹介する．

a. サービスCADシステムとは何か

日本においてサービス政策・研究活動の重要性が強く指摘され始めたのは，2004年頃のことである．これよりも少しさかのぼった2002年，東京大学人工物工学研究センターにサービス工学研究部門が設置された．そこでの一連のサービス工学研究では，経済活動や人間の活動全般におけるサービスを対象に「サービスづくり」のための道具立てをサービスCADシステムとして構築してきた．CADといえば幾何学形状の製品設計ツールをイメージするのが一般的である．しかしながら，このCADシステムでは3.1.1項や3.2.1項での図に示されるように，機能，実体，活動を主たる設計要素とし，その語彙表現のネットワークを構築することで，サービスの上流設計を支援するツールである．サービスCADシステムの構築は，①大規模化・複雑化したサービスへの対応，②サービスの人材教育の効率化と知識継承，③新たなサービスの創出支援，を実現するうえで重要な役割を担うことが期待されている．

b. Service Explorerの開発

より具体的には，Service Explorerと呼ぶ**サービスCADシステム**の開発を行っている．これは，2002年に発足した産学連携型の研究会「サービス工学研究会」においてサービスモデリングに関する基礎調査を開始後，産業界に対して研究の意義を示すためには目にみえる具体的な成果物が早期に必要であるとの合意のもと，理論構築と並行して開発を行ってきた．最新バージョンであるService Explorer Xi（クシー）はJava, Eclipse Rich Client Platform（RCP），その他複数のEclipse関連技術（http://www.eclipse.org）を用いて実装されており，利用目的に合わせた構成のカスタマイズと，プラグインによる機能拡張が容易となっている．Service Explorerのコンポーネント構成図については，参考文献2に詳しい．Service Explorer Xiにおけるサービスのモデル化，評価，設計プロセスに対する支援機能を表1に整理する．

表1　サービス CAD システム Service Explorer の機能

設計 プロセス	機　能
モデル化	ペルソナを用いた受給者像とその要求のモデル化（顧客分析支援），サービスの機能と実体をモデル化（3.1.1項に対応），サービスの提供プロセスをモデル化（3.2.1項に対応），サービスの利害関係者間の関係をモデル化（合意形成支援）
評価	AHP（analytic hierarchy process）[1] 手法を用いたサービス受給者の状態パラメータ（RSP）の重要度評価，品質機能展開（quality function deployment：QFD）と Dematel[1] 法を用いたサービスの構成要素の重要度評価，提供機能の品質に基づくサービスの満足度評価（3.1.3項に対応），サービスのプロセス・シミュレーション
設計	オントロジーとサービス事例を用いた類推推論と仮説推論による改善案の導出（3.4.1項に対応），コンポーネント DSM（design structure matrix）によるクラスタリング，TRIZ によるサービス設計解に潜む対立構造の発見と解消

Service Explorer では，サービスの見える化を基本としながら，その設計をマーケティング，工学設計の双方の視点から効率的に進めることができる．さらに，語彙表現の関係を演算対象としており，サービスの全体像を統一的な観点により表現可能であることから経営者，マーケティング従事者，エンジニア間の情報共有/デザインレビューツールとして高い評価を受けている．また，サービスの意義と特徴を顧客に効果的にアピールするための有効な手段としても期待されている．そして，サービス工学研究会および欧州の大学との連携を通じて，Service Explorer を用いた機器保守，ホテルサービスなどの高付加価値化，既存の製造業製品のサービス化に関する多くの実績を達成している．近年では，人材派遣，eラーニング，観光サービスなどの属人的な要素が強く現れるサービスの解析とその改善設計に取り組んでおり，これらを通じた継続的な開発が期待される．

c.　Service Explorer によるサービスの統合設計

表1に示したとおり，Service Explorer 上でのモデル化の主対象は，顧客要求，機能および提供プロセスである．より詳しくは3.1.1項と3.2.1項で述べたモデルにしたがって，図1に示すような受給者の状態，機能，提供プロセス，実体間に論理的なつながりが存在し，計算機内部に保持されている．これにより，異なるエディタが連携して動作し，機能と提供プロセスモデルの相互利用によるサービスの統合設計[3] が可能である．同様に，提供プロセスに基づいた顧客満足度評価のように，多様な見方が存在するサービスシステム全体を，受給者の視点から整合をとったうえで評価できる．

d.　Service Explorer による数理的評価手法

製品開発の場合，製品モデリングと特性解析が通常リンクして実施される．たとえば製品の機能と構造が決まれば，有限要素法，熱解析などの CAE ツールなどを使って，さまざまな特性をシミュレートできる．同様にサービスにおいても，具体的なモデルをもとにした特性値の解析が可能となれば，サービスの改善における合理的な意志決定を期待できる．表1に示したように，Service Explorer には，受給者の要求やサービスの構造を解析し，

図1 機能と提供プロセスの相互利用によるサービスの統合設計の方法

(a) AHP法による要求の重要度の評価

(b) プロスペクト理論を用いた満足度の評価関数の設定

(c) QFDとDematel法による構成要素の重要度評価

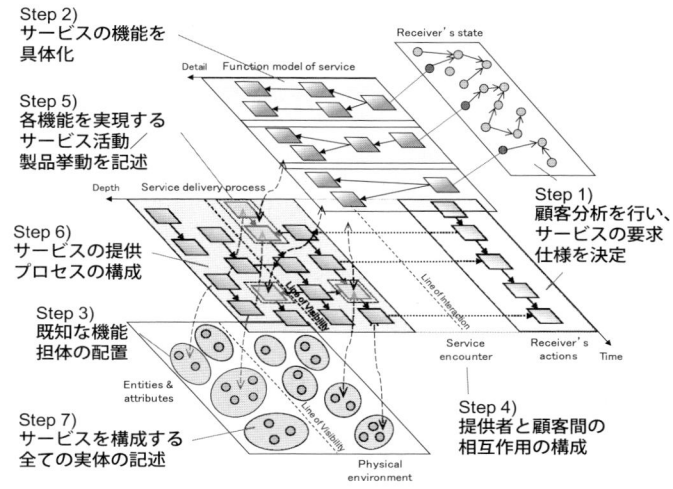

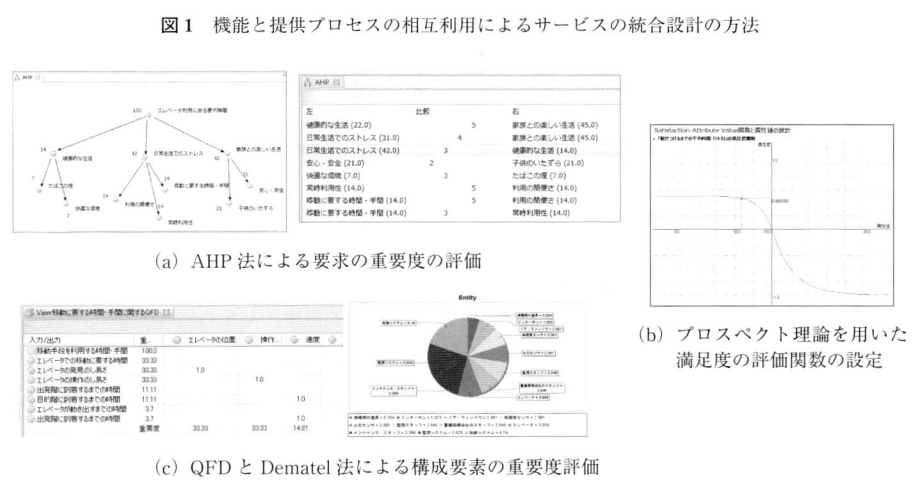

図2 Service Explorerの数理評価機能の例

人間の意志決定を支援するための数理評価機能が多く備わっている．図2(a)は，AHP法による階層構造に基づいた一対比較によって受給者の要求の重要度の評価画面を，図2(b)は，3.1.3項で示した顧客満足度の評価関数の設定画面を，図2(c)は，受給者の要求を入力としたQFDとDematel法によるサービスの機能と実体の重要度の評価画面を示している．

本項では，サービスCADシステムの一つであるService Explorerを紹介した．サービス工学分野において，設計研究ならびにサービスCADシステムは，理論・実用の両面において途上段階であり，今後の急速な発展が待ち望まれる．

3.4 サービスの設計支援　　125

参考文献

3.1.1
1) G. ポールほか/設計工学研究グループ訳,『工学設計一体系的アプローチ』, 培風館 (1995).
2) 新井民夫ほか, "サービス工学ー製品のサービス化をいかに加速するかー", 一橋ビジネスレビュー 2006 年秋号, **54**(2), (2006), 52-69.
3) T. Hara, et al., "A CAD system for service innovation : integrated representation of function, service activity, and product behavior", *J. of Eng. Design*, **20**(4), (2009), 367-388.

3.1.2
1) 寺野寿郎,『システム工学入門ーあいまい問題への挑戦』, 共立出版 (1985).
2) 岸 光男,『システム工学』, 共立出版 (1995).

3.1.3
1) V. A. Zeithaml, et al., *Marketing of Services*, American Marketing Association (1981).
2) 狩野紀明ほか, 品質, **14**(2), (1984), 39-48.
3) D. Kahneman, et al., *Econometrica*, **47**(2), (1979), 263-291.

3.2.1
1) G. L. Shostack, "How to Design a Service", *European J. of Marketing*, **16**(1), (1982), 49-63.
2) M. ハーベイ/長瀬嘉秀, 永田 渉監訳,『詳説ビジネスプロセスモデリングーSOA ベストプラクティス』, オライリージャパン (2006).
3) 原 辰徳ほか, "受給者視点でのサービス提供プロセスの構造解析手法", 日本機械学会論文集 C 編, **75**(756), (2009), 2128-2135.

3.2.2
1) 黒田 充ほか,『生産スケジューリング（経営科学のニューフロンティア 11）』, 朝倉書店 (2002).
2) M. Cheng, et al., "Dynamic Scheduling in Inpatient Nursing", *Int. J. of Automat. Technol.*, **3**(2), (2009), 174-184.
3) M. Cheng, et al., "Dynamic Scheduling-based Inpatient Nursing Support—Applicability Evaluation by Laboratory Experiments—", *Int. J. of Autonom. Adapt. Commun. System*, **5**(1), (2012), 39-56.

3.2.3
1) 吉川弘之, "サービス工学序説ーサービスを理論的に扱うための枠組みー", *Synthesiology*, **1**(2), (2008).
2) Y. Makino, K. Furuta, T. Kanno, S. Yoshihara, and T. Mase, "Interactive Method for Service Design Using Computer Simulation", *Service Science*, **1**(2), (2009), 121-134.
3) T. Fujii, T. Kanno, and K. Furuta, "Modeling Dialysis Service in Disaster for the

Assessment of Its Resilience", *Proc. European Safety and Reliability Conf.*, (2010), 2382-2386.

3.3.1
1) 増田直紀ほか,『複雑ネットワークの科学』, 産業図書 (2005).
2) N. Fujii, et al., *Int. J. of Organ. Collect. Intel.*, **2**(1), (2011), 46-62.
3) 藤井信忠ほか, 計測自動制御情報学会論文集, **48**(5), (2012) (掲載予定).

3.3.2
1) F. M. Bass, "A new product growth model for consumer durables", *Management Science*, **15**, (1969), 215-227.
2) 片平秀貴,『マーケティング・サイエンス』, 東京大学出版会 (1987).
3) 松本光崇ほか, "産業技術の社会受容", シンセシオロジー, **2**, (2009), 23-31.

3.3.3
1) 経済産業省,『企業ポイントのさらなる発展と活用にむけて』, (2007).
2) 西野成昭ほか, 2010年度人工知能学会全国大会論文集, (2010).
3) 藤田宏介ほか, 人工知能学会誌, **26**(1), (2011), 190-198.

3.4.1
1) 下村芳樹ほか, 日本機械学会論文集C編, **72**(713), (2006), 274-281.
2) 米盛祐二,『パースの記号学』, 勁草書房 (1995).
3) K. Takahashi, et al., *Practical Aspects of Knowledge Management* (T. Yamaguchi, eds.), Springer (2008), 173-184.

3.4.2
1) T. Koga, H. Aoki, and K. Aoyama, "A Modular Design Method for Scenario Embedded Product", *New World Situation: New Directions in Concurrent Engineering*, Springer Verlag, DOI: 10.1007/978-0-85729-024-3_21, 181-190.
2) Object Management Group, SysML Version 1.2 as a formal specification, http://www.omgsysml.org/.
3) スーパーコンピューティング技術産業応用協議会編,『産業界におけるコンピュータシミュレーションの活用』, ISBN978-4-9903316-1-0, 27-57.

3.4.3
1) 木下栄蔵,『入門AHP―決断と合意形成のテクニック』, 日科技連出版社 (2000).
2) 内藤 耕編,『サービス工学入門』, 東京大学出版会 (2009).
3) 原 辰徳ほか, "サービス工学の提案（第3報）サービス活動の導入による機能・属性表現の統合―", 日本機械学会論文集C編, **74**(745), (2008), 2321-2330.

第4章 適用

　サービス提供現場は，その場の状況，顧客ニーズ，従業員のスキルなど実に多様な変数が存在するため，いかに正確に観察，分析，設計をしたとしても，サービス提供現場においてサービス価値を設計したとおり実現することは困難である．本章では，サービス提供現場を対象とした実践的「適用」支援技術について紹介する．成熟社会の到来に伴い顧客ニーズは多様化しているため，サービス提供現場では設計されたサービスをその場の顧客ニーズに適合するようにカスタマイズすることが求められる．そのため，サービス提供現場における顧客ニーズ，購買行動の理解技術に基づいたサービス提供現場支援技術の導入が求められている．一方，サービス品質は従業員のスキルに大きく依存するため，設計されたとおりのサービスを提供するためには，認知心理学やエスノグラフィなどの知見を導入した新たな従業員教育支援技術，ITやロボットによる従業員支援技術，IEやVRを活用したサービス提供現場支援技術を複合的に導入することが求められている．

　4.1節では，大規模データモデリング技術を活用した顧客のライフログ分析に基づいたサービス適用現場支援技術，およびデジタルサイネージや意思決定支援技術を活用したサービス提供現場における顧客，従業員支援技術について紹介する．4.2節では，サービス提供現場における従業員支援を目的としたロボット技術について俯瞰的に紹介するとともに，医療サービス分野におけるロボット導入事例を紹介する．4.3節では，バーチャルリアリティー（VR）およびインダストリアルエンジニアリング（IE）の技術をサービス提供現場に導入することによって，サービス産業の中でも特に労働生産性の低い労働集約型サービス産業における従業員支援技術について紹介する．4.4節では，認知心理学，認知的クロノエスノグラフィなどの知見に基づいたサービス提供現場の観察に基づいた従業員教育支援技術，および行動シミュレーションを通じて高品質サービスを実現するエンターテイメント分野における従業員教育支援技術を紹介する．　　〔新村　猛〕

4.1 ライフログを活用したサービス適用

4.1.1 大規模データからのユーザモデルの構築と活用

本村陽一

a. はじめに

サービスの特性はサービス提供と消費が同時に行われ，その品質はサービス利用者や状況に依存し，保存できないという同時性，異質性，消滅性に起因している．また提供されるサービスの評価は利用者（ユーザ）と状況に依存していることから，人の心理や行動，状況といった情報の技術的な取扱いが本質的な課題になっている．

具体的には，利用者の心理的要因や状況依存性や集団の偏りに基づく不確実性などに対処するためには，大規模データに基づくユーザモデリングが有用である．ここでは，サービス現場で観測される大量のデータからユーザモデルを構築することで，最適設計ループを実現する取組みについて述べる．

b. ベイジアンネットによるユーザモデル構築と情報推薦

サービスにおける異質性に対処するため，ユーザの嗜好性を表すユーザモデルを導入する必要がある．しかし，ユーザモデルは明示的に書き表すことは難しく，サービスを通じて得られた大規模な観測データから逐次構築する機械学習的なアプローチを利用する．ユーザの嗜好性は多くの要素と関係しているが，それは線形独立な関係ではなく，状況にも依存するための交互作用を含むものになる．さらにユーザの集団の偏りや，行動がいつも同じとは限らないといった不確実性を含むものであるが，そこでは正規性の仮定が成立するとは限らない．そこでベイジアンネット（図1）[1]を適用し，非線形で交互作用を含む比較的複雑な計算モデルを構築する．ベイジアンネットは確率変数をノードとするグラフ構造と，各ノードに割り当てられた条件つき確率分布群によってモデルが定義される．ベイジアンネットは人工知能分野で研究されてきた確率推論のための計算モデルで，最近大規模なデータからモデルを自動構築する機械学習プログラムと組み合わせて実用化が進んできている．各変数の条件つき確率分布は，**条件つき確率表**（conditional probability table：CPT）として表現され，これは大量のデータがあれば簡単に求めることができ，分布系を仮定しないノンパラメトリックな分布であるため，非正規性，非線形性，交互作用を含んだモデル化に向いている．

このベイジアンネットを使って，消費者の嗜好性をモデル化し，提供するサービスの最適化

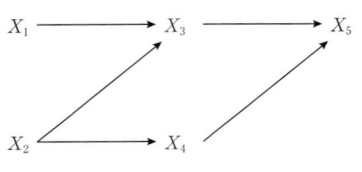

CPT：$P(X_4/X_2)$

X_4 \ X_2	0	1
0	0.8	0.4
1	0.2	0.6

図1 ベイジアンネット

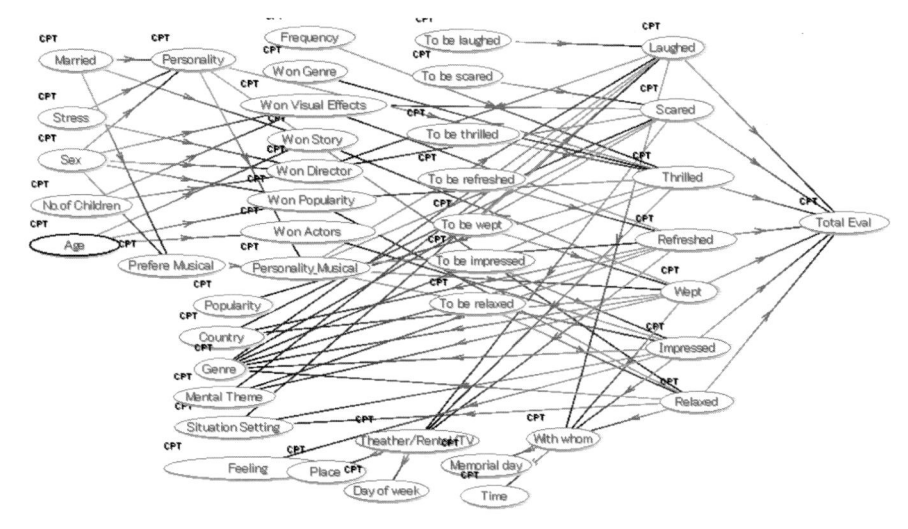

図2 映画推薦のために構築したベイジアンネット

に応用することができる．特に多種のコンテンツを提供する情報推薦サービスにおいてコンテンツ属性を変数として用い，さらにユーザ属性や状況を表す変数もベイジアンネットのノードとしてモデルに組み込むことで，状況やユーザの傾向に応じたコンテンツ推薦によるサービス品質の向上が可能になる．携帯電話サービスのためにベイジアンネットを用いた映画コンテンツを推薦する事例[2,3]では，約1600名の被験者，200種類以上の映画コンテンツについてのアンケート調査により収集したユーザ属性，コンテンツ属性，コンテンツ評価履歴からベイジアンネットモデルを構築した（図2）．アンケートでは年齢・性別・職業などのデモグラフィック属性のほかにライフスタイルなどに関する質問項目，さらに映画視聴に関する態度属性として鑑賞頻度，映画選択時の重視項目，映画をみる主要目的（感動したいなど7項目），コンテンツに対する評価{良い・悪い}，そのときの気分（感動したなど7項目）などを収集し，さらに約1000人について別途，各映画コンテンツについて，どんな気持ちや状況で，どこで（映画館，DVDで家），誰と何人で，どんなときに，鑑賞するか，を自由記述文により収集した．このべ2700件のデータからどのような映画（属性）をどのような状況（同行者，場所，気分）で見たいか，という関係を確率的に表現するベイジアンネットモデルを構築した．

このベイジアンネットをユーザモデルとして使うことで，あるユーザが特定の状況にあるということを条件として固定し，見たいと思われる確率が高くなるような映画コンテンツの候補を求めることができる．つまり状況とユーザの嗜好性に応じて最適な映画を推薦することができる．

この**映画推薦システム**はKDDI研究所が運営するauoneラボという一般に公開されたサイトにおいて2007年からのべ約7000件の推薦を実行した．その推薦履歴からさらにモ

デルの再学習を行うことで推薦精度が向上する仕組みにより，実際のユーザの嗜好性を反映することができる．またベイジアンネットは映画の属性やユーザ属性，状況属性のどれに対しても推論が実行できるため，あるユーザと状況に対して最適なコンテンツを求めるだけでなく，あるコンテンツに対して最も視聴する確率の高いユーザ層や，その際の状況なども推論することができる．この仕組みにより，映画として公開が終わったあとのDVD販売戦略の最適化への応用もできる[4]．これは映画推薦サービスを通じて得られた大規模データから再利用可能なユーザモデルを構築し，マーケティングに再利用した事例といえる．この枠組みをさらに拡張し，さまざまなサービスで観測されるデータから人の生活行動モデルを構築し各種のサービスにおいて活用するという枠組みも考えられる．

c. おわりに

サービス工学研究の難しさは，現場における複数の人の相互作用（コト）を対象とすることにある．したがって，日常場面におけるデータの収集と分析が必須になる．そのために，実サービスと調査・研究を一体化すべきであるとする「**サービスとしての調査・研究**（research as a service）」と呼ぶアプローチが考えられている[5]．ここでは調査・モデル化の段階とそのモデルを用いたサービスを切り離すことなく，サービスを日常環境で実行しながら，観測や利用者のフィードバック（心理的調査）の結果を網羅的に収集し，モデルを常に修正していく．さらにそのモデル上であるべき理想的な状態の確率が高まるような最適化を行い，そのよい状態を社会に反映する，という一連の流れである（図3）．この枠組みは古くは K. Lewin が提唱した研究を実フィールドの中で実践することで新しい価値を生み出すというアクションリサーチにも通じるものである[6]．

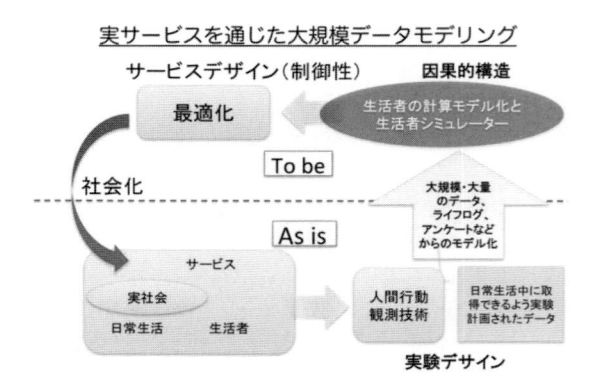

図3 大規模データに基づくアクションリサーチ

4.1.2 小売業のID-POS活用事例

竹 中　　毅

　POS（point of sales）とは，販売時点において，個別の商品の販売情報を管理する基幹システムのことを指す．これは，増え続ける商品情報をバーコードによって管理できるようにするとともに，従業員のレジ打ちでのミスや不正を防ぐシステムとして，1970年代に米国で開発されたものである．具体的には，商品コード（日本では**JANコード**が統一規格）が埋め込まれたバーコードを，スキャニングシステムによって読み取ることで，商品の販売管理を行う．これにより，管理できる商品数が大きく増え，大規模な店舗の運営が可能となった．日本では，セブンイレブン社がこのシステムを1982年にコンビニエンス業態に本格的に導入するとともに，そこから得られる詳細な販売情報をもとにマーチャンダイズやマーケティングを行うという大きなパラダイムシフトをもたらした．

　POSによって取得された情報は基本的にはレシート情報であり，通常，**ジャーナルデータ**と呼ばれている．また，それらをまとめたもの，たとえば個々の商品の販売数量や売上げの時系列情報は**スキャナーデータ**と呼ばれる．スキャナーデータは，店の全体の販売情報に相当し，誰が買ったかという情報は付与されていない．そこで，特定の消費者の情報が付与されたスキャナーデータのことを，**スキャンパネルデータ**と呼ぶことがある．このような情報を得る方法はいくつかあるが，現在，最も一般的な方法は，消費者にその店（あるいは企業）の会員になってもらい，IDのついた会員カード（ポイントカード）を付与する方式である．この際，消費者が会員になる動機の多くは，ポイントによる実質的な割引であり，提供者側では，それによって，ロイヤルカスタマー（常連客）が増えることを期待している．このような**会員ポイントカード方式**は，別名，**FSP**（frequent shopper program）とも呼ばれ，たとえば，クレジットカードや航空会社のマイレージ・プログラムとして，早くから導入されてきた．小売業では，大手家電量販店が1990年頃からこのシステムを導入している．さらに最近では，ネットショッピングや，実店舗では，ドラッグストアやスーパーマーケットなど，比較的規模の大きいチェーン店において，導入が急速に進んでいる．このように，FSPによって得られたスキャンパネルデータが，現在，一般的に「**顧客ID付きPOSデータ（ID-POSデータ）**」と呼ばれているものである．

a. ID-POSデータの小売業における活用方法

　ID-POSの導入によって，個々の顧客の購買履歴が取得できるようになったことによって，マーケティングの可能性は大きく広がった．「顧客から個客へ」という標語が示すように，個々の消費者の長期間の利用履歴がとれることにより，原理的には，個々人の購買傾向にあった商品推薦が行えるようになった．しかしながら，ID-POSの活用によって，

提供者の利益と消費者の利便性が飛躍的に向上したとは言い切れないのが現状であろう．実は，ID-POS の導入や活用に関しては，いくつかの問題がある．一つは，システムの導入やポイントの付与によるコストが，事業者側のベネフィットに見合うかという問題である．その結果，ID-POS を導入しても，全顧客に対する会員比率が低ければ，そのデータからわかる情報は限られたものになってしまう．また，会員についても，データ量の問題から，ある一定の購買履歴のある顧客のみが分析対象となってしまうことが多い．さらにもう一つの問題は，データの分析方法と，その後のマーケティング戦略との関係である．つまり数千，数万人の会員顧客がいたとしても，個別にプロモーションを行うことは，コストの問題から難しいことが多い．そこで，顧客をいくつかのカテゴリに分けることが本質的に重要となるが，それにはさまざまな方法が提案されてきた．ここでは，現在，一般的に行われている ID-POS データの分析手法と筆者らが開発した顧客-商品の同時カテゴリ分類技術に関して紹介する．

b. RFM 分析

RFM 分析とは，ID-POS データから得られる個々の顧客の購買行動を，次にあげる三つの視点から集計し，全顧客に対する顧客のランクとし，ランクに応じた顧客戦略を考えるための分析手法である．

R（recency）は直近の購買日を表し，この値が新しいほど，店への関与が高いと想定される．逆に，半年以上，来店していない顧客は，それまでの購買金額が高くとも，すでに離反している可能性が高い．F（frequency）はある一定期間の購買頻度を表し，これが高いほど常連顧客であるといえよう．最後の M（monetary）は顧客の購買金額の合計であり，これも，ある一定期間の合計として表される．このような三つの側面から顧客の関与度を評価する方法を，RFM 分析と呼び，たとえばそれぞれのランクが 5 段階で評価された場合，ある顧客の RFM は（R=3，F=5，M=4）などと表される．しかしながら，問題は，このような分析から，実際にどのようなアクションを起こすかであり，その戦略は無数に考えられる．たとえば，R のランクが低い顧客に対しては，今後の離反を避けるために，クーポンの送付など何らかの企画を行い，関与度を高めることが重要になるであろう．一方，M が低い顧客に対しては，F を向上させるための企画や買上げ点数を上げるための店内での工夫が必要になるであろう．RFM 分析は顧客行動を三つの側面から分析するという面において，重要な手法であるが，その具体的な利用方法については，各企業がそれぞれの業種や業態にあった施策の立て方を模索している状態であるといえよう．

c. RFM のランクごとの商品購買分析

RFM によって，顧客のランクづけを行ったのちには，商品カテゴリや個々の商品の特徴を分析することが可能になる．たとえば，F が高い顧客が購買する確率の高い商品は，再来店の動機になっていたり，満足度の高い商品であったりすることが推測される．逆に全体の売上個数は高いが，主に R や F のランクが低い顧客が買っている商品は，店頭でのプロモーション力は高いが，必ずしも満足度が高い商品とはいえないであろう．このよ

うな手法によって商品の価値を発見することは，マーチャンダイジングにとっても重要な意味があると思われる．

d. バスケット分析

マーケット・バスケットとは買い物かごのことを意味しており，（マーケット）**バスケット分析**とは，どの商品とどの商品が同時に購入されやすいかという関連性を分析する手法である．たとえばスーパーマーケットでは，「紙おむつとビールが同時に売れる」といった意外な相関ルールがることが知られており，こうした相関を見いだすことによって，ある重要な商品と関連のある他の商品を発見し，品揃えや店舗内のプロモーションに利用することを目指すものである．具体的には，**アソシエーション・ルール抽出**という技術が用いられ，条件部（何々を買った場合）と帰結部（何を買う）の組合せが，どのくらいの割合で起こるか，また，そのようなケースがどのくらい実際に起こったかによって，その信頼性を判断する．このような分析はレシートデータをもとにしているので，IDを用いない通常のPOSデータでも可能であるが，ID-POSを用いることによって，1回の購買だけでなく，たとえば1カ月の購買履歴についてバスケット分析を行うことも可能である．

e. 潜在クラス分析による顧客と商品の同時分類

バスケット分析では，商品の同時購買をみることによって，商品間の隠れた関係性を発見することが目的であり，これにより，消費行動からみた商品の新しい分類が可能になる．しかしながら，実際には，組合せの数は無数にあり，そこから商品カテゴリをみつけるのは簡単ではない．そこで，筆者らは，一人ひとりの顧客に対して，集積された大規模なID-POSデータを用いて，顧客と商品の同時カテゴリ分類と顧客と商品に関する知見を抽出するための技術を開発してきた．これは，**確率的潜在意味解析**（PLSI）により顧客の商品購買パターンから顧客と商品の潜在カテゴリへの同時分類を行うものであり，これにより，顧客と商品をいくつかのタイプとして同時に分類することができる．さらに，筆者らは対象となる顧客に対し，普段のライフスタイルに関するアンケートを用い，それらの分類がどのようなライフスタイルと関連しているかを明らかにしてきた．この分析方法を実際に用いる際には，数百〜数千程度の購買頻度の高い商品とある程度の購買履歴のある数千名規模の顧客を選定する必要があるが，スーパーマーケットや小売店，デパートなどさまざまな業種に適用可能である．

f. ID-POSのさらなる活用に向けて

ここまで見てきたようにID-POSデータを用いることによって，それまでわからなかった購買の背景にある消費者や商品の特徴が明らかになってきた．しかしながら，このような分析をもとに，どのような施策を行うかについては，まだ確立された方法論は少ない．たとえば，値引きに頼らず付加価値の高いプロモーションなど，消費者と提供者の双方の価値を高める活用方法が今後の課題であると思われる．

4.1.3 顧客の嗜好に応じた商品推奨技術

加 島 智 子

近年,顧客のニーズや嗜好性が多様化し,そして絶えず変化している.そこで,顧客の嗜好を考慮した商品選択における意思決定支援システムについて述べる.過去の顧客行動や嗜好性から顧客の嗜好を理解する際に用いられるラフ集合理論などの推奨技術を紹介し,具体的には献立作成における意思決定支援システムについて紹介する.また,推奨技術の応用と今後の可能性に関して述べる.

a. 顧客のニーズや嗜好

近年の消費者向けマーケットには多くのモノやサービスがあふれている.インターネットの普及によりパソコン,携帯端末,ゲーム機などから,いつでもどこでも気軽にモノやサービスを購入できるようになり,今後さらに Web を利用したマーケットは拡大すると考えられる.消費者は類似のモノやサービスの中から購入を決めていく中で,購入のポイントとして考えられるのは,そのモノの価値,消費者のニーズを満たし満足する魅力,そして,販売とともに発信される情報が重要になってくると考えられる.

たとえば顧客嗜好の移り変わりをいち早くつかみ,それに応じた商品リニューアルなどに生かすことにより商品の魅力は向上し,安定した売上げに結びつけることが可能となる.また,顧客の動向や嗜好性を類推し,最適な商品を勧めるための情報発信をすることにより商品の購入を促すことが可能となる.

b. 顧客に応じた商品推奨

顧客の嗜好にあった商品を推奨する推奨システム(**レコメンデーションシステム**)にはさまざまな技術が使われその研究や実用化がすすめられている.推奨技術にはたとえば Amazon 社が用いている協調フィルタリングやラフ集合,そのほかにもコンテンツ分析法やサポートベクタマシーンなどが用いられることがある.

1) 協調フィルタリング

協調フィルタリングとは,過去の購買履歴データから顧客ごとの好みを推測し,多種の商品から顧客の嗜好に合った商品を推奨する手法である.この手法の長所は,各商品のコンテンツデータを必要とせず,他の顧客の評価情報を用いることにより,対象顧客が過去の評価が高い商品のみならず,未購入の商品も推奨することが可能である(図1,図2).

2) ラフ集合

ラフ集合[1]は,1982年にポーランドの Z.Pawlak 教授によって提案された.基本的な概念は同値関係や類似関係などによる集合を知識と考える.通常,情報に対して認識を行う

図1 協調フィルタリングの例　　図2 嗜好に応じた推奨例

際，提示された情報がもつ属性に従って分類を行うが，属性情報によってはその違いを識別できない．その識別不能関係を用いて，対象を識別するのに必要な属性の集合や，対象の属性を識別するルールを導きだすことが可能となる．また特徴は，閾値などのパラメータ設定を必要としない点，非数値で矛盾のあるようなデータが直接取り扱える点などがあげられる．

c. 献立推奨システム

ラフ集合を用いて，有益な情報の提示や選択の幅の拡大，無意識な嗜好の発見を支援するための基礎の構築は，多くの先行研究により示されている．ここでは，ラフ集合理論を用いて利用者の一人ひとり異なる感性に対する意思決定（選好）支援システムの基礎を紹介する．具体的には料理の選好を感性支援の一つの例として取り上げた Web アプリケーションを開発し，利用者に対する情報推奨を行う．**献立推奨システム**は複数種類の料理の情報を管理するデータベースを実装しており，利用者はアンケートフォームに任意に提示された複数種類の料理の中から好みの料理を回答することで，利用者の嗜好に沿った料理の情報をデータベースから容易に獲得することができる．アレルギーや食べることのできない食材なども考慮可能となる．これらは学校給食，病院食，宅配サービスそして高齢者向けのサービスなどに応用が可能であると考えられる．

1) システム概要

利用者が好む料理を提示するために，以下の手順で意思決定支援を実現させている．

（1）利用者はアンケートに回答する．

任意に表示された10種類の料理に対して，好きか嫌いか（食べたい，食べたくない）を評価する（表1）．各献立 X には属性値 C をもっている．表1の例において六つの献立は三つの属性値をもっていることを示している．利用者によるアンケートの

表1 献立における決定表の例

U		Q			
		C			D
		C_1	C_2	C_3	
X_1		2	0	0	1
X_2		1	1	0	1
X_3		1	0	1	0
X_4		1	1	1	1
X_5		2	0	0	1
X_6		0	1	1	0

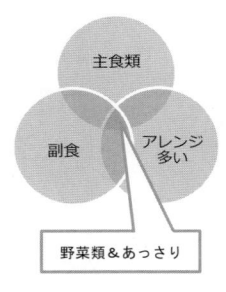

図3 共通した特徴構造　　　　　図4 連鎖状の特徴構造

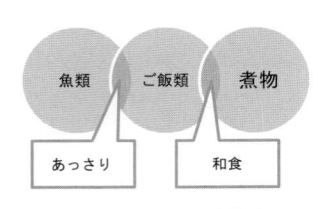

回答は D の決定値として用いられる．ここでは献立 X_1 と X_5 は同じ属性をもった献立であることがわかる．また，X_1, X_2, X_4 の献立を好きと評価している．
(2) アンケートに回答した結果は，データベースに自動的に反映される．
(3) データベースで管理される情報からラフ集合理論を用いて選好ルールを抽出する．
(4) 抽出された選好ルールが反映され，選考結果をクリックすることにより，利用者は選考情報から得られた嗜好に合う料理の情報提示を受けることができる．

2) 実行結果

利用者がアンケートに回答するたびに，料理に対する評価を繰り返し与えるようになっている．単一利用者を想定したものであるが，給食などの多人数に対応も可能である．

d. 推奨システムの実験結果

150品目の献立を登録したデータベースを作成した結果，二つの特徴構造が現れた．

1) 共通した特徴観点をもつ特徴構造

好みが明確な場合や，時間の変化とともに嗜好が変化しない利用者に対しての推奨結果にみられる．たとえば，献立の嗜好ルールには「野菜類」で「あっさり」したものを好む（図3）．

2) 連鎖状の特徴構造

好みが不明確な場合（好き嫌いやアレルギーなどのない場合）や，時間の変化とともに嗜好が変化した利用者に対しての推奨結果にみられる（図4）．

e. 推奨技術の応用と今後の可能性

これまでのサービス業におけるサービスには以下の①～⑥に示すようなさまざまなものが存在し，顧客を満足させるためのおもてなしは，顧客の気持ちや行動を考慮して行われてきた．①うれしくなるサービス，②安心するサービス，③心地よいサービス，④ひと味違うサービス，⑤信頼のサービス，⑥心温まるサービス．

今後も同様に，「いまだから（時間），ここだから（場所），あなただから（顧客）」と顧客を識別し，ユーザに対する細かい心配りが可能なサービスの提供が行われ，情報技術の発達や小型で安価なセンサなどの普及により増えていくと期待される．

4.1.4 エンタメ・デジタルサイネージ

中村俊介

　デジタルサイネージとは，街頭や交通機関などの公共空間に設置されている電子表示機器の総称で，いわゆる電子看板のことである．デジタル機器であることの利点を生かし，静止画だけでなく動画コンテンツを表示できたり，ネットワーク通信による表示コンテンツの管理が容易にできるため，公共空間における新たなメディアとして注目されている．
　一般的なデジタルサイネージは，設置箇所数の多さや，いかに集客力のある場所に設置するかなど，見られる可能性を担保としてメディアとしての価値を高め，その価値をてこにして広告を集めるものである．ここでは「情報を発信する」ことが重視されている．それに対し，表示するコンテンツを重視し，それをみるためにわざわざ人が集まってくるようなエンターテイメント性のあるコンテンツを提供することでみずからメディアの価値を高めるものを，特に「**エンタメ・デジタルサイネージ**」と呼ぶ．情報を発信する側の立場ではなく，情報を受け取る側（ユーザ）の立場で楽しいメディアを，という考え方から生まれたものである．インターネットが普及し，携帯電話の「情報を取得する端末」化によって，いつでもどこでも欲しい情報が得られるようになった．そのため，公共空間においては単なる押しつけの「情報」には価値がなくなってきており，代わってそこで得られる「体験」に価値が生まれてきている．公共空間にあるデジタルサイネージは，「情報を発信するメディア」から「体験を提供するメディア」へと進化する．

a. 拡張体験

　「体験」を提供するための方法として，ユーザの何気ない行動をセンサなどのテクノロジーを利用してより強烈な体験へと拡張するという方法が考えられる．これを**拡張体験**（augmented human experience：AHX）という．拡張体験とは，現実世界の人間の動きや物・思いや意志などをセンシングして，リアルタイムに別のかたちにしたり，情報を付加することで新たな体験を産み出し，日常生活で得られる体験をより強く楽しく気持ちのよいものにする技術を指す概念である．この概念は，AR（augmented reality）やVFX（visual effects），パターン認識などの画像処理・音声処理，音楽理論，センサなどを目的によって組み合わせることで，その実現が可能となる．具体的には，カメラを使ってユーザをコンテンツ内に取り込み，そのユーザの振舞いに応じてコンテンツが変化することで現実世界では起こりえない現象を画面の中で生じさせることができる．

b. エンタメ・デジタルサイネージの事例

　2008年に博報堂DYメディアパートナーズの企画により大阪の道頓堀で「ゲゲゲの鬼

太郎」映画公開告知を実施した．道頓堀にある大型ビジョンとそこに設置されているカメラを利用して，画面の前に立ち止まった人を鬼太郎の髪型（目玉おやじ付）にするものである．あわせて「おい！鬼太郎！」という声も発し，道行く人を振り返らせるようにした．この広告はたちまち評判になり，ほとんどの人が携帯電話やデジタルカメラで写真を撮っていった．撮られた写真の多くは，自身のブログやSNSなどのインターネット上にアップされ，バイラルで広がってまた道頓堀に人がやってくるという好循環を生じさせた．

同じく博報堂DYメディアパートナーズおよび博報堂の企画・制作で実現した阪神甲子園球場での事例は，バックスクリーンに設置された大型ビジョンで，スタンドのファンの顔を次々と虎に変身させるものである．映像による演出と変身シーンの切り替わりのタイミングや，観客を引きつけてから一気にクライアントであるアサヒビールのPRへとつなげていく演出が秀逸で，画面をみるためにビジョンを向いた人々の後頭部でスタンドが真っ黒になるほどの注目を集めた．2009年から始まったこの企画は，2010年，2011年にも実施され恒例となるなど，高い評価を受けている．

サンリオピューロランドでは，パレードスケジュール，告知映像などを放映していたスクリーンで，画面をみている人がさまざまなサンリオキャラクターに変身してしまうコンテンツを展開した（図1）．時間や立つ位置によってキャラクターが変わるなど，長時間でも飽きない工夫も盛り込んだところ，これまであまり見られていなかったスクリーンの前に人だかりができ，広告映像をみながら，次の変身コンテンツを待つ人も現れるようになった．結果的に，従来の広告映像をみる人の数も増えることとなった．

c. 広告効果

デジタルサイネージが広告の側面をもつ以上，常にその効果について問われる宿命を背負っている．次にあげる事例は，エンタメ・デジタルサイネージが広告効果も併せ持つことを実証するものである．

2008年に西鉄エージェンシーと九州工業大学との共同研究として，一般的な映像コンテンツと参加型コンテンツとの視聴時間を比較する実験を行った．実験は福岡三越ライオン広場のソラリアビジョンを利用して実施した．従来のCMや天気予報などの映像コンテンツと，通りがかった人が燃えたり，見ている人がキャラクターに変身するなどの参加型コンテンツとを1時間ずつ切り替えて表示した結果，参加型コンテンツは映像コンテンツと比較して視聴者数が約13.5倍，注目率が約6.6倍高いことが判明した．しかし，人に見てもらったり楽しんでもらうだけ

図1 サンリオピューロランドのスクリーン

では広告としては不十分だともいえる．

　公共空間に設置されているメディアであるというデジタルサイネージの利点を最大限に生かすためには，注目を集めるだけではなく，より実際の行動に結びつくコンテンツが必要となってくる．この訴求を実現した事例を最後にあげる．

d. 店舗への誘引

　店頭のデジタルサイネージにおいて，最もわかりやすい「実際の行動」に結びついた広告効果は，店舗への誘引であろう．参加型のコンテンツによって驚異的な成果を出している事例が，ラゾーナ川崎プラザ内「ナムコワンダーパークヒーローズベース」入口に設置されているデジタルサイネージである．自然に人だかりができるようにするための「単純でわかりやすく気持ちよく参加できる仕組み」と中に入りたくなるようにするための「アタリが出てゲームセンターのメダルと交換できる仕組み」を実現したコンテンツである．

　たとえば，コンテンツ「着ぐるみクレーンゲーム」は，クマやウサギの着ぐるみに変身した自分が小型化して画面下部にたまり，それを画面内のアームが降りてきて掴むという実際のクレーンゲームを模したものである（図2）．自分の着ぐるみがアタリゾーンまで運ばれればアタリとなる．このアタリ画面の写真を撮って入店すればメダルと交換できるという仕組みを設けることで，入店行動を誘引するものとなっている．

　2011年1月から2カ月分の集計を行ったところ，アタリが出たうちの14%（土日は25%）が入店していることが確認できた．従来素通りしていた人を立ち止まらせ，入店させているという点で「実際の行動」に結びついたことがわかる．

　エンタメ・デジタルサイネージが，楽しいだけではなく広告効果をもつことは，以上の事例のとおりであるが，「体験を提供できるメディア」として成功するためには「説明のいらないわかりやすさ」と「理屈じゃない気持ちよさ」が必要である．ともすると技術的な新しさが目につくことが多いが，技術的な珍しさが前面に出ると，最初こそ驚くがすぐに慣れてしまうものである．

　「すごい」は一度だけ，「気持ちいい」は何度もやってみたくなるものなのである．

　今後ますます技術は進歩し，ジェスチャーからパーソナルデータまで，より正確に素早く取得できるようになっていく．街ゆく人にサイネージが名前を呼びかけることも，もう映画の中の話ではない．いかに素敵な体験を提供できるかどうかが，単なる技術から文化として根づくためのカギとなるであろう．

図2　着ぐるみクレーンゲーム

4.2 ロボット技術を活用した従業員支援システム

4.2.1 サービスロボット

松 本 吉 央

a. サービスロボットとは

　サービスロボットに明確な定義はないが，**産業用ロボット**と対比的に使われる言葉である．産業用ロボットが「人と隔離された環境」で「単純な繰り返し作業」を行うことで生産性を向上させてきたのに対し，サービスロボットは人の活動に密着してさまざまなサービスを提供することを目的としている．その中には，家庭などでの個人向けサービス提供（生活支援）だけでなく，人と共存する産業現場での従業員へのサービス提供（業務支援）も含まれる．図1は，これまでのサービスロボットの開発事例を分類したものである．
　サービスロボット開発の背景にあるのは，高齢化による要支援・要介護者の増加と，少子化に伴う労働力不足である．ここでは，このうちの業務を効率化し労働力不足を補うためのサービス産業現場での活用を中心に，業務支援のためのサービスロボットについて概説する．

b. サービスロボット開発の現状

　i）清掃ロボット　　富士重工業社は，**清掃ロボット**「ロボハイター」（図2）の事業を展開している．エレベータにも自律で乗り込んで各フロアを清掃することができ，六本木ヒルズなどに導入されている．1台で $2000\ m^2/h$ の清掃が可能であり，人による清掃と比べてもコスト的に優位で，清掃品質が一定となる利点もあるという．また，家庭向けの清掃ロボットとしては，2002年よりiRobot社のルンバが販売されており，2012年現在，

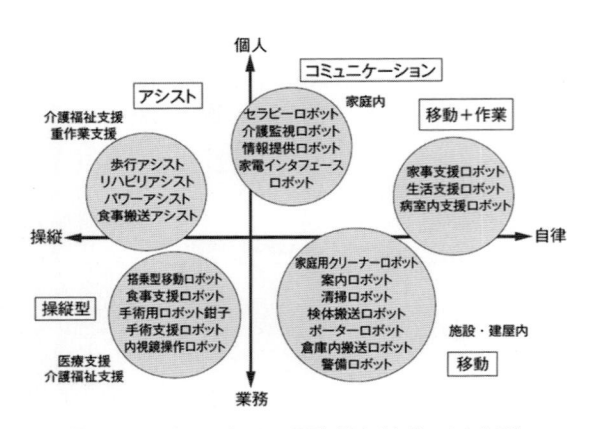

図1　サービスロボットの開発事例（文献1より転載）

図2　清掃ロボットロボハイター
（富士重工業社）

図3　床下検査ロボット moogle
（大和ハウス社）

全世界で 400 万台以上を売り上げている．

ii）搬送ロボット　　現在広く使われている RGV，AGV の代替として開発されており，自由度が高く建物側の設計変更への対応が容易であるのが利点である．富士重工業社が開発した 200 kg の重量物を搬送可能なロボットは医薬品工場で利用されており，また，日立製作所社の Lapi が工場で生産物流用途で，ダイフク社の高速無人搬送ビークルが配送センターで，それぞれ実証実験が進められている．2012 年には，物流センター向けの自律搬送ロボットシステムを開発している Kiva Systems 社が，Amazon 社に約 600 億円で買収され話題になった．多品種を扱う通販業界においては，柔軟な物流倉庫システムを構築するためのロボット技術が，今後広く導入される可能性がある．

iii）警備ロボット　　警備会社であるセコム社と ALSOK 社は，それぞれセコムロボット X，Reborg-Q という**巡回警備ロボット**を開発し，一部事業化もされている．また，家庭用の監視ロボットとしては富士通社の MARON-1，テムザック社の番竜が開発され，いずれも販売されたが，普及には至らなかった．

iv）検査・メンテナンス支援ロボット　　大和ハウス工業社は，住宅**床下検査ロボット** moogle を開発し，これを用いた検査業務を 2011 年より事業化している．また，浦上技術研究所は，ビル壁面，船舶，タンク，パイプ内などの清掃ロボットとして，真空吸着自走ロボット U-ROBOT System を開発・実用化している．また，プール清掃用ロボット dolphin（イスラエル Maytronics 社），超高圧電線の活線点検ロボット（ハイボット社の Expliner）など，人では危険な検査・メンテナンス業務を代替するロボットの開発はさかんで，実用化も進んでいる．

v）手術支援ロボット　　Intuitive Surgical 社の Da Vinci は，3D カメラと，自由度の高い数本の鉗子からなる内視鏡手術の支援ロボットである．2010 年時点で世界で 1500 台以上が年間 10 万件以上の手術（前立腺，胃，食道がんなど）に用いられている．欧米に比べ日本での普及は遅れているが，2009 年にロボット手術ユニットとして医療機器の承認がなされ，2012 年には前立腺がんの摘出手術には保険が適用されることになった．

4.2　ロボット技術を活用した従業員支援システム

vi) リハビリ支援ロボット　　繰り返し膝を曲げ伸ばしするなど，理学療法士の負担が大きな動作を自動化するロボットとして，Hocoma 社の Lokomat や安川電機社の TEM LX2 が，また上肢のリハビリを支援するためのロボットとして Interactive Motion Technologies 社の MIT-Manus robotic system が実用化されている．また，サイバーダイン社の HAL，アクティブリンク社の上肢リハビリ支援ロボットなど"装着型"ロボットの開発もさかんで，効果を示すための実証実験が進められている．

vii) 医療関連業務支援ロボット　　パナソニック社では，薬の払い出し，薬剤調合，搬送など，病院の支援業務を効率化するロボットシステムを開発している（4.2.2項参照）．また，新薬開発や再生医療に必要な無菌環境下での細胞培養作業を行うロボットが，川崎重工業社や澁谷工業社により実用化されている．

viii) 製造業支援ロボット　　従来，産業用ロボットが多数利用されてきた製造業でも，次世代の「人と共存する」ロボットの利用が始まっている．トヨタ自動車社では，バネを用いた重力補償機構と 80 W のモータを組み合わせて，低出力ながら 25 kg の重量物を安全にハンドリングできる「スペアタイヤ自働搭載ロボット」を開発し，運用を開始している．また，セル生産用ロボットとして，川田工業社は双腕ロボット NEXTAGE を開発し，HDD の製造ラインなどでの利用が始まっている．

ix) 受付案内ロボット　　愛知万博では，ココロ社が人間の外観に酷似した Actroid を各ゲートに設置し会場案内の業務をさせ，また三菱重工社が wakamaru を用いて案内業務を行わせる実験を半年間にわたって行った．また富士通社がショッピングセンターで案内を行う enon を開発したが，いずれも普及には至っていない．単なる人の代替としての受付案内の業務では，ロボットはコスト的に折り合わないようである．

c. サービスロボットの課題

経済産業省ロボット政策研究会の報告書[2] は，ロボットメーカによるシーズ主導の開発から脱却し，サービス事業者との間で密接に連携をとりながら需要主導の開発をすべき段階にきたと指摘している．また，あわせてロボット導入に適したリース制度の開発，安全性に関する法律整備や損害保険制度の充実なども求めている．安全性に関しては，2013年に発行が予定されている国際規格 ISO13482 において，サービスロボット（パーソナルケア・ロボット）の安全規格が定められる予定である．また，国内では NEDO 生活支援ロボット実用化プロジェクト（平成21〜25年度）において，サービスロボットのリスクアセスメント手法や安全性試験評価手法の研究開発，およびロボットメーカによる安全技術を導入したサービスロボットの開発が進められている．

コストに関しては，前述のロボット政策研究会にはユーザとなるサービス産業側の委員も参加したが，まだロボットへの期待よりも戸惑いのほうが大きく，また外国人労働力導入のほうが現実的だという考え方も根強かったという．利用者が「大幅なコスト削減につながる」あるいは「高い付加価値が得られる」ことを感じなければ，導入にはつながらない．そのためには，単体のロボットを開発するだけでなく，業務全体をどのように改善するかを分析し，現場において実証することが重要である．

4.2.2 病院のバックヤード自動化・省力化のためのロボット群

北野 幸彦

a. 病院分野における社会要請

　本格的な高齢化社会時代に向かっていく途上にあって，人の心身の健康状態を維持するシステムは社会基盤として健全な形で確保されていなければならない．一方，生命の保全という病院の崇高で高い専門性を要する業務であっても，収益性の健全性を条件とする他のサービス産業・サービス事業と同じ側面を要求されている．

　元来，人の生命のためには「労を惜しむ」という概念がなじまないために，他のサービス産業では経営の効率化のために常に検討される「省力化・自動化」手段の積極的導入はあえて取り上げられない風土があった．現に，製造業では導入が進んでおり信頼性も認められているIT や機械技術が存在しても，病院では必ず人の手や目を通さなければならないという決まりごとが存在し完全自動化はありえない事情がある．

　しかしながら，病院経営の永続的な健全性維持の観点から現場の課題も熱心に調査が進み，本来業務の妨げとなるような周辺作業部分の機械化は医療の信頼性を高めるという意味で必要であり，同時に収益改善ももたらすことが認められ，医療事業者も許容できる範囲に限定しながらも，開発と導入の試みが始まっている．

　医師・看護師・薬剤師が，わずらわしいと感じ，専門職でなくても遂行可能な作業を見つけだし，それを機械化・システム化することで，患者と疾患に向きあう時間を可能な限り拡大・充実するよう支援するサービスが考えられる．職員にとっては職場環境・労働への納得度が高まり離職を防ぐ効果も奏するであろう．

　また，経営改善の意味では，病院の省エネルギー化による経費削減，セキュリティ・患者看守りの機械システム化，清掃にロボットを活用したサービスパッケージなどにより，経営の効率化をもたらすビジネスが期待されている．

b. 病院のバックヤード自動化・省力化のためのロボットの例

1) 薬剤業務支援ロボット

　薬剤業務のロボットによる高効率化が可能となれば，薬剤師が服薬指導など患者に有効で安全な薬物療法を提供するための業務へのシフトを可能にするとともに，医療の安全・安心につなげることができる．

　薬剤業務は，①処方に基づく薬剤取揃え業務，②調剤業務，③鑑査業務，④搬送業務，⑤服薬指導などのプロセスで構成されているが，このプロセスに応じてロボット単品ではなく，薬剤業務全体のソリューションをシステムで提供することが求められる．

　下記事例の**注射薬払出しロボット**と**自律搬送ロボット**は注射薬の取揃え業務の支援と薬

剤搬送業務の支援を目的としており，薬剤師の本来の業務である服薬指導の時間を確保するとともに，病院経営への貢献も可能となる．

2) 事例1：注射薬払出しロボット

患者一人ひとりの処方箋に応じて注射薬・点滴薬をトレイに取り揃える機械システムである（図1）．注射薬はロボット機構で専用ポケットにピッキングされ，その後，注射薬用トレイに払い出される．さらに投薬情報を記載した注射箋を装置内でトレイに払い出し，装置内部で注射薬払い出し業務の一連の作業を完結することができる．

注射薬はアンプルやバイアルという名称の非常に割れやすいガラスビンに入っているが，本例の機械は，破損率5万分の1以下が実現されている．

また，この注射薬払出しロボットは，コンパクトな薬剤払出し機構を導入することで，設置面積の小さい装置が実現されている（本例装置：幅 2675 mm×奥行 750 mm）．これにより日本の中で多数を占める 200～400 床の，スペースに限りのある病院に設置可能となっている．

3) 事例2：病院内搬送ロボット

看護職の手間をとらせる搬送作業を機械に置き換える方策として，走行経路にレールや誘導ガイド線を必要としない，自律誘導技術を用いた搬送用ロボットが開発されている．米国では，すでに同目的のロボットがビジネスレベルで販売され普及が急速に進んでおり，日本でも日本の病院の事例にフィットしたロボットが開発されている．

このロボットは予定経路上に障害物があっても自動的に回避し，搬送目的地に向かって走行する．目的地や経路をフレキシブルに変更できるメリットがあり，病院だけではなく検体検査会社などに導入され始めており，汎用性が高いことを認められている（図2）．ロボットの背面には，ID認識された者に限り開錠できる扉つき収納庫を備えており，収納した薬剤が搬送中にいたずらされないように守られている．また，人々がいる中で子供程度の大きさの機械が無人で動き回るようなことは，かつてなかったことであり，新しい文化として人々が受け入れやすいように，シンボリックな表情を表現する「顔」を表示し親近感を感じさせるメッセージを発しながら走行する．

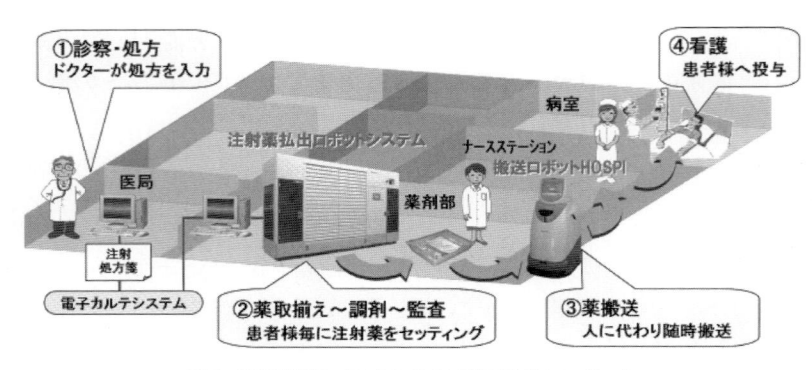

図1　薬剤業務のプロセンスと注射薬払出しロボット

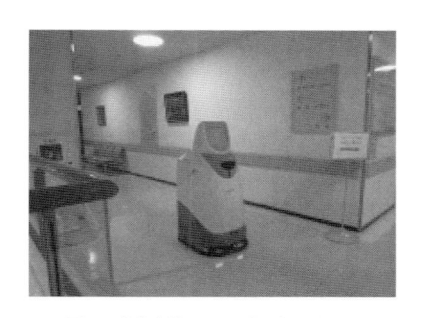

図2　自律制御による搬送ロボット　　　　図3　エレベータに搭乗する搬送ロボット

　薬剤搬送の場合，薬剤調剤室は，一般的に病院内の1階または地下1階にあり，そこから薬剤を上層階の病棟などに運ぶ必要がある．この搬送作業は，看護師や薬剤師の本来業務を中断させるため機械化が強く望まれる作業である．搬送ロボットはこの搬送作業を代替するものであり，特に職員が少なくなる夜間・休日は手が回らないことが多くなるため搬送ロボットが効力を発揮する．

　本例のロボットは，誘導するためのレールやガイド線を敷設する必要がないため，床や壁などは現状のまま美観を保ち，維持に気を配る必要もない．多層階の各階に搬送するため，自動的にエレベータに搭乗する機能も用意されている（図3）．また，病院のあらゆる箇所に移動する搬送ロボットを安心して運用するために，無線LANにより現在位置や状態を拠点となる薬剤部など1カ所で監視する機能や，ロボットに搭載されたセキュリティカメラによりとらえた映像を，拠点となる部屋に転送し，間違いが許されない薬剤搬送の走行中の周辺状況を監視しエビデンスを残す機能まで備えている．

　今後は，自律制御の搬送（移動）ロボットの技術軸での広い用途展開が望まれており，薬剤だけでなく，治療器具，検体，リネン類などの搬送，将来的には，遠隔診察・治療や院内の清浄を保つ病院特有の清掃機能をもつロボットの要望があがっている．

c.　普及に向けた課題と解決

　物理的動作を筐体外に表出したり人の日常的活動空間を移動するロボットは，これまで一般化していないため，安心と安全の実証を蓄積する必要があるであろう．メーカはいったん安全を確認した製品を製作し，応用の拡大と普及の拡大に従ってその都度見直すという作業が必要である．さらに，メーカは個別製品に対してリスクアセスメントをして個別リスクに対する対応策を講じなければならない．また，いままでみたこともないような機械製品をユーザ側が受け入れ使いこなすためには，ユーザやこれを取り巻く人々への啓蒙・教育や社全的価値の実感を積み重ねていくことが必要である．

4.3 VR, IE を活用したサービス適用現場の改善技術

4.3.1 行動計測技術を活用した現場改善

天目隆平・上岡玲子

サービスの現場において，従業員の勤務時間中の行動計測結果を集約し可視化することで，経営者にとっては業務分析に，従業員にとっては自分たちの行動を振り返り業務改善する QC 活動などへの応用が期待できる．本項では，現場の従業員の行動や会計指標など業務に付随する情報を統合し可視化する可視化ツールについて述べ，二つの現場における経営陣および従業員への行動計測結果の提示事例について述べる．

a. 行動計測可視化ツール

筆者らは行動計測で得られるすべてのデータ（各従業員の移動軌跡推定結果，音声データ，発話区間検出結果，POS (point of sales) データなどの業務データ，現場に設置したビデオカメラの映像）を同期再生することが可能な**行動計測可視化ツール**の開発を行った．従業員の移動軌跡は計測環境の3次元モデル上に表示される（図1(a)）．3次元モデルを利用した表示は店内に滞在した客数（図1(b)）や当該従業員のエリアごとの滞在時間（図1(c)）など行動計測データからわかる位置に基づくさまざまな情報に対応している．

また，本ツールは，計測データの同期再生のほかに，条件を入力して，計測データ中から条件に当てはまる個所を検索する機能，客席ごとの注文数や，ある従業員の業務時間中

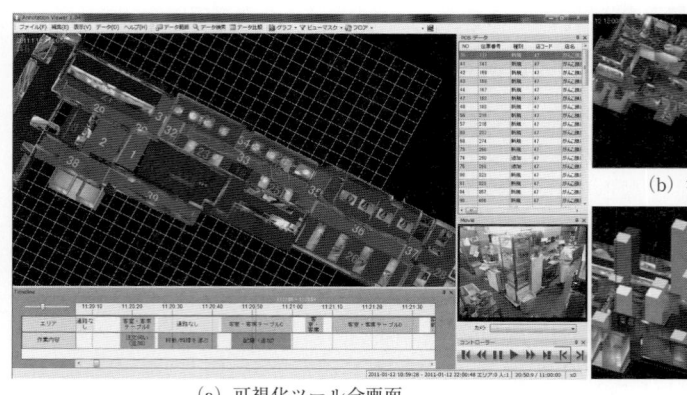

(a) 可視化ツール全画面
(b) 滞在客と動線の表示
(c) 時間表示

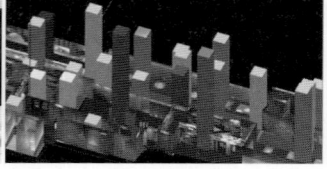

図1 行動計測可視化ツールの画面

のエリア別滞在時間割合などの統計量を算出・表示する機能をもつ．計測データの統計量算出については，人×時間×場所の多次元データであると考え，条件を入力して，人ごと，単位時間ごと，場所（エリア）ごとの計測データの比較が可能である．比較することが可能な統計量は，移動量，エリア移動回数，注文数，売上げ，接客時間などである．

b. 事例1：介護つき老人ホーム

介護つき老人ホーム，スーパーコート平野の5名の介護ヘルパーの勤務中の測位を，「1.2.3 屋内測位」の手法を用いて行った[1]．同施設の意味的・構造的領域として，介護居室や廊下，食堂などの「エリア」および「フロア」を定義し，それぞれの滞留時間割合を表1に示す．本施設は，1階部分にスタッフ専用スペースである事務所や食堂・浴室などの公共のスペースを有し，2階より上のフロアは，介護居室が大半を占めている．表1より介護主任は，大半の時間を1階のスタッフルーム（事務所）で過ごしていることから，記録作業に従事していたと推測できる．一方，他の介護ヘルパーは，滞留時間が最も大きかったのが廊下であり，その次に食堂であった．これは，食事やレクリエーションの時間になると介護居室にいる入居者を食堂まで誘導する，入居者が居室にいる時間帯でも，居室の扉を開けて廊下から声をかけて入居者の様子をみるなどの行動をとっていたためである．また，ラジオ体操や水分摂取を目的としたコーヒーの時間など，食事以外でも入居を食堂に集める機会が多かったことも理由としてあげられる．なお，介護ヘルパーは，大まかなフロアの担当が決められており，一般A，Bは2階，一般Cは3階中心といったように，フロア滞留時間割合からも読み取ることができる．

同施設の経営陣からは，1週間単位・1時間単位と時間の尺度を変更した際の滞留時間割合をみたい，今後，入居者との会話量や声掛けの回数などを抽出してほしい，訪問介護型の従業員の行動も計測してほしいなどの意見が得られた．

c. 事例2：日本食レストランの接客従業員のQCサークル活動支援

QCサークルは，製造業を発端とした，従業員みずからが現場の問題点を発見し，創造的に解決を図り生産性向上を実現するための小グループである．サービス業の場合は従業

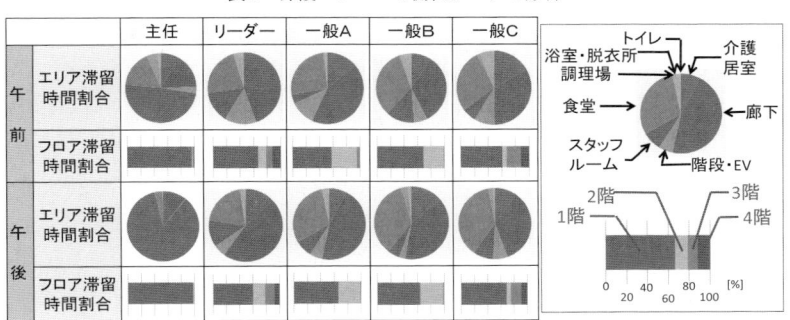

表1 介護ヘルパーの測位データの分析

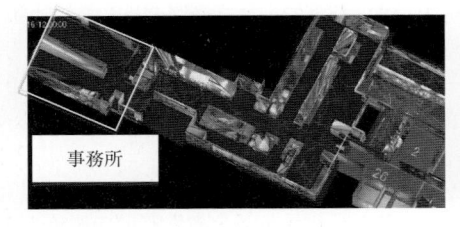

図2　事務所への行き来を示す動線 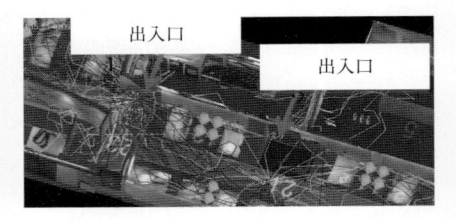　　　図3　出入口の動線エリアごとの滞在

員の毎日の計測結果をもとに作業改善を行うことで，サービスの生産性向上，付加価値向上を実現する必要がある．筆者らは，サービス産業に特化した QC サークルを支援する技術として，生産性向上，付加価値向上を客観的に観測，評価できる **CSQCC**（computer supported quality control circle）の実現を目指し，行動計測技術およびその可視化ツールを現場に導入して QC サークルを試験的に実施し，CSQCC の可能性を評価した[2]．

具体的には日本食レストランがんこフード銀座4丁目店で行った従業員20名の1カ月間の行動計測実験（2011年1月12日～2月9日）の第1週目の接客従業員の行動計測データをもとに QC サークルを実施し，可視化ツールを利用して接客従業員の動線や POS データと組み合わせ統計処理したグラフなどを図示し議論した．例として，図2に示すように，店舗の奥にある事務室への往復が繁忙時間にもかかわらず行われていることが明らかになった．現場担当者から，予約を客室そばの電話で受けた場合，予約手続きをとるために，事務室にある帳簿を確認しにいっているためとの理由があがった．これにより，どこにいても帳簿の内容が確認，変更できる電子帳簿システムの導入の必要性が議論された．また，図3のように，二つあるパントリー出入口の片方が比較的出入りが多いといった店舗環境の特性も従業員の動線の可視化から明示化された．CSQCC の試験的導入により，従業員の仕事中の動作を可視化することで効率的問題点発見の可能性が示唆できた．また，実際に改善案を実施する前と後の行動を定量的に比較分析することも可能であることから，改善案と結果の因果関係を客観的に観測することで，生産性向上，付加価値向上への寄与が期待できる．

従業員の行動計測技術と可視化技術を導入することで，サービス現場でこれまで客観的に分析することが不可能であったデータを取得して解析することが可能になる．今後は可視化ツールの使いやすさを向上させ，現場の従業員が，日常的にデータ分析ができるようなアプリケーションを実現する．また，「1.2.4 行動・作業内容の認識・推定技術」で述べた従業員の動作・作業内容推定結果の提示を実現し，サービス現場の改善に大きく貢献する情報循環を目指す．

4.3.2　IEを活用したサービスオペレーション現場改善

谷﨑隆士

　サービス産業の生産性向上のためには,「製造業と同様に科学的・工学的アプローチの導入」が大切である. 以下では, 外食産業を例として, 科学的・工学的方法の一つであるIEを活用したサービスオペレーションの現場改善について解説する.

　外食産業は他のサービス業と比較して, 特定の時間帯（＝食事時間帯）に顧客が集中するという特徴がある. さらに, ほぼ同時に来店する顧客に対して, 接客〜注文処理〜料理提供の同時即応性が求められる. ファーストフードのように大略単一メニューとすれば対応は容易になるが, 一般の外食産業では, 上記の業務のいずれかに滞留が発生し他の問題が起これば, サービスの質が低下しやすいという課題がある[1]. 鳥取県にある海鮮レストラン賀露幸においても開業当初は同様の課題があった. この課題に対し, 製造業と同様にIEの視点で「サービスオペレーションの現場実態を把握・分析・改善」のいわゆるPDCA（plan do check act）サイクルをまわすことにより, サービスの品質を低下することなく生産性を向上してきた.

a.　賀露幸の開業当初の課題

　賀露幸の開業当初は, 顧客の注文に対する調理作業が間に合わないときは, テーブルを片づけず顧客を誘導していなかった. その結果, 昼食時間帯などのピーク時間帯にはレストランの前に待ち行列が発生していた. レストランのサービス品質の要である料理の品質

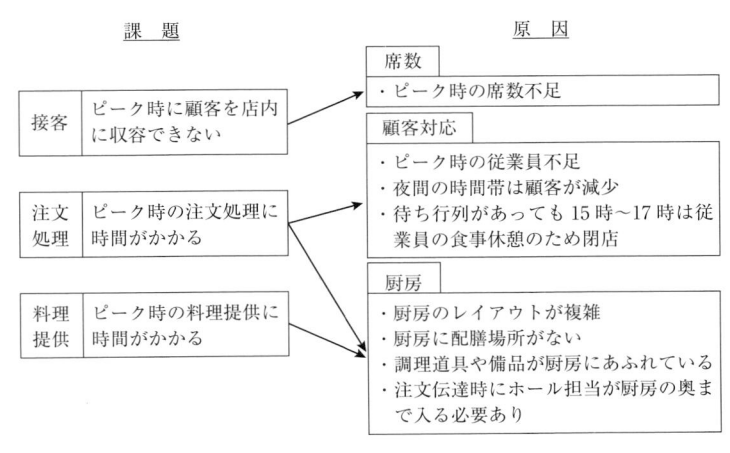

課題		原因
接客	ピーク時に顧客を店内に収容できない	**席数** ・ピーク時の席数不足
注文処理	ピーク時の注文処理に時間がかかる	**顧客対応** ・ピーク時の従業員不足 ・夜間の時間帯は顧客が減少 ・待ち行列があっても15時〜17時は従業員の食事休憩のため閉店
料理提供	ピーク時の料理提供に時間がかかる	**厨房** ・厨房のレイアウトが複雑 ・厨房に配膳場所がない ・調理道具や備品が厨房にあふれている ・注文伝達時にホール担当が厨房の奥まで入る必要あり

図1　サービスオペレーションの課題

を維持するための苦肉の策であったと考えられるが，レストラン全体のサービス品質の低下と売上機会の損失を招いていた．そこで，課題解決のために，接客～注文処理～料理提供のサービスオペレーションの各フェーズでの課題とその原因を分析・整理した（図1）．

b. 課題解決へ向けた現場改善

サービスオペレーションの各フェーズの課題に共通することが，**ピーク時対応**である．以下では，図1の原因別にピーク時と平常時の差異を吸収する改善について解説する．

1) 席数増への取組み

既存建屋の有効活用の観点から，厨房以外のエリアにはすべて座席を配置する方針のもとに改善を実施した（図2）．この結果，席数が開業当初の約2倍強となり，ピーク時の顧客吸収能力が向上した．

2) 顧客対応力向上への取組み

（1）ピーク時対応に必要な要員数を確保すると，労務コストが増加する．そこで，平常時の要員数をベース要員とし，ピーク時に必要な要員数は近隣（車で10分程度）の関連企業から応援者を派遣している．Webカメラを設置し，レストランの混雑状況を関連企業で遠隔把握し，機動配置を実施している．

（2）15時～17時の食事一斉休憩を廃止し1人ずつの食事休憩とすることで，15時～17時も開店し，設備稼働率を向上した．休憩中の要員の業務を他要員でカバーするために多能工化を行った．この結果，客数に応じた要員配置も可能となった．

3) 厨房改善の取組み

厨房のレイアウトを改善し，調理工程の清流化と調理道具・備品の整理整頓を実施した（図3）．この結果，作業動線に無駄な動きがなくなり，調理に付随する作業が効率化した．

4) 経営方針のイノベーション

1)～3)の「サービスオペレーションの現場実態把握」に基づく課題の整理・改善の結果，生産性が向上しピーク時でも顧客滞留を回避できるようになった．すなわち，サービス産業の生産性の分母の効率の向上を実現してきた．さらに，分子の付加価値の向上を実現するために，下記の経営方針のイノベーションにも取り組んでいる．

（1）製造業と同様の目標管理制度を導入している．すなわち，日報を作成し，前年度比

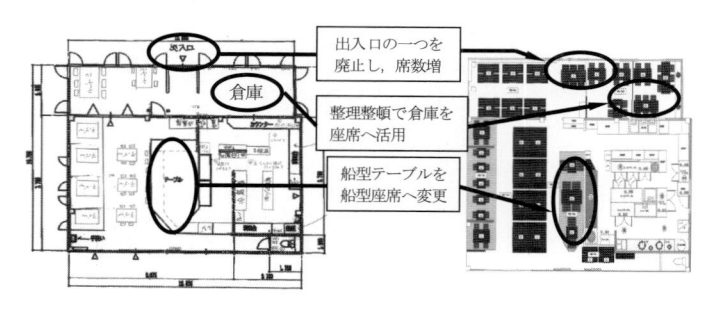

図2　席数増への取組み

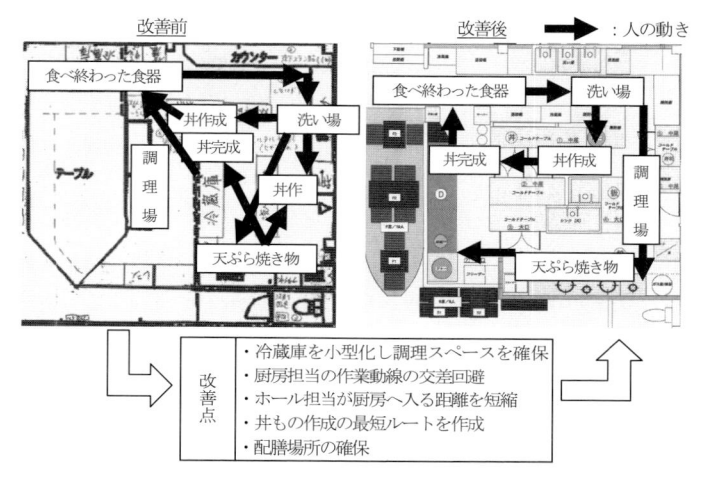

図3 厨房レイアウトの改善

改善点
・冷蔵庫を小型化し調理スペースを確保
・厨房担当の作業動線の交差回避
・ホール担当が厨房へ入る距離を短縮
・丼ものの作成の最短ルートを作成
・配膳場所の確保

120%の売上げ目標を立案している．ホール担当は，売上げ目標を達成するために日々の来客数を常に把握し，顧客の呼び込みを実施している．

(2) 来店人員数の増大を狙いに，「顧客が集まる時間帯には開店」の観点から，周辺施設（賀露市場，JRおよび航空機の発着）の稼働時間帯に合わせ，営業時間を延長した．

c. 改善の効果

b.で述べた一連の改善活動は，「ホール起点で注文発注し，集客と調理の連携で需要の平準化と稼働率の向上を実現」とまとめることができる．注文をカンバンと読み替えると**トヨタ生産方式**がサービス産業に応用可能であることを示している．開業当初からの改善の効果は，表1のとおりである．

製造業における生産性向上は，労働生産性向上のように指標が明確である．一方，サービス産業の生産性向上には，分母の効率の向上と分子の付加価値の向上の両立が必要である．したがって，向上すべき付加価値を明確にし，経営方針を明確にしたのちに，効率の向上を行うことが大切である．賀露幸は，以下の①〜③で上記を実現している．

① レストランの付加価値を「厨房中心から顧客中心に転換」の経営イノベーション．
② 顧客中心の観点より，美味しい料理を「短時間」で提供．
③ ②の実現のために「サービスオペレーションの現場改善」とトヨタ生産方式のサービス産業への応用．

表1 改善の効果（2006年を100にスケーリング）

	開業当初（2006）	2009	2010
1日当たりの最大顧客数（a）	100	357	433
要員数（b）	100	183	125
要員1人の対応顧客数（a/b）	1	1.95	3.46

4.4 人材育成技術
4.4.1 従業員教育支援技術

松波晴人

本項においては，勘と経験の側面が強いサービス現場において，言語化されていない俗人的なノウハウを抽出し，得られたノウハウを現場に教育して実践する方法について述べる．対象とする領域は，主に接客や営業など，人間の関与するサービス現場である．

a. サービスにおける教育の重要性

サービスは人間が関与する部分が非常に多く，さまざまな現場でサービスを提供する人たちにどう行動してもらうかが非常に重要である．サービスを提供する企業は，よりよいサービスを提供するために，教育に力を入れてきた．たとえば会社の運営方針や考え方を従業員に繰り返し伝えたり，接客のプロフェッショナルによる研修を実施するなどである．サービスに関する研究が進むに従って，以下に示す新たな課題・方向性が見えてきた．

1) **優秀者・優秀店のノウハウ抽出**

サービスの現場には，突出して優秀な人がいる場合が多い．たとえば，営業成績で突出している営業マンや，お客さまを 5000 人記憶しているホテルのドアマンなどである．こういった突出した人・店のノウハウは，共有できればサービスの生産性向上や付加価値向上に寄与できる．しかしそのノウハウが何であるかを特定するのはこれまで困難であった．なぜなら，優秀な人・店は通常，その成功しているノウハウを言語化するのが困難であったためである．この潜在化しているノウハウを抽出するための手法として**行動観察**がある．行動観察の詳細は別項 (1.1.6) にゆずるが，基本的には無意識での行動を含めた優秀者の行動を分析することで，そのノウハウを抽出して見える化する手法である．

2) **優秀者・優秀店のノウハウ共有**

優秀者・優秀店のノウハウは他者には真似ができないものと見なしている現場の人たちは多い．サービスは勘と経験の側面が強いものの，そのノウハウは共有できる内容と共有が困難な内容に分けられる．**共有できるノウハウ**とは，複数の優秀者・優秀店が共通して実施していることが多い事柄であり，誰もが実施すべき基本的な内容である．一方，**共有が困難なノウハウ**とは，個人の特性に大きく依存する事柄であり，それぞれの人や店に最適化された達人技である．

また，ノウハウが明らかになったとしても，それを現場の人たちが取り入れて行動を変えてもらうのは容易ではない．そのため，どのように教育をするかが非常に重要である．

b. 未共有ノウハウの抽出と教育

サービスにおける未共有ノウハウの教育のステップについて，以下に述べる．

1) ノウハウの抽出

サービス現場において行動観察を実施する．ノウハウを効率的に抽出するため，その仕事で優秀な結果を出している上級者と，教育によってさらに伸びることを期待されている中級者の両者を数名ずつ観察し，その違いを詳しくみる場合が多い．

2) 分析とマニュアル化

上級者がなぜ成功しているのかについて，その行動をもとに分析を行う．通常，上級者の行動には根拠がある．たとえば接客や営業においては，上級者の言動は社会心理学における説得の分野の研究結果と合致していた．また，顧客の名前を記憶することに秀でた上級者は，認知心理学の記憶の研究成果と合致した記憶方法を取り入れていることがわかっている[2]．これらの分析結果をまとめて，「上級者の言動はこうである」「その言動にはこういう根拠がある」という形でマニュアルをつくる．

3) 教　育

抽出された上級者のノウハウを教育するためには，さまざまな方法がある．最も簡易な方法から，手間をかけた方法まで，4種類述べる．

i) マニュアル配布　　上述のプロセスを経て作成されたマニュアルを配布して現場担当者が通読し自己学習する方法である．広くにいきわたるが各現場担当者のモチベーションに大きく依存するため，伸びる人もいれば，伸びない人も出てくる．

ii) 勉強会・講演会　　現場担当者や管理者を集め，上述のマニュアルについての説明を実施し，質疑応答を行うなどして情報の共有を図る．マニュアル配布に比べるとインタラクティブなので理解が進みやすいが，聴講者のモチベーションに依存するのはマニュアル配布と同様である．

iii) ロールプレイング　　実際のシーンに基づいて，実演しながら学ぶ方法である．顧客役のペルソナを詳細に決め，さらには状況も決めたうえで実施することもある．さらには，ロールプレイングをしている他人の行動を他の参加者がよくみて，「よい点」「課題」などを記入して，その結果を共有することもある．

iv) 行動観察シート　　上級者がとっている行動で，中級者が取り入れるべき行動を項目として30個程度あげて，チェックシート（**行動観察シート**）を作成し，それを5段階（ほとんどしていない～いつもしている）で普段の行動を自己評価する．それによって自分の強み・弱みを把握し，弱みとなっている点をいくつか選んで期間（通常1～3カ月程度）を決めてその項目に取り組む．取り組み後には再度行動観察シートで自己評価を行い，取組み前と取組み後の行動の改善があったかどうかを評価する．

4) 実　践

教育や研修がすんだあとは各担当者が現場で実践をする．通常は1カ月～3カ月の期間にわたって，教育で学んだことや自分の弱い点であるとわかったことの改善に取り組む．

c. 教育の実例

1) 営業ノウハウの共有

背景：優秀な営業マンとは何がどう違うのかを可視化し，教育することで営業マンのレ

ベルアップを図りたい．

目的：営業の現場において優秀な営業マンと中級に属する営業マンの行動を調査することで潜在的なノウハウを抽出し，教育に取り入れる．

方法：観察員が営業マンと同行して，どういう言動をしているかを詳細に観察し記録をとる．心理学的な知見とつきあわせることで行動内容を分析し，ノウハウを抽出する．また得られた結果は勉強会やロールプレイングなどの手法を用いて教育を実施した．

結果：中級の営業マンの成績が向上する事例が多々得られた．ある事例では，受講者全体の営業成績（成約率）が平均で54％向上した．

2) **接客の改善**（がんこフードサービス株式会社の事例）[1]

背景：厨房やホールサービスなどのCSを高める方法やマネジメントの方法を可視化しチェーン全体のサービス向上を図りたい．

目的：顧客接点業務における，優秀店のホール従業員の行動を視覚化・標準化して他店に展開し，人材育成に活用することでサービス品質を向上させる．

方法：観察員が客席から終日目視でスタッフの行動と，その対応を受ける顧客を観察した．スタッフだけでなく，顧客の行動や心理を分析することにより，顧客満足につながる行動を抽出した．

結果：観察より得られた事実・行動から，サービス向上のポイントを整理した．現場教育担当も交え教育研修のためのプログラムを検討し，教育ツールとして自己チェックシートを作成して観察結果に基づいて研修を実施した．1カ月の実践後，設定した課題に対して69％の従業員で向上がみられた．

3) **お客さま記憶ノウハウの共有**（株式会社ロイヤルホテルの例）[1]

背景：「お客さまの顔やお名前を記憶するノウハウ」は，特定の個人に内在しており，次世代のエキスパートを育成するための必要なノウハウの可視化が困難である．

目的：比類ない高次元のサービスを提供する優秀者のもつ**「顧客情報を記憶するノウハウ」**を視覚化．標準化し従業員の育成モデルをつくることでサービスの品質向上を図る．

方法：優秀なスタッフ，まだ経験の浅いスタッフを織り交ぜ，職種の違う7名の対象者の現場での業務行動の観察調査と2時間のヒアリングを実施した．顧客情報を覚えるために努力している行動や事例などを中心に情報を収集した．

結果：記憶の過程である「符号化」→「貯蔵」→「検索」の各ステップにおける対象者の工夫や行動を認知心理学の根拠とともに整理し，研修システムを構築し勤続年数2～4年のロイヤルホテル社員14名に実施した．ビデオによる顧客の記憶力テストを実施したところ，研修参加者の半分以上が研修前に比べて記憶力がアップした．

4) **今後の展開**

行動観察は仮説検証よりも，本質的な問題やニーズをとらえるための手法である．サービスの現場やその教育においても「何が本質的な問題か」を明らかにする必要がある．サービスの根本が人間である以上，心理学など人間の知見に基づいたサービスの開発・教育は今後より重要となるであろう．

4.4.2　CCE を活用した従業員教育支援

新 村　猛

　外食産業，百貨店などは，対面接客によってサービス提供する産業である．企業は自社のサービスを設計するため，熟練従業員の経験や顧客アンケートを参考に自社のサービスを設計し，従業員に教育するため顧客の来店から会計に至るまでのサービスフローに沿ってマニュアルを作成している．

　しかし，顧客はマニュアルに定められたとおりに行動するわけではない．その日の利用目的，気分，状況に応じて顧客のニーズや行動は大きく異なる．そのため，従業員はサービス提供現場で顧客の属性，利用目的などをセンシングし，マニュアルを基本にしつつその場の状況に応じてアレンジし，顧客にサービスを提供している．サービス適用は従業員の経験と勘に依存せざるを得ないため，サービス品質は従業員の質によって大きく変動する．

　従来の顧客理解手法であるアンケートや行動観察は顧客，従業員いずれか一方の観測，分析が中心であった．サービスの同時性という特性上，顧客と従業員を同時に観測対象とすることが必要である．従業員による顧客ニーズのセンシング観測と同時に，サービス提供現場でサービスを受容した顧客のニーズを観測し，顧客のサービスニーズと従業員のサービス提供との Fit & Gap 分析を行う必要がある．本項では，**認知的クロノエスノグラフィ**（CCE，1.1.5項参照）を用いた顧客，従業員の行動観察に基づく**従業員教育支援**の方法について紹介する[1,2]．

a.　CCE による顧客理解

　まず，顧客モニタを選定するため，実験の趣旨に賛同する参加者をインターネットで募集した．次に，店長などの評価をもとに接客係のスキルを高，中，低に分類し，スキル水準ごとに各3名，計9名の従業員を選出し，各スキル1名ずつからなる3グループを編成した．

　行動観察は，2009年11月に大阪市内の飲食店2カ所で行われた．より実際の飲食店利用と同じ状況にするため，行動観察実施区画以外の客席は通常営業を行い，従業員は普段どおりの業務環境になるようにした．また，顧客モニタにも一定の謝金を支払うかわりに普段と同様会計をするようにお願いした．顧客が自然な状態で飲食できるよう，カメラは顧客から極力見えない場所に設置した．個室以外での従業員の行動も記録するため，従業員はアイカメラ，集音マイクを装着して接客を行った．

　顧客，従業員モニタにインタビューを実施する者もサービス提供現場を共有することでより正確な結果を得ることができる．そのため，インタビュー実施者は別室でサービス提

供現場を VTR モニタで観察し，セッション終了直後に顧客，従業員に自由回答方式でインタビューを行った．

画像をもとに各セッションで起こったイベントを時系列で書きだし，内容を検討したのち，観察されたスキルを，8区分28項目に分類した．分類結果をもとにサービス重要度評価に関するアンケートシートを作成し，顧客，従業員に1点（まったく重要だと思わない）から6点（非常に重要だと思う）までの6段階評価してもらった．

b. 結果と考察

顧客のサービス重要度を縦軸，従業員のサービス重要度横軸にとり顧客と従業員のサービス重要度認識の相違を示す散布図を作成した（図1）．

従業員，顧客双方にサービス重要度が高いと評価した項目は，C-1, B-3, B-4, H-2, E-1 であり，飲食店の基本的サービス品質とされる **QSC** に関する項目である．仮に最高品質の料理を提供したとしても，笑顔のない従業員が無愛想に提供した場合，顧客は満足しないであろう．外食産業は自社の提供する基本的サービス品質の要素である QSC 向上に注意を払うとともに，顧客の期待どおり提供できるようにマニュアル，従業員教育，店舗レイアウトなどの改善を継続しなければならない．

顧客のサービス重要度が従業員よりも高い項目について考察する．H-3 は，ディナーレストランを利用する顧客は，食事をするだけでなくコミュニケーションをとるなどゆっくりとすごすことを利用目的にしていることを示している．一方，顧客がゆっくりすごすことは客席回転率の低下をもたらすため，売上低下要因となる．つまり，顧客と従業員との間に利益相反が生じていると考えられる．

F-2 は，顧客が料理に対する情報の非対称性を解消することを望んでいると考えられる．

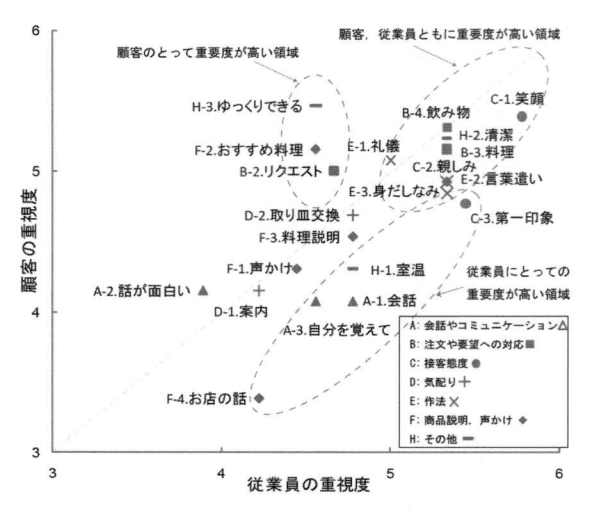

図1 各スキルの重要度をプロットしたもの

料理の素材は自然の産物であるため，同一品質や特性のものは存在しない．一方，従業員側はメニューやPOP（point of purchase）で商品情報を提供しているので，ことさら顧客に情報提示する必要性を感じていない．つまり，情報の非対称性の存在が顧客と従業員のサービス重要度に対する認識の相違の要因になっていると考えられる．

　従業員のサービス重要度が顧客よりも高い項目について分析する．F-4，A-1は，従業員が積極的にコミュニケーションをとろうとしているが，顧客は自分たちのコミュニケーションを楽しもうとしているため，必要以上の情報提供や会話は顧客ニーズと相反していることを示している．

　H-1は従業員が顧客の快適性を考慮して設定すべきものであり，C-3も印象のよいサービス提供を従業員が心がけることは当然である．一方，顧客にとって快適な室温や印象のよいサービスは当然のことであり，顧客がことさら重要であると認識するサービスではないため，顧客のサービス重要度が低い．

c. 従業員教育支援のあり方

　b.から，サービス提供現場における**顧客満足度**は，顧客，従業員のサービス重要度得点の低いほうで決定されていることが理解できる．たとえばB-2は，顧客の得点が，5.00に対して従業員の得点が4.67である．顧客の要求である5.00に対して従業員は4.67サービスを提供していると仮定した場合，顧客満足度は4.67であると推定できる．つまり，顧客ニーズは完全に満たされていない．一方，C-3は，顧客の得点が4.77に対して従業員の得点が5.44である．同様の仮定に基づいた場合，顧客満足度は4.77である．つまり，0.67のサービス投入が無駄になっていると推定できる．サービス産業は，このギャップを測定し，サービスオペレーションの設計を変更するとともに，従業員のセンシング能力を向上させる必要がある．

　従業員は自らの経験に基づいてこのギャップをサービス提供現場で計測し，顧客ニーズを推定してサービスを設計し，顧客に提供している．勤務経験が豊富になるにつれて顧客ニーズのセンシング能力は向上すると想定されるため，まずスキル別従業員のサービス重要度得点を求め，自分より上位スキルの従業員はサービスの何に対して需要度を認識しているのかを理解する必要がある．次に，顧客のサービス重要度を利用目的別に求め，どのような利用目的の場合に顧客は従業員に対して何を求めるのかを理解する必要がある．これらの知見に基づいて，従業員はより顧客ニーズに適合したサービス設計，適用が可能になるとともに，自分の接客スキル向上のためにどのようなサービスについて留意する必要があるのかを学ぶことができる．

4.4.3 行動シミュレーションを活用した従業員教育：ディズニーランド

小松田　勝

　ディズニーランドの最大の企業カラーは「徹底力」である．ディズニーランドが社会やコンシューマー（消費者），ステークホルダー（利害関係者）に「約束」する一番大事なテーマ，「全世界の人々に幸福の場を提供する」を，オンステージ（顧客のいるパーク上）で徹底していることが「底力」となり，リピーターが常に80％を越えているのである．これを可能にしているのは「実践力」で，その主人公はアルバイトの「**準社員**」である．

　東京ディズニーランド（TDL）は曜日による繁閑の差が激しく，1日の入場者数（アテンダンス）の波が大きいと思われていたため，正社員だけで賄うことは人件費から考えられず，準社員を主体にした．しかし，キャスト（従業員）が行うのは単なる「作業」ではない「テーマショー」で，その場に即した最高のパフォーマンスで取り組まなければならない．正社員でも簡単にできないことを，学生アルバイト中心に行ったのである．ピークシーズンに働くキャストには最短で1週間くらいのキャストもいるが，それでもレベルの高いオペレーション（サービス行動）ができなければ，オンステージには出さないようにしている．それはゲスト（顧客）が感動するサービスがテーマだからである．

　ウォルト・ディズニーは，**ディズニー・フィロソフィー**（ディズニーの最重要課題）の実現には「感動」が欠かせないとした．そして「感動」は，①素晴らしい大自然，②完璧につくられた環境と，③人と人とのコミュニケーション，から生まれると考えていた．中でも③が一番と考え，基本行動を躾ける行動シミュレーションにより"Courtesy（礼儀正しさ）"のインプリント（刷り込み）方法を考えたのである．短期間しか働けないキャストにも，ビジュアルな具体的体験でインプリントし，短時間に基本的サービスができるようにした．これが，ディズニーが重視する「**エクスペリメント＝体験**」で，サービスの最前線にいるスタッフ全員のCS（顧客満足）レベルが高く保持される方法である．

　エクスペリメントはゲストだけのものではない．キャストがCourtesyやオペレーション方法をシミュレーションで体験し，感動提供をスピーディーに具現化させるのである．ディズニーが考える「ゲストの『感動』はキャストの働く歓び＝『歓働』」としたホスピタブルな行動が自然にできるようにさせるため，さりげなくインプリントする方法である．ただし，封建制時代の徒弟制下で行われてきたように，「作業を単に習い性」のようにするのではない．意義や意味を理解させ，自主的な行動がとれるようにしているのである．

　新アトラクションを準社員に体験させるとき，幹部や社員が入口付近に並び拍手で迎えるが，迎賓の感動をゲストに自然に伝えるシミュレーション体験なのである．

　シミュレーションの内容は，それまで教えたスタンダードオペレーション（仕事標準）をまず理解させ，サービス現場でそれを越えた，よりよいことに気づかせ実行させるので

ある．したがってマニュアルを単に真似るのではなく，内容の革新も伴うのである．

　成熟し感覚を高めている消費者に対し，過去の「標準」だけではCSにならない．「標準」を躾け，かつ新しいことに気づかせ，オペレーション方法を高め続けなければならないのである．ディズニーはこの両者を常に磨く方法を創造し，ディファクトスタンダード化させているのであり，シミュレーションはそれを「体験」するための基盤なのである．

　シミュレーションは，「よい方法に気づかせ問題意識を高め，それが工夫を生み，お客様と会社から感謝されることで達成感を高め，自信が快感をもたらし，再び問題意識を高める」というサイクルを生むのである．

シミュレーション→問題意識→工夫（個人・集団）→
→感謝（お客様・会社）→達成感→自信→快感→問題意識

a.　行動シミュレーション，最初のインパクト

1) OFF・J・T途中のオンステージ上シミュレーション

　キャストの入社時研修でインパクトのあるシミュレーションは，**OFF・J・T**（off the job training 座学研修）中にオンステージに6〜8人ごとのグループで連れ出し，**OJT**（on the job training 現場実地研修）を行うことである．座学中の内容を「百聞は一見に如かず」，ゲストのいる場所で試行錯誤させるのである．

　最初の研修途中パークで「困っている」「迷っている」「探している」「楽しんでいる」などを意識させることは，「マニュアルは70〜80%．残りの20〜30%は自分で一番よい対応を考える」意味を深く理解させ，正しい判断基準と考える基盤をつくるのである．

2) 新卒新入社員，オンステージのカストーディアル研修

　新卒の新入社員研修は，1カ月を越すオンステージでの**カストーディアル**（掃除部門）研修が主体である．新卒でもナイトシフトに入るハードなものであるが，ゲストとのコミュニケーションを徹底して図ること，またカストーディアルのマニュアルに書いてある「朝一番のゲストの赤ちゃんがハイハイしても汚れない程度に」という掃除状態を理解させるのである．これは，「夢の国にはゴミなど一切落ちていない」というウォルトの考えを，シミュレーションで具現化させる方法をインプリントする方法なのである．

　エンターテイメントキャストは，バックステージ（従業員専用場所）のリハーサル用の場所でトレーニングを積む．事前トレーニングができるモックアップ（実物大模型）をもつ部門もあるが，パーク全体のモックアップなどつくれないのである．

　掃除のキャストはゲストからさまざまな質問を受ける．また，パーク内で起こっていることを，掃除しながらつぶさにみることができ，入社当初のオンステージでのシミュレーションで，パーク本来の姿を早いうちにインプリントすることができるのである．

b.　キャストに，感謝をインプリントするシミュレーション

　「よいサービス」は大事であるが，受け手がどのように感じるかを知らなければならない．若いキャストは自分のサービスに自信がもてなければ徐々に惰性的になってしまう．そのため，ゲストの立場を体感させるイベントを行っている．「キャスト感謝デー」がそ

れであるが，単にキャストの貢献に感謝し，アトラクションで遊ばせるのではない．「ゲストの立場に立つ」ことを体感させ，サービスを客観視させる．「キャスト感謝デー」のオペレーションは幹部と正社員が行うが，準社員を楽しませながらホスピタブルなサービスを行う．キャストでディズニーに一度もきたことのないメンバーはいないが，たとえはじめてでも，このイベントでホスピタブルサービスを体感できる．ディズニーにゲストとしてきたことがあれば，来園したときのことを思い起こさせるようにするのである．

c. メンター（優れた指導者）によるシミュレーション

達成欲求の研究で著名な，ハーバード大学の心理学者，D.C.マクレランドは，「パワー理論」で，部下が素直に先輩や上司に従うのは，敬意や親しみからで，その意識を高めることでよりいっそうレベルの高い仕事をするようになり，同時に質の高いリーダーシップをとるようになるという[1]．モデリングの行動シミュレーションを体験させることで，スタンダードオペレーションの速やかな実践を可能にするのである．

i) カウンターパート オープン前に米国本体から数百人のカウンターパートがきていた．**カウンターパート**とは「割符」の意味で，「同じものの保証」であり「重要なことを同じように行えるように指導する人たちのこと」である．TDLのオープン時，ディズニーのDNAの押印をシミュレーションによりインプリントしたのである．

ii) リード TDLのオープン後，カウンターパートは多少残ったが，準社員に対する同様な立場を引き継いだのは「リード」の社員であった．**リード**は単なるトレーナー（訓練者）ではない．キャストの仕事は「作業」ではなく，「テーマワーク」であり，兄や姉の立場で，訓練をするだけではなく，従業員に対するすべてのことのフォロー，コーチングを行うスタッフで，模範をインプリントするのである．

iii) ユニバシティ・リーダー TDLは現在，準社員教育プログラムを，先輩キャストで行う制度をつくっている．若い準社員たちに違和感をもたせず教育する方法である．

d. その他の行動シミュレーション

i) IE TDLはオープン後3カ月目に，IE（industrial engineering）を行った．快適さを追求するため，ゲスト数と滞留状態，パーク内の施設バランスを確認した．各店舗や職場ごとに，ゲストのウェイティング数と施設やアトラクションを利用できるまでの時間，利用終了時間の確認を実施した．

ii) 避難訓練 ディズニーの基本運営理念（運営での基本理念）は，S（safety 安全性）・C（courtesy 礼儀正しさ）・S（show ショー）・E（efficiency 効率）で，最優先課題は安全なのであり，さまざまな非常事態にマニュアルを使い，シミュレーションによって対応できるようにさせている．

教育とは「気付き」であり，サービス業であればOJT環境をつくることが，最高の「行動シミュレーション」方法である．

参 考 文 献

4.1.1
1) 本村陽一,岩崎弘利,『ベイジアンネット技術』,東京電機大学出版局,(2006).
2) C. Ono, M. Kurokawa, Y. Motomura, and H. Asoh, "A Context-aware Movie Preference Model Using a Bayesian Network for Recommendation and Promotion", *Proc. User Modeling 2007*, LNCS, Vol. 4511, Springer (2007), 257-266.
3) 小野智弘,黒川茂莉,本村陽一,麻生英樹,"ユーザ嗜好の個人差と状況差を考慮した映画推薦システムの実現と評価",情報処理学会論文誌,**49**(1),(2007),130-140.
4) 落合 香,下角哲也,小野智弘,麻生英樹,本村陽一,"ベイジアンネットワークを用いた映画コンテンツのマーケティング支援",人工知能学会全国大会,3D2-NFC-1 (2009).
5) 本村陽一,"大規模データからの日常生活行動予測モデリング",シンセシオロジー,**2**(1),(2009),1-11.
6) 本村陽一,西田佳史,"サービス可能知識としての日常生活行動の計算モデル:確率的因果構造モデリングによるアクションリサーチ",人工知能学会論文誌,**25**(5),(2010),651-661.

4.1.2
1) 石垣 司,竹中 毅,本村 陽一,"百貨店 ID 付き POS データからのカテゴリ別状況依存的変数間関係の自動抽出法",オペレーションズ・リサーチ,**56**(2),(2011),77-83.

4.1.3
1) Z. Pawlak, "Rough sets", *Int. J. Inform. Comput. Sci.*, **11**(5), (1982), 341-356.
2) T. Kashima, S. Matsumoto, and H. Ishii, "Decision Support System for Menu Recommendation Using Rough Sets", *Int. J. of Innovat. Comput. Inform. Control*, **7**(5), (2011), 2799-2808.
3) JR 東日本ウォータービジネス,http://www.jre-water.com/.

4.2.1
1) 松日楽信人,小川秀樹,"人との共存環境を目指すロボット技術",東芝レビュー,**64**(1),(2009),2-7.
2) 経済産業省,ロボット政策研究会報告書 (2006).

4.3.1
1) 天目隆平,竹原正矩,速水 悟,蔵田武志,"労働集約型サービス—従業員行動計測技術に基づく分析と可視化",HCG シンポジウム 2010 論文集,(2010),443-448.
2) 上岡玲子,新村 猛,天目隆平,大隈隆史,蔵田武志,"従業員行動計測と可視化によるサービス品質管理活動支援",信学技報,**111**(380),(2011),251-256.

4.3.2
1) 内藤 耕,赤松幹之,『サービス産業進化論』,生産性出版 (2009).

4.4.1

1) 近畿経済産業局（委託先　株式会社エルネット），『平成21年度関西における科学的・工学的アプローチによるサービス現場改善事業～行動観察手法を用いたサービス業の現場改善について～実施報告書』，(2009)．
http://www.kansai.meti.go.jp/3-2sashitsu/service/21serviceseika/kansatsukaizen-pjt.html
2) 松波晴人，『ビジネスマンのための行動観察入門』，講談社現代新書（2011）．

4.4.2

1) 新村　猛，竹中　毅，"外食産業における顧客，従業員の行動計測に基づくサービス分析"，日本人間工学会第51回大会，(2010)，30-31．
2) T. Shimmura, and T. Takenaka, "Improving Restaurant Operations Through Service Engineering", *Proc. of Int. Conf. Advances in Production Management Systems*, Stavanger, September, 4(2011), 3-4.

4.4.3

1) D.C. マクレランド/梅津祐良ほか訳，『モチベーション―「達成・パワー・親和・回避」動機の理論と実際』，生産性出版（2005）．

第5章 企業事例

　この章ではこれまでにみてきた最適設計ループにかかわる要素技術が実際の企業においてどのように活用されているかを事例を通して紹介する．多種多様な業種・業態における先進的な取り組みの根底に，「観測」「分析」「設計」「適用」の各要素に関係する共通点を見いだすことができる．たとえば5.1節で紹介するトワードで開発された波状運転指数と5.2節の明豊ファシリティーワークスにおけるマンアワーシステムは，サービスを提供する従業員の活動を定量化・見える化することでそのばらつきをなくすという点で共通する．また，5.3節のイーグルバスにおける取り組みと5.4節におけるがんこフードサービスにおける取り組みにおいては，顧客が体感するサービスの品質に直接かかわる「運行ダイヤ」「料理の味」の見える化を通して，提供過程のオペレーションを再設計している．

　また，同じ宿泊業においても5.5節のスーパーホテルと5.6節の加賀屋は設定する利用シーンがまったく異なっているため一見してまったく違う業態をとっているように思われるが，それぞれを利用する際の顧客に提供すべき価値としての「睡眠の質」「おもてなし」を明確に打ち出して，これに直接関与しないオペレーションを徹底的に効率化している点で共通している．さらに，5.7節で紹介している喜久屋での取り組みは，顧客の視点に立ち「お客様が必要なときにクリーニングした品をお返しする」ためのサービス提供プロセスの見直しにより実現されている業務の平準化であるが，5.8節で紹介したネットオフの物流センターにおけるトヨタ生産方式の活用とともに"Just in time"でサービスを提供する考え方が共通する．5.9節では多くのステークホルダーが関与する温泉街における取り組みを紹介する．　　　　　　　　　　〔大 隈 隆 史〕

5.1 トワード

友田健治

　株式会社トワードは，トラック運送事業を前身とする物流サービス事業者である．利用者への物流サービスの高度化と効率化をテーマにして，トラックにパソコンを搭載して運用するシステムを開発，2001年から実運用し，GPSや通信機能でリアルな動態管理と物流品質管理・運行管理と運転管理を行うことができる総合システム「トラサム」（TRU-SAM：Truck-Support Administration & Management）®を販売している．また，一般車両向けにも特に経済効果の大きい運転管理で，廉価，取付け工事が不要，管理が簡便，費用対効果が大きい，安全運転とエコ運転に絞り込んだ「エコサム」（ECO-SAM）を2011年からリリースした．本システムにより交通事故の半減，燃費の2割向上の効果が期待できる．

a. 道路運送における安全運転度指標の必要性

　自動車での輸送サービスは，輸送量全体の9割以上のシェアを占め，現代社会に必要不可欠なインフラといえる．当然ながら安全性の確保は最重点の課題である．運送事業者として安全運転の重要性を認識し，車間距離の確保など安全運転の指導は行うものの，実際の運転は，おのおののドライバーに任されていて，危険運転を回避する手法は道路交通法を守るというものでしかなかった．

　弊社では過去には死亡事故を起こしたことがある．亡くなられたご本人やご家族の方に対しての申し訳ない気持ちとやりきれなさで，トラック運送事業を辞めたい気持ちになったこともある．しかしながら，事業資金の借入金や従業員また顧客のことを考えると続けざるをえない状況にあった．

　事故を起こそうと思って運転しているドライバーは1人もいない．また誰かが運ばなくては，世の中が成り立たないことも事実である．何か効果的な安全運転の指導方法はないかと考えていた．デジタル速度記録計などで速度を監視し，法令違反を見つけだし違反回数をチェックし点数化しても運転の質は見えない．もちろん法令遵守は大切なことであるが，運転の質を管理し向上しなければ安全運転の遂行は難しく，法令違反はないが事故は起きるという結果になってしまう．安全運転管理を行うには運転者自身が自己の安全運転目標を設定し，自己管理・自己改善ができることが重要である．このため運転の質を「見える化」し，改善し続けることが必要である．

　交通事故の約半数は追突形態であり，重大事故の可能性もある．追突を防ぐには車間距離を十分にとることに尽きる．安全運転の質の最も重要なことは，「穏やかさと滑らかさ」で表せる．穏やかで滑らかな運転は，車間距離を十分にとれば可能である．逆に，車間距

離をとらなければ,滑らかで穏やかな運転はできないといえ,滑らかさと穏やかさを指数化できれば,運転の質の重要な部分を「見える化」できるといえる.すなわち,安全運転の指数として使用できるということである.

b. 波状運転指数

実際の運転においては,ドライバーは天候・道路事情・交通の状況などの情報をもとに自分で判断して,速度のコントロールをしている.自動車の運転は個人的な要素が高いのが実際である.車間距離を詰めた危険な運転は,短い車間距離を維持するために,加速と減速を頻繁に行っていて,時間当たりの速度変化が激しく,速度推移をグラフにするとぎざぎざの波状(速度のばらつきが大きい)になっている.反対に車間距離を十分にとった安全な運転は,速度変化は緩やか(速度のばらつきが少ない)であり,グラフでのぎざぎざの波状はほとんどない.

安全運転度合いの「見える化」を行うためには,基準が必要となる.平坦な道路で交通

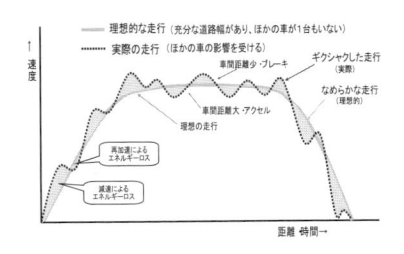

図1 波状運転指数
走行中の無駄な加減速で発生する,エネルギーロスを指数化したもの.「走行全体の運転品質」の指標となる.

表1 波状運転結果と事故歴

	ドライバー	波状指数	入社年月	事故件数	調査期間	事故詳細	過失割合
優良ドライバー	A	5.973	平成3年1月	なし	1年2ヶ月		
	B	7.267	平成4年9月	2件	1年6ヶ月	前方走行車両が横転し、避けきれず接触	40%
						黄色点滅信号直進中、赤点滅の車両が衝突	10%
	C	7.455	平成16年5月	なし	4年9ヶ月		
	D	8.462	昭和63年5月	なし	20年10ヶ月		
	E	9.794	平成17年4月	なし	4年11ヶ月		
要注意ドライバー	F	16.866	平成17年12月	2件	3年3ヶ月	車線変更時、後続車と接触	100%
						左折時、歌帳を巻き込む	100%
	G	19.337	平成16年11月	1件	5年2ヶ月	納入口に入る時、車両上のポールに接触	100%
	H	20.716	平成17年11月	2件	3年4ヶ月	バックで駐車しようとした時、駐車の車両と接触	100%
						わき道から飛び出してきた乗用車と接触	0%
	I	24.004	平成18年11月	3件	2年4ヶ月	停車するとき、店舗軒先に接触	100%
						左折しようとした前方車両と接触	100%
						店頭駐車場から出ようとする右折車、後方車両が追突	0%
	J	24.723	平成20年11月	1件	4ヶ月	客を乗せるため停車したタクシーに追突	100%
	K	30.928	平成20年12月	1件	3ヶ月	右折時、停車した車両と接触	100%

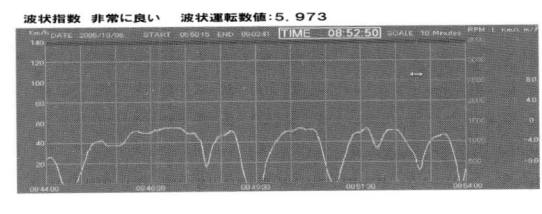

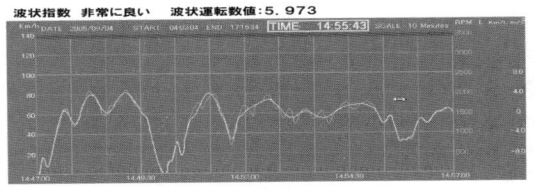

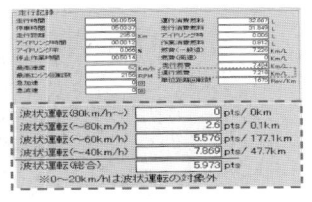

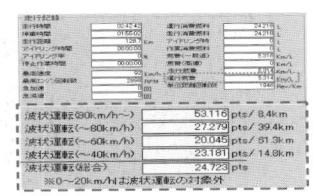

図2 安全運転指標比較 (4トン車,一般道走行で比較している)

5.1 トワード 167

を阻害する要因（他の車や人など）がないときには，滑らかで穏やかな運転が可能なはずである．しかし実際は天候・道路状況や交通事情のために，速度コントロールは運転者の判断に任される．実行した速度コントロールの良し悪しは第三者には判断できない．そこで実際の運転速度のデジタル記録をもとに，理想的な速度変化を解析し算出した．この理想速度変化と実際の運転速度の乖離幅を**波状運転指数**として定義した（図1）．実際の速度記録を用いて適用したところ予想どおりの解析結果を得た．すなわち，**永年無事故者**は波状運転指数が低く（速度のばらつきが少ない），**事故多発傾向者**は波状運転指数が高い（速度のばらつきが多い）のが顕著に現れていた（表1，図2）．

c. 波状運転指数を使った安全運転とエコ運転の取り組み

永年無事故のドライバーは波状運転指数が10以下で，事故多発傾向があるドライバーは波状運転指数が20以上という結果を得た．驚いたことに波状運転指数20以上のドライバーは約3割もいた．彼らは事故予備軍で，事故を起こす可能性が大きく，たまたま事故を起こしていないだけであると判断された．ドライバー全体を波状運転指数10以下にすることが理想であるが，まずは危険ドライバーを指導し，事故の危険度を下げることが急務であった．

波状運転指数の数値の大きいところを，GPSで取得した位置情報で電子地図上にマッチングさせると，市街地・高速道路・交差点付近・郊外とドライバー個々への指導ポイントが判明する．つまりピンポイントで危険箇所の運転指導が可能である．指導内容をパターン化して，パソコンに運転データを取り込めばドライバー別の指導文言を含むコンサルティングシートを自動的に作成するシステムを開発し，統一的な指導と指導の簡便化を実施した．

試行錯誤を繰り返しながら，ほぼ全員が波状運転指数10以下になるようになり，現在では指導方法も確立することができている．当然ながら無駄な加速や減速のない，車間距離を十分にとった穏やかで滑らかな運転は，エネルギーロスも少なく，大幅な省エネ運転の実施になり，燃料費の削減と環境負荷の低減にも寄与している．

d. システムによる効果

弊社の導入実績を実例として示す．事故件数は導入した2001年度に比べて2009年度は73%減少し，重大加害事故はなくなり，保険の掛金額で1600万円の削減効果があった．燃料費は32.7%削減でき4200万円強の効果があり，CO_2排出量も1400トンの削減となった．詳細は弊社ホームページを参照されたい．

特に「エコサム」は廉価（台数によるが5年の月額リース料で500円～1000円くらい）であり，経済効果も大きいので，広く使っていただきたいと考えている．交通事故の50%削減と自動車による環境負荷の20%低減に役立てられれば幸いである．弊社のホームページ（http://www.towardls.co.jp/）上で動画なども用意しており，より詳細については参考にしていただければ幸いである．

5.2
明豊ファシリティーワークス

大見 和敏

a. 建設業界における新たなサービスへの挑戦

　ビルやオフィスなど，施設を建設する際には，技術的にも法律的にも高度な専門性が求められる．一方，そういった専門性を有する「プロ」は，施工会社やメーカーなどの「供給者側」に偏在しているため，一般の発注者は，構想計画段階から，利害が相反する「供給者側のプロ」に依存せざるをえず，結果として，プロジェクトが供給者側のペースで進められてしまうのが現実である．日本で一般的なゼネコンによる一括元請け方式は，コスト構造が不明確で，知識と情報の少ない発注者が価格妥当性を判定することをさらに難しくしている．

　同社は，このように構造的に弱い立場にある発注者を「顧客側のプロ」としてサポートし，発注者に品質・コスト・スケジュールすべての面で大きなメリットを提供している．人的にも資金的にも，施工会社やメーカーなどの供給側の企業から完全に独立し，100％ベンダーフリーの立場で，構想段階から竣工まで，すべてのプロセスと結果をオープンにする**コンストラクション・マネジメント**方式を活用し，発注者が「より良いものをより安く」手に入れる手伝いをし，その対価としてフィーを獲得している（図1参照）．

　こういったプロフェッショナルサービスは，欧米では古くから一般的であったが，日本では1980年代に同社が提供を始めたときには，きわめて新しいビジネスモデルであった．

　そもそも，日本においては，「サービス」という無形の価値に対して対価を払う習慣が少ないうえに，建設業界では，コンサルテーションやプロジェクト・マネジメント業務は工事やモノと一体化され，見かけ上は「無償」であることが一般的であった．

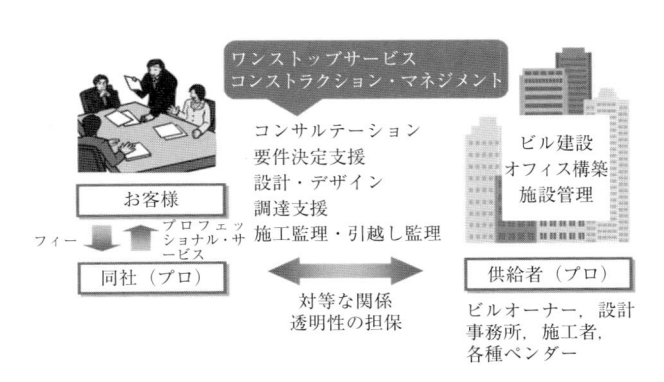

図1　ビジネスモデル概念

```
┌─────────────────┐  ┌─────────────────┐
│ 社内の可視化    │  │ お客様への可視化│
│ 管理会計/財務会計│  │ サービスメニュー│
│ プロジェクト状況│  │ サービスフィー  │
│ 業務状況        │  │ プロセスと結果  │
└─────────────────┘  └─────────────────┘
         ↑ 業務全体がそのまま「見える化」へ
    ┌──────────────────┐
    │ プロジェクト支援DB│
    └──────────────────┘
              ↓↑
    ┌──────────────────┐     ┌──────────────────────┐
    │ 明豊マンアワーシステム│ ⇔ │ 人事・教育・ナレッジ支援DB│
    └──────────────────┘     └──────────────────────┘
              ↓↑
    ┌──────────────────┐
    │ 一般業務支援DB   │
    └──────────────────┘
```

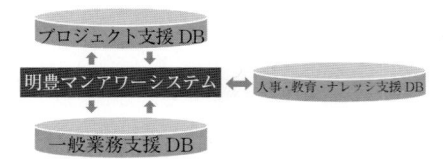

図2　明豊マンアワーシステム（DB：データベース）

このような風土の中で，同社のような小さな会社が，サービスだけを切り離してフィーを請求するには，同社が提供するサービスの中味と価値を明確に「見える化」したうえで品質の高いサービスを効率よく提供する仕組みが不可欠であった．

b. ITの活用とサービスの「見える化」

上記課題に対して，「透明性」と「ITの活用」をコアとして取り組むこととした．まず日々の業務を支援するIT基盤を構築し，デジタルベースでの情報共有を推進した．社内のみならず，顧客との間でも情報の見える化を徹底することで，従来の建設業界にはない業務効率とスピードを実現し，顧客「納得感」を生み出す仕組みをつくりあげた．

同社が受領するフィーを，当初は工事代金ベースに算定していたが，より客観的で妥当性の高い指標として，時間人工ベースへの転換を目指し，「明豊マンアワーシステム」を2003年に本格導入した．社員一人ひとりが，「その時間をどのようなアクティビティに費やしたか」を分単位で入力するシステムで，すべてを自社で開発した．これにより個々のプロジェクトのみならず，個々の業務に，誰がどれだけの時間を要したかを一目で把握することが可能になった．また，このデータを管理会計と財務会計に直結させ，全社システムの中核と位置づけ，プロジェクト支援，一般業務支援，人事・教育・ナレッジの各システムと連動させることで，プロジェクトマネジメントにかかわるあらゆる業務の効率化と見える化を達成した（図2参照）．

c. ビジネスの拡大とサービス品質の向上

サービス内容とフィーの関係を明確に「見える化」したことで，同社が提供する新しいタイプのサービスに対する顧客の理解が深まり，ビジネスが大きく拡大した．また，予算と実績をリアルタイムで把握することで，プロジェクト進捗のモニタリングとタイムリーで的確な処置が可能となり，サービス品質が向上した．

各プロジェクトにおいて，関与するすべてのメンバーの予測マンアワーをデイリーベースで入力することで，社員一人ひとりの稼働状況が予測でき，負荷の平準化とサービスレベルの維持を実現した．

同時に，プロジェクトの成否，プロジェクトメンバーのパフォーマンスを客観的に評価することが可能となり，原因分析と改善が容易になった．従来は，忙しそうにしているメンバーが高い顧客満足度を得れば，そのメンバーは高い評価を得たが，マンアワーデータを通じて費やした時間と成果の相関を客観的に定量化することで，真のハイパフォーマーを正しく評価できるようになった．また，客観的な指標に基づいた評価は，評価される側の社員にとっても納得性が高く，モチベーション向上につながった．

d. プロフェッショナルの育成

プロジェクト・マネジメントにおいて，プロジェクトのスタート段階で，「ゴールまでのシナリオを読み切る」ことが最も重要である．予測マンアワーの入力を徹底することですべてのプロジェクトにおいて「シナリオを読み切る」ことが実践され，管理者からアシスタントまで全社員がイベントからの逆算的時間管理を身につけた．社員一人ひとりが，管理される側ではなく，管理する側に立つ，真のプロフェッショナルに成長したことで，同社が提供するマネジメント業務のレベルが質的に大きく向上した．

e. さらなる取り組み

どんなによいシステムを構築しても，それが活用されなくては意味がない．同社では，社内のITスタッフが，ユーザである社員の要望に常に耳を貸し，より使い勝手のよいシステムを目指し，日常的に改善を続けている．90年代からモバイル端末を活用しているが，インフラや端末の進歩に対応し，セキュリティと利便性の両立を図りながら，さらなるテレワークの拡大にも取り組んでいる．

社内にPMカレッジという研修機関を設置し，「明豊マンアワーシステム」のアクティビティデータ，品質・コスト検査，顧客満足度調査，クレーム情報などを組み合わせ，人事目標，組織目標の設定・管理のPDCAサイクルを回すことで，サービス品質と業務効率の持続的向上を図っている（図3参照）．

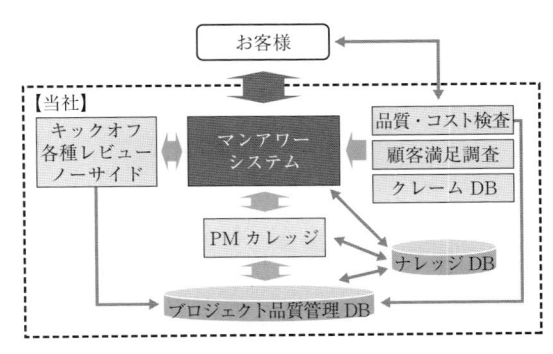

図3 PDCAサイクル（PM：プロジェクト・マネジメント）

5.3 イーグルバス

谷島 賢

　路線バスの利用者数は，1970年の年間100億人をピークに毎年減少を続け，2009年には42億人まで落ち込んでいる．その結果，地方のバス事業者の88%が赤字経営となっている[1]．2002年に実施された路線バス事業の規制緩和で，路線バス事業の新規参入が自由化され，一方，路線の休廃止についても許可制から事前届出制へと大幅に緩和された．その結果，既存バス事業者の赤字路線からの撤退が進んでおり，高齢化が進む日本で交通弱者の足が失われつつあるという問題が起きている．

　バス事業者がこうした決定に至る前に，路線バス事業の改善が不十分であるという指摘がある．バスはいったん車庫を出ると，定時運行しているのか，混雑しているのか，運転士以外誰も知ることはできず誰も実体を管理ができない．路線バスは「見えない事業」なのである．製造業でいえば工程管理と品質管理ができない状態であったといえる．しかし，日本の路線バスでは長年顧客ニーズと運行データを取得する仕組みがなく，また，その重要性の認識も低かったためにデータを活用した運行計画がなされてこなかった．当然こうした運行計画は利用者ニーズとかけ離れている．どんな業界でも事業の先頭には「顧客」があり，そのためのニーズ取得やデータ収集は一般的である．したがって，路線バスを改善しようにも，どのように改善してよいかがわからず，いったん撤退が決定されると赤字路線の全面撤退とならざるをえなかった．

　弊社は2006年に大手バス会社が撤退する赤字路線を引き継ぎ，大学と産学共同で工学的アプローチによる路線バス事業改善に取り組んできた[2]．具体的には，運行データと顧客ニーズ取得システム開発，取得データの見える化と，分析ソフト開発，そして取得データを路線バス事業改善に活用する手順の確立といった，ハード，ソフト，プロセスの三位一体の改善を実施してきた．

a. 路線バスダイヤ最適化による改善

　弊社は，赤字路線を引き継いだときに，こうした路線バス事業独特の問題を認識し，改善を進めるに当たって，コストと品質改善に実績がある製造業に学ぶこととし，①バス事業の見える化，②ダイヤの最適化で改善に取り組んだ．

b. バス事業の見える化

　バス事業の見える化を，①運行の見える化，②顧客ニーズの見える化，③コストの見える化，④改善過程の見える化，の四つで実施した（図1）．

1) 運行の見える化

運行の見える化に必要な停留所別乗降者数取得のために，**赤外線乗降センサ**をバス出入口に設置し，GPS の位置情報と時間情報をあわせてサーバーに蓄積するシステムを構築した．次に蓄積データから，利用がない停留所，運行区間，乗車密度，運行遅延箇所と遅延時間が，グラフで一目できるソフトを開発し，運行の見える化を実現した．

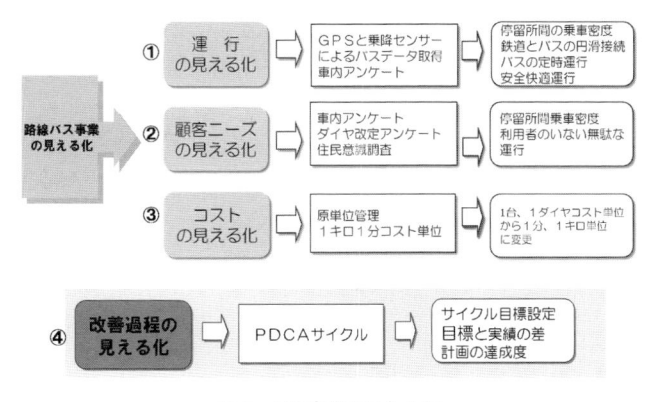

図1 バス事業の見える化

2) 顧客ニーズの見える化

弊社では日々顧客からの情報を取得する「ハガキ式アンケート」，年1回のダイヤ改訂を評価する「利用者アンケート」，そして3年に1回，住民の生活行動変化を探る「住民アンケート」を目的別に実施している．**アンケートによる顧客ニーズ取得**で大事なことは①アンケート設計，②プロセス構築，③継続実施，である．アンケート設計は目的と最終アウトプットの明確化が重要であり，次にアンケートをダイヤ改善に活用する手順構築が必要である．

弊社はアンケート情報の真偽を運行データでチェックし，次にコストの制約条件内で採用する改善情報を取捨選択する．改善情報の優先順位は，1番目が法令順守のための改善，2番目にバスと鉄道接続改善，3番目が利用者の改善要望である．

3) コストの見える化

路線バスの運行コストは，利用者の有無に関係ない一定の固定費であり，運行距離数と運行時間で構成されている．運行計画時に総運行距離数と総運行時間が確定することから運行1 km，1分をコスト単価とすることで，ダイヤ計画時に運行コストの算出が可能である．したがって，新運行ダイヤ計画時の総運行距離数と総運行時間を，旧ダイヤより少なく計画することで固定費削減ができる．運行距離と運行時間の削減は，利用が少ない無駄な運行抽出をして見直すことで可能である．

4) 改善過程の見える化

PDCA サイクルによる改善は，さまざまな業界で導入ずみの標準的改善手法であるが，路線バス事業特有の「見えない事業構造」から路線バス事業独自の PDCA サイクルを定義した．既存バス会社の中には運行データを独自に取得している事業者もあるが，事業の改善に生かされていない．その原因は，運行データの取得は改善の出発点でしかなく，運行データで利用者数の前年比較は可能であるが，問題点の抽出は不可能である．改善は，データ取得とはまったく異なるプロセスである．具体的にいえば，改善は運行の現状を認

識し，次に問題点を発見し原因追求と改善方法を考える段階が必要である．すなわちPDCAの改善に入る前に，「測る」「見る」「考える」という「PDCAの導入サイクル」が必要であることを，弊社は経験から学んだ（図2）．

次に路線バス事業の「基本改善PDCAサイクル」を1年間と設定した．その理由は，JRの時刻改正が毎年1回あり，鉄道とバスの接続の重要性から路線バスも1年周期が妥当であることと，利用者の声を反映させるのに何年もかかるとアンケートのレスポンスが悪くなるからである．最後に改善を何年間続けるのかという問題があるが，弊社では，3年間を「継続改善サイクル」と設定した．

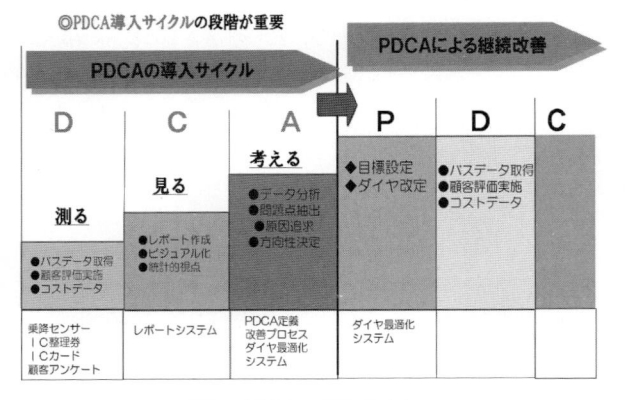

図2　PDCAの導入サイクル

1年目：PDCAの導入サイクル．現状の見える化と問題点抽出．
2年目：抽出した問題点から第1回運行ダイヤ改訂．改訂ダイヤアンケート実施で利用者の評価と新たな問題点抽出．
3年目：問題点を再度改善した第2回ダイヤ改定．利用者の改善評価と収支データから今後の路線バスの方向性（改善継続，撤退）を決定．

c.　ダイヤ最適化の実践

ダイヤ最適化システムで運行の見える化を実施し，取得した顧客ニーズをあわせて問題点を抽出し，不採算ダイヤと定時性，鉄道接続の改善を実施する．

1)　不採算ダイヤの改善

運行路線別の利用者状況がグラフの色で表示され，停留所別乗降人数，乗車密度が視覚的に理解できる．路線全体の運行利用者状況が一目でき，利用がない運行区間や運行時間を抽出し，これを見直すことでコスト削減が可能となる．コストの見える化により削減額を定量的に算出できる．

2)　バスの定時性改善と鉄道接続改善

バスと鉄道の円滑な接続は利用者の最大ニーズである．運行の見える化で，ダイヤと実際の運行が2本のラインで示され，ラインが乖離するほど遅延が大きい．改善はバスの駅到着時間を変更し，停留所間のラップ時間の調整や始発時間の修正で実施する．ダイヤ改訂で，遅延が解消されたかの評価・確認も画面でできる．

今後はダイヤ最適化の次の段階である「**路線の最適化**」への応用が期待される．

5.4 がんこフードサービス

新村 猛

　がんこフードサービス（以下，「がんこ」と略す）は，外食産業黎明期の1960年代にすし店として創業した．がんこの創業理念は「旨くて安い」——サービス産業でトレードオフの関係にあるとされていた「付加価値向上と効率化」の両立を目指した．その実現のためにがんこは，人間によるサービス，料理をベースにしつつも科学的・工学的アプローチによる生産性向上に長年取り組んできた．本節では，がんこの事業概要，および科学的・工学的アプローチによる生産性向上取組み事例を紹介する．

a. がんこの事業概要

　1963年にがんこは寿司店として創業している．がんこは従来寿司業界の常識になかった「寿司の定価表示」「客席のどこからでも見られる陳列ケース」などの革新的アイデアを導入した．また，がんこはすし店の限界である労働生産性の限界（従業員1人で対応できる顧客数が限定されている）を克服するため，大量調理が可能な日本料理業態と組み合わせるとともに宴会場を設けることで予約比率を向上させ，計画性生産が可能な営業形態を確立した．

　平成に入り，「食事としての外食から楽しむ外食に」という考えのもと，1000坪規模の屋敷を和食店として営業する**屋敷業態**を開発，食事とともに日本文化を提供する「文化ビジネスとしての外食」というコンセプトを実現した（図1）[1]．

　多拠点化に伴い，従来熟練従業員の勘と経験で提供してきた料理，おもてなし品質を維持することが難しくなってきた．また，1棟借りの店舗や屋敷業態など，店舗の大型化に伴い，従業員の経験に基づく店舗オペレーションや情報共有は困難になってきた．そこでがんこは，科学的・工学的アプローチで自社のサービスやオペレーションを検証し，サービス品質および生産性向上に取り組む必要性を感じ，いくつかの取り組みを推進するようになった．以下，がんこにおける実践例を紹介する．

図1　屋敷業態のがんこ岸和田五風荘

b. 調理師の技術とセントラルキッチンの組合せ

従来，飲食業では調理師が全調理工程を担当していたため，料理の品質は調理技術者の経験に依存していた．このことが飲食店の大規模化，多店舗化の阻害要因となっていた．この問題を克服するため，多くの外食企業がセントラルキッチンを導入した．

しかし，セントラルキッチンによる生産システムは，品質から価格へと商品価値の中心軸を移したにすぎない．いままでにない価値の商品を顧客に提供するためには，「高品質，かつ価格は手ごろ」な生産システムを確立する必要がある．ゆえにがんこは，効率化の手段としてではなく「価値向上拠点」として 1973 年に**セントラルキッチン**を設立した．セントラルキッチンに技術力の高い調理長を配置し，高い技術力を必要とする煮物などを集中調理するとともに，豆腐，デザート，調味料など，付加価値の高い商品の自社生産に取り組んでいる．近年，がんこは品質向上と効率化を実現するための新たな生産システムの研究に着手している．調理工程を，機械生産のほうが付加価値を向上させる工程と，人間による手作業が付加価値を向上させる工程とに分解し，生産工程を再構成することで品質向上と効率化の両立に取り組んでいる[2]．

c. POS の進化：情報循環，サービスの改善

1980 年代，外食産業は POS（point of sales）を導入し，従来紙で管理していた注文情報管理をオンライン化した．しかし，POS はすべての注文情報をリアルタイムに管理しているにもかかわらず，従来どおり**紙伝票形式**で調理場に個別情報を提示するのみである．さらに，POS は料理の注文情報しか管理していないため，顧客情報の共有化によるサービス改善に活用されていない．製造販売業的要素をもつ外食産業では，注文情報の一括提示による生産工程改善を実現するとともに，情報共有システムとして POS を再定義し，従業員がセンシングした顧客情報を共有することにより，より品質の高いサービス提供を実現する必要がある．

がんこは，まず 2008 年に注文情報を一括提示し，調理師がいま受注している料理のトータル数および時間経過を管理可能な **PMS**（process management system）を構築した．このシステムによって調理場はまとめ生産による生産効率の向上，受注からのリードタイム管理による顧客不満足要因の解消を実現し，料理提供時間を約 15% 改善した[3]．

2010 年，がんこは顧客情報共有によるサービス改善を目的とした **ISS**（information sharing system）を開発した．ISS ハンディー端末で顧客の属性，ニーズ，クレーム情報を入力し，POS ターミナル，キッチンディスプレイ，ハンディー端末に送信する．従業員は，これらの端末で顧客の状況を即座に把握し，適切に対応することが可能になる．本システムの導入により，数百席の客席を有する大型店舗においても顧客情報を従業員が共有できるようになり，サービス品質改善に貢献している．今後は，POS を情報管理端末としてではなく，店舗経営支援システムとして位置づけ，情報システムの統合的運用を図る予定である．

d. デジタルサイネージによる顧客情報の計測

　外食産業は，顧客属性および注文情報をPOSで計測し，商品設計に活用している．しかし，外食産業が使用する非IDつきPOSの場合，顧客情報は従業員が顧客の年齢や職業を推定して入力するため，正しい顧客情報でない可能性が大きい．また，顧客の利用目的や状況は従業員が観測できないため，重要な顧客情報にもかかわらずデータ収集ができていない．さらに，外食産業はPOSに登録されている料理別注文量で顧客ニーズを推定しているが，注文情報はあくまで顧客の事前期待であり，利用後の顧客満足を示しているわけではない．そこで，がんこは顧客情報収集および顧客満足計測媒体として**デジタルサイネージ**を開発し，一部店舗に試験導入を開始している．

　図2に，ある店舗で計測された顧客情報の例を示す．従来のPOSでは年齢や性別に関する情報しか計測することができなかったが，本システムでは顧客の利用目的や同伴者との関係，居住地や外食頻度など，さまざまな情報の計測が可能である．これらの情報により，顧客の利用目的別メニューや催事の提案をきめ細かに実施することが可能になる．

　図3に商品に対する顧客満足の情報を示す．本システムによって従来のPOSでは計測できない顧客満足を計測できていることがわかる．このシステムは客席に設置され，顧客が飲食直後に評価しているため，アンケートなどで懸念される飲食後の時間経過による記憶劣化の心配はない．その場で生産，消費されるサービスに関する計測は，サービス提供が行われるその場で計測されることが望ましい．本システムによって，商品だけではなくサービスに関する顧客満足の計測も可能になると思われる．

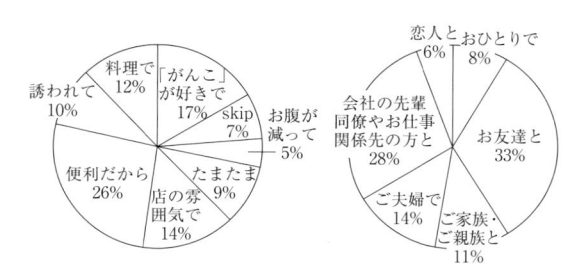

図2　ある店舗の利用目的および同伴者の情報

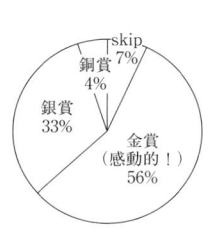

図3　顧客満足度に関する情報

5.5
スーパーホテル

北 原 秀 造

　当社はもともとホテルを営業していた会社ではなく，1970（昭和45）年に大阪でシングルマンションの運営を始めた会社である．1990（平成2）年にシングルマンションの経営ノウハウを生かして，ホテル業界に参入した．当初は「スーパーホテル」という名前ではなく「リンクス」という名前であり，これは通常のビジネスホテルで，ホテル内にレストランや会議室を設け，宿泊料金も6500円という設定であった．それなりに人気はあったが，全国展開できるレベルではなかったので，1996（平成8）年に日本初のバジェットホテルとして，スーパーホテルの1号店を博多にオープンした．以後スーパーホテルで全国展開を図り，現在（2011年6月時点）は101店舗を展開している．

a．ローコストと高品質のビジネスモデルづくり

　スーパーホテルの特徴は，1泊朝食付きで4980円～という低価格と，**日本版顧客満足指数（CSI）**ランキングで2年連続（2009, 2010年）ホテル業界1位という顧客満足度の高さにある．一見両立が難しいといわれるローコストと高品質を，どのようにバランスをとってビジネスモデルを構築してきたのかを以下述べる．

1）顧客ターゲットの絞り込み

　まず行ったのは，「顧客ターゲットの絞り込み」である．メインターゲットを頻繁に出張するビジネスマンに絞り込んだ．さらに具体的にいうとエンジニアやセールスエンジニア，あるいはルートセールスの方々である．なぜならこの人たちにはリピート性があり，かつ連泊するからである．しかし，ビジネスマンは金曜日には自宅に帰ることが多い．そこで，ウィークエンドは若いグループ旅行客やファミリーをターゲットに選んだ．

2）顧客ニーズの理解

　次は，これらの顧客がホテルに対してどのようなニーズをもっているのかを探っていった．すると，頻繁に出張するビジネスマンは，「旅慣れているので余計なサービスは要らない．そのぶんできるだけ安いほうがよい」「ただし，安かろう悪かろうは嫌だ」「翌日仕事なのでぐっすり眠りたい」「チェックインやチェックアウトで待たされるのは困る」というニーズをもっていた．また週末に旅行する若いグループやファミリーは「お金は地域で観光したり，美味しいものを食べたりする

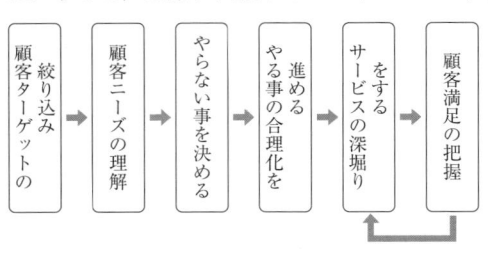

図1　ローコストで高品質なビジネスモデルづくり

のに使いたい．宿泊施設は，安全で清潔であれば，できるだけ安いほうがいい」と考えていた．そこで，一泊朝食付きで4980円というコンセプトができあがった．

3) やらないことを決める

顧客ニーズのすべてに応えようとすると，総花的になってしまい，その結果高コスト化する．そこで最初に，顧客ニーズからみて，宿泊客が望んでいないことは大胆に切り捨てた．たとえば，宴会場や会議室の廃止などである．ホテルリンクスの頃は，これらを設けていたが，利用率はきわめて低かった．それなら止めようということで，そのスペースを客室にした．

4) やることの合理化を進める

次に，やらなければいけないことについてもできるだけ合理化を進めてきた．特に宿泊客の満足に寄与しないところについては徹底した．基本は「IT化する」ということである．経理業務は独自の会計ソフトを開発して，素人でも簡単に処理できるようにした．機械にできることはできるだけ機械化し，人は人にしかできないことに集中してきた．それが，たとえば自動チェックイン機である．フロントの大切な業務は，宿泊料金の精算ではなく宿泊客とのコミュニケーションと考えた．そこで，精算業務は宿泊客みずからに機械で行ってもらい，フロントスタッフは，手が空いた時間に宿泊客とのコミュニケーションを図るようにした．

5) サービスの深堀りをする

徹底して合理化をしたあとはサービスの深堀りを進めてきた．宿泊客のニーズから提供すべきサービスを決め，それについては業界一を目指してきたのである．提供するサービスについては「宿泊客の満足度を把握」して，サービスのブラッシュアップを図ってきた．これを繰り返すことによって，卓越性や独自性に磨きをかけてきたのである．

b. サービスに対する満足と不満足

サービスは，それがきちんと提供されないと宿泊客が不満に思う「不満足要因」と，提供されなくても不満にはならないが，提供されると大変満足する「満足要因」に分けて考えている．

1) 不満足要因の解消

当社では，「**安全・清潔・ぐっすり眠れる**」を基本的なサービスと考え，これが提供されないと宿泊客が不満になるという「**不満足要因**」に定めている．これを「3つのお約束」として，できなければ宿泊料金を返金している（図2）．つまりサービスの品質を保証しているのである．

特にぐっすり眠れるということにはこだわり，大阪府立大学とのコラボレーションで「**ぐっすり研究所**」を立ち上げ共同研究をしている．ぐっすりコーナー(7種類の選べる枕)，ぐっすりルーム（低反発マットを使用），よく眠れるパジャマなどが成果として出てきており，利用者から「ほんとうにぐっすり眠れた」との声をたくさんいただいている．

2) 満足要因の向上

不満足要因の減少に努めたあとは，満足要因の向上を図ってきた．具体的には「接客能

力の向上」と「顧客関係性の構築」である．

まず取り組んだのは「接客能力の向上」である．どんなに顧客に話しかけても，仏頂面では印象も悪くなるので，まずは「明るい笑顔と元気な挨拶」に取り組んできた．これができているかどうかは，宿泊客アンケートで把握しているが，その結果は週単位で集計され，現場にフィードバックされている．また，接客の指導スタッフとして「ゴールド・チーム」を編成し，足りないところがあった場合，直接店舗へ出向き，よくなるまで指導している（図3）．

次は，顧客関係性の構築である．フロントは宿泊客と積極的に会話をするようにしており，そこで得た顧客情報をコンピューターに登録している．たとえば，角部屋が好き，領収書は会社名で，趣味は釣り，仕事は○○の工場建設，といった情報である．この情報はすべての店舗で共有されているので，北海道のスーパーホテルを利用していた顧客がはじめて沖縄にいっても，「いつもの角部屋をご用意しておきました」というサービスが提供できるようになっている．

また，当日チェックインする宿泊客については，フロントスタッフ全員で顧客情報の読み合わせをしている．当社ではこれを「**思い出し作業**」と呼んでいる．これを繰り返すことによって，すべてのスタッフが宿泊客のことを覚え，個別サービスの提供が確実にできるようになった．

以上の活動の結果，毎月3600通もの感謝の声が届いており，リピーター比率も年々上昇し，現在では70％を超えている．

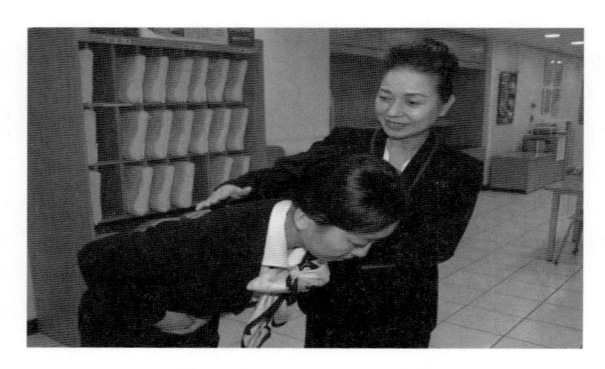

図2　3つのお約束

図3　ゴールド・チームの指導

5.6 加賀屋

内藤 耕

　加賀屋は，高品質な「おもてなしサービス」を提供することで知られ，日本を代表する老舗温泉旅館の一つである．株式会社加賀屋が運営し，能登半島の付け根に位置する石川県七尾市の和倉温泉にある．観光旅行業界からも高い評価を得て，1977年から連続して「プロが選ぶ日本のホテル・旅館100選」の総合部門1位を表彰され続けている[1]．創業は1906年である．当初は客室数が20という小さな旅館であった．いまの総客室数は246で，能登客殿，能登本陣，能登渚亭，雪月花の4棟をもつ．

a. 提供価値の明確化

　加賀屋は自らのサービスの特徴として，食事，施設，温泉に加え，「おもてなし」サービスを前面に出す（図1）[2]．おもてなしとは，客を手厚く世話することである．つまり，加賀屋では，客室係を中心に全従業員で宿泊客一人ひとりに世話する．料理は部屋で提供される．一人の客室係が，宿泊客が食べるスピードで，料理を一品一品提供する．夕食後に布団も敷く．

　宿泊客の要望や嗜好は顧客データベースに入力される．宿泊予定日の数日前から，客室係を誰にするのか，どのようにサービスを提供すべきなのか，料理などで注意すべきことがあるのかどうかなどが検討される．

　宿泊目的を事前に把握することは非常に難しいが，到着後でもそれがわかれば，その目的に合わせておもてなしサービスを提供する．たとえば，もし誕生日の祝いが宿泊目的ならば，何かプレゼントを準備する．法事や葬儀に関連した旅行であれば，亡くなった人のために陰膳を準備する．つまり，加賀屋のおもてなしサービスとは，宿泊客に要求される前に客室係が気づき，それに沿って最もよい方法でサービスを提供することである．

b. 客観的で再現性のあるサービス

　的確な内容のおもてなしサービスを正確に提供するには，一人ひとりの宿泊客がもつ要望や嗜好を

図1　加賀屋におけるおもてなしサービス（写真は加賀屋提供）

組織的に理解しなければならない．そのために，加賀屋では過去の宿泊実績やそのときに提供したサービスの内容などを顧客データベースに入力している．

しかし，宿泊客の要望や嗜好は同伴者によって変わる．旅館への宿泊はそれほど頻繁ではないことから，それらは時間の経過とともに変化していく．さらに，温泉旅館には宴会などの宿泊以外のサービスもあり，顧客データベースの中に情報がないからといって，はじめての利用客である保証はない．

加賀屋は高品質なおもてなしサービスを提供するために，顧客データベースに頼り切ることはしない．むしろ，宿泊客と直接会話することができる客室係が，おもてなしサービスの提供を通じて必要な情報を積極的に収集する．そして，思いつきではなく，得られた客観的な根拠に基づいて，宿泊客に最適なおもてなしサービスを，客室係を中心に組織的に提供できるようにしているためである．

たとえば，チェックイン後に部屋まで案内するとき，客室係は宿泊客の身丈を目視する．各客室に浴衣は事前に準備されておらず，客室係が一人ひとりに合ったサイズの浴衣を各部屋まで届けるためである．

なかなか事前に知ることができない旅行の目的も，些細な会話や行動から推定する．そして，アレルギー体質などは食事の時間の前に直接確認する．朝食や出発の時間も確認する．このように，加賀屋では宿泊客と接することができる客室係を通じて，要望や嗜好を具体的に把握するようにしている．

客室係が宿泊客と接する時間が長いほうが，宿泊客をより深く理解できる．その結果として加賀屋はさらに高い品質のおもてなしサービスを組織的に提供できるようになる．このため加賀屋では，料理を機械で運搬する「**自動搬送システム**」を客室から見えないバックヤードに1989年に導入した（図2）．

加賀屋は懐石料理を各部屋で提供している．多品種少量の料理を客室係は提供しなければならない．もし厨房から料理を客室係が運搬することになれば，宿泊客と一緒にすごす時間が短くなる．また，何度も部屋と厨房を往復しなければならず肉体的な負担も蓄積する．

このような方法で加賀屋が宿泊客の要望や嗜好を正確に知ることができれば，サービスを非常に効率的に提供できるようになる．つまり，宿泊客が求めていることに客室係を中心に組織全体で対応することで顧客満足を高めることができる．一方，宿泊客が求めていないことを排除することもできるので，経営効率の向上も実現することができる[3]．

加賀屋では，同じサービスを繰り返し提供できる再現性の実現も

図2 料理を機械で運搬する自動搬送システム

目指している．客室係によっておもてなしサービスの内容が変動しないようにするということである．もしサービスの内容が従業員によって違ってしまえば，つまり再現性がなければ，宿泊客は安心できず，結果として繰り返し宿泊するリピート客がいなくなってしまう．

この均質なサービスを実現するために，加賀屋では指揮命令系統を明確化している．客室係は部屋でおもてなしに専念し，何か気づけばそれを客室係が所属する部署の客室センターへ電話で連絡する．その気づきに対して，加賀屋が組織としてどのように対応していくかをそこで判断し，必要な部署へ指示を出す．この指揮命令系統が確立されていることで，通常のルートに乗らないサービス内容の変更やクレームに組織的に対応できるようにしているだけでなく，客室係の違いによって対応の違いが出ないようにしている．

宿泊客からのお褒めの手紙は供覧される．宿泊客が残すアンケートの回答を分析している．客室係は，自己啓発のために接客スキルや茶道などの勉強会を開いている．人事部門は「クレーム0（ゼロ）大会」を主導し，従業員みずから問題を分析するようにし，組織全体でおもてなしサービスの提供方法の標準化にも取り組んでいる．

このようにして，高い品質をより効率的に提供できる仕組みを，加賀屋はバックヤードに作り込んでいる．そして，宿泊客数の季節変動などを組織的に吸収し，安定雇用を実現するために，そしてそれを通じてさらなる経費を節減するために，加賀屋のほかにホテル式旅館「あえの風」，料理を前面に出した「金沢茶屋」，女性を主要な顧客ターゲットにした「虹と海」，そして台湾に「日勝生加賀屋」の，姉妹旅館を4軒もつ．さらに，レストラン「加賀屋」を全国に10軒，洋菓子を出すカフェ1軒とともに，旅館の経営改善を指導するコンサルタント会社として雅総合研究所も傘下にもつ．

c． 宿泊と接客，集客を一体化

加賀屋は，宿泊客一人ひとりへの正確で均質なおもてなしサービスの提供を目指している．そして，宿泊客をより理解するためには宿泊客と接する時間が長いほうがよく，宿泊客から直接見えないバックヤードにそのための仕組みを作り込んでいる．客室係はおもてなしサービスを通じて，顧客データベースで把握しきれない宿泊客一人ひとりの要望や嗜好をその場で情報収集し，その情報を組織的に共有するようにしている．このようにして，客室係を中心に，一人ひとりの宿泊客に最適なおもてなしサービスを組織全体で提供できるようにしている．つまり，客室係を起点に，必要なサービスを組織全体で提供できる仕組みを加賀屋は宿泊客から見えないところにもつ．サービスの内容や提供方法が客室係の違いによって変動しないよう，情報の伝達や指揮命令系統も定めている．

このように客観的で再現性のあるサービス提供方法を実現する科学的・工学的アプローチを加賀屋が導入することで，多くの宿泊客に高い評価を得るだけでなく，チェックアウト時に次回の宿泊を予約していくリピート客を多くもつようになっている．

5.7 喜久屋

嶋田 喜明

クリーニング業界は衣類のカジュアル化に伴う長年にわたる需要の落ち込みと，低価格競争の激化に晒されている．また，他のサービス業と同様に，クリーニング業も繁閑の差が大きいという特徴をもつ．春と秋の衣替えの時期に需要のピークを迎え，夏と冬の時期は極端に需要が減少する．また週のうちでも，土曜日の入荷が多く，平日の入荷は少ない．

喜久屋でも2000年頃，5工場あった工場の設備において，繁忙期と閑散期の間で機械の稼働率が大きく違うことが問題視されるようになってきた．また，繁忙期の残業による労務費の増大と，閑散期の早帰りによる雇用の不安定さも問題になってきた．さらに作業量の変化に伴う品質のばらつきも指摘され始めた．

2001年トップダウンにより改善活動がスタートした．狙いは工場と店舗での生産性の向上と平準化，ならびに品質の向上である．骨子としては以下の6点を中心に取り組んだ．
①お預かりした品物を，お客様の都合に合わせてお返しする．
②春に入荷した品物を秋にお返しする生産方法を確立する．
③ロットを小さくする．
④工場ラインを小さくし，複数のラインをつくる．
⑤ラインでは多工程，多台もちを推進する．
⑥作業標準を設定し，作業要領書に従いOJT（on the job training）を行う．

サービス業であるクリーニング業では，一般的な製造業での納期に対する考え方を導入していなかった．これは，クリーニング工場に入荷される品物がすべて利用者の品物であり，工場に入った品物すべてに納入先が決まっている，いわゆるひも付きの品物であることに原因があると考えられる．

つまりこれは，入荷した品物をすべて生産してしまえば，すべての利用者に過不足なく品物が供給されるということである．たとえば，朝預かった品物をすべて夕方に渡せる状態にしておくことにより，個々の品物に対する管理を行うことなく，生産工程が運営できるメリットがある．また，利用者に対しても即日対応による利便性をアピールすることもできる．

従来喜久屋では，土日も営業している店舗では，当日12時までに預かった品物は翌日17時に渡せるシステムを構築してきた．

クリーニング工場の平準化を進めるうえで，最初に考慮されたことは，入荷量はコントロールできなくても，出荷量はコントロールできる可能性がある，ということである．

クリーニング店で「今日お預かりした品物は，明日お渡しできます」という看板をよく見かける．これは，今日の入荷量と明日の出荷量が等しいということである．しかしこれ

では，日々の生産量もばらつき，品質もばらつく．また過剰な設備も必要になってくる．
そもそも，利用者は本当に預けた品物が翌日に必要なのか．たとえば，春暖かくなって，
ダウンコートをクリーニングに出し，そのダウンコートが翌日のうちに必要な人が何人い
るのであろうか．

　利用者としては，今度くるときまでに店にあればよいというのが，正直なところではな
いだろうか．そうなると，せっかく残業までして仕上げた品物が店舗で滞留することにな
る．滞留した品物は店舗スペースを圧迫し，渡し作業も煩雑化してくる．この滞留品の増
大を防ぐために，喜久屋でも以前は翌日に引き取った利用者には料金を割引きしていた．

　これらの事実は納期が決まっていないために起こる弊害であった．そこには，クリーニ
ング工場が在庫管理を無視してきたことと，利用者は品物をすぐに返してほしいと考えて
いる，というクリーニング会社の錯覚があったのではないかと考えるようになった．

　それでは誰が納期を知っているのか．単純に考えれば，知っているのは利用者だけのは
ずである．それならば直接利用者に聞いてしまおう，ということになった．利用者として
引き取るのに都合がよい日を教えてもらえるので，実際に来店する確率は高くなるだろう
し，利用者が指定した引取日に来店した場合に割引きを加味すれば，さらに精度は上がっ
てくると考えられる．一方，工場は利用者の指定納期に合わせ，必要なものだけを生産す
るようにした．

　実際，このシステムを導入する以前は，翌日の引取率が2～3割であった店舗が，**納期
指定方式**に変更し，利用者に新しい渡しシステムを理解してもらった結果，最終的に指定
日引取りの率が8割を越えるようになった．さらに利用者の都合のよい日に引き取っても
らえれば割引きが得られることを伝えた瞬間，手帳でスケジュールを確認する利用者，家
に携帯で都合を確認する利用者まで現れた．

　具体的な店舗での変更点は，以下の3点である．
　①タグ番号順に整理していた伝票を指定納期別に管理するようにした（図1）．
　②集荷バッグ自体を変更し，店舗での在庫を整理しやすくした．
　③集荷バッグ用のラックを作成し，納期別に整理できるようにした（図2）．

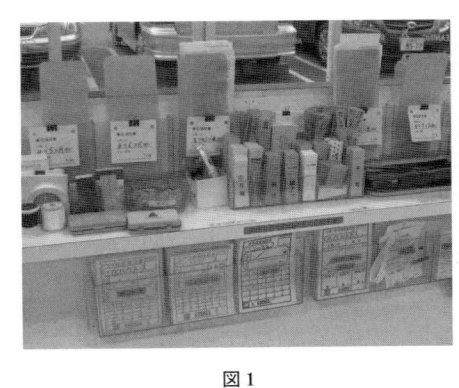

図1

図2

導入当時，利用者の納期指定動向を調査した結果，翌日指定の利用者は約2割程度であった．極論すれば残りの8割の品物は，必要もないのに生産していたことになる．また店舗でも土曜日に入荷が集中した場合，翌日の朝に集荷担当者に渡さなければならないので，残業をしてまでタグづけ作業を行っていた．導入後は翌日までに必要な2割だけタグづけを行い，残りは納期に合わせ作業を実施することにし，店舗作業も平準化できた．

　喜久屋では，当日の12時までに店舗で預かった品物の最短納期は翌日の17時である．工場として作業が必要な品物は，この翌日の17時に渡すぶんだけである．2日後以降が指定納期の品物は，基本的に店舗で在庫しておく．このシステムのため工場に入荷される品物は，本当に必要な品物だけとなり，工場の在庫は減少した．

　喜久屋では，納期指定を導入した直後，年間の平準化を実現するために，春の衣替えの時期に預かった品物を，秋に返却する「**おまかせコース**」を実施した．これは，通常の料金で秋まで保管し，不織布包装と防虫剤をつけて返却するもので，返却するタイミングだけは喜久屋にまかせてもらうというサービスである．

　納期指定とおまかせコースの併用で図3のように，春の繁忙期でも生産量は安定できた．これにより喜久屋では売上げが伸びていた時期に，5工場あった工場を3工場まで減らすことができた．

　また，このおまかせコースの考え方の延長上で e-closet というサービスを2003年から開始した．これは，春の衣替えの時期にインターネットで申し込んでもらい，宅配便でクリーニング品を喜久屋に送ってもらう．夏にクリーニングと保管（冷房，除湿，遮光完備の倉庫で）を行い，秋の指定期日に宅配便で返却するサービスである．こちらも年間15万点以上の集荷が日本全国からあり，平準化の思わぬ効用であった．

　一方，工場ではロットを小さくし，なるべく利用者単位を崩さないよう工夫し，コンパクトなラインでリードタイムの半減を目指した．2時間以上かかっていたドライクリーニング工程は現在57分で完了している．

　クリーニング需要はピーク時に比べ半減した．さらなる努力と業態自体の変革も含め，大きな革新が急務であると喜久屋では認識している．

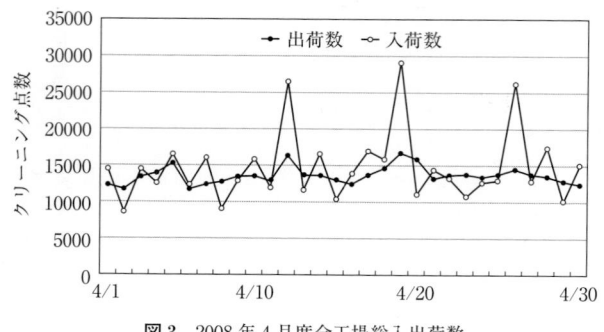

図3 2008年4月度全工場総入出荷数

5.8 ネットオフ

野村 政弘

a. ネットオフの業務内容

ネットオフ株式会社は，インターネットと宅配便を活用して，中古の本，CD，DVD，ゲームソフトの買取りと販売を行っている日本最大級のEコマースの中古書店である．

企業理念としての「宅配買取で真の循環型社会」の実現を目指して，「ラクして売るならネットオフ」をうたい文句に，「自宅に居ながらリサイクル」という新しいリサイクルスタイルの普及を提案している．

月間の買取りと販売の点数は100万点を超え，この商品を約4000坪の倉庫に約100万点を保管し，適宜オーダーに応じた出荷をしている．パートやアルバイトを含む従業員数は300人を超えている．

このビジネスの流れは，読み終わった中古の本の買取りを希望する客先が，ネットで申し込みを行うと，当社からの連絡を受けた宅配業者が客先の自宅に出向き，箱に詰めた買取り希望商品を受け取る．当社に到着と同時に買取り金額の査定を行い，ネットを通じて客先に金額を知らせ，承認か否かの確認を行う．OKであれば，その金額を利用者の指定する銀行口座へ振り込むことで買取りが完了する．ここで，もし否との回答があった場合には，預かった商品をそのまま返却する．また，買取り金額の一部を（当社の寄付分もあわせて）NPOに寄付することができるようなプログラムも用意している．

客先から買い取った商品は倉庫に保管し，それを"NETOFF"のホームページによって販売している．ホームページで注文を受け付けると，倉庫から1点1点その商品を取り出し（ピッキング作業），汚れなどを拭き取り品質チェックと商品確認を行い，梱包作業ののち，宅配便などを使って自宅まで届ける．

b. 膨大な手作業のバックヤード

このように買取りから販売まですべてインターネットをフルに活用したビジネスであるが，そのバックヤードでは大量に入荷する商品の物流と，100万点の在庫の中から1点1点取り出す手作業，そしてそれらを品質チェックし梱包して出荷するといった物流の各場面での膨大な手作業が支えている（図1）．つまり時代の最先端をいくITフル活用のサービス産業も，やはりそれを支えているのは人手によるモノ扱いの手作業であるといえる．

中古ビジネスは単価の安い商品を扱っているので，ローコストの運営がとても重要となってくる．このような厳しい条件をクリアするために「トヨタ生産方式」の考えを取り入れ，改善活動に取り組んでいる．

図1 ネットオフの倉庫書棚と出荷場

c. 「トヨタ生産方式」の導入

「**トヨタ生産方式**」は，いうまでもなく自動車産業のモノづくりから生まれた考えである．それは人が誰でももっている知恵を使った改善活動である．基本的な考え方は，常にものの流れを淀みなく流れるようにしていれば，なにか問題が発生すればそこには淀みができてくる．これを「見える化」して，その原因を改善すれば問題は解決できる．この，問題の「見える化」と改善活動がこの方式の基本の考えである．

これを実現するポイントは，まず工程全体を淀みのない流れにすることにある．そうしておいて，どこかに異常が発生したらその流れが自動で「止まる」ようにする．この止まることで異常が「見える化」され，その場で改善が行われる．これが「トヨタ生産方式」の2本柱としての，前者が**ジャストインタイム**で，後者が**自働化**（ニンベンのついた自動化）である．

まず，ジャストインタイムの流れをつくるため，工程全体を単純化して流れを一本化する（**整流化**）．

当社の工程の流れは，図2のとおりとなっている．

整流化の次には，各工程の**同期化**を図る．すべての工程で淀みなく流れるようにするためには，全工程が売れるスピードで流れることが必要となる．今日の受注量から売れるスピードを求めてシフトごとの生産タクトタイムを計算し，各工程をそのタクトタイムで流

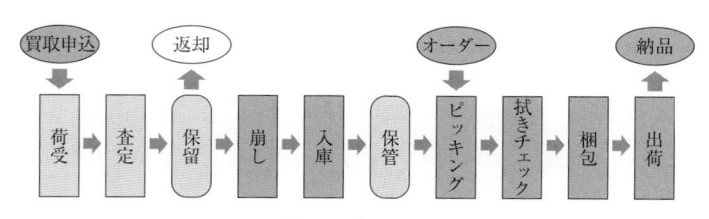

図2 工程の流れ

れるように人員配置などのシフト組みを行い，同期化を実現する．
　こうして，整流化と同期化により，滞留がない状態が「いつもの状態」として生産活動が行われる．しかし，工程のどこかに異常があると，そこに溜りができるようになる．この溜りは，置き場所がないと生産ができなくなる（止まる）．これが「見える化」である．この「見える化」によって，その現場に携わる誰かが見える（わかる）から，その工程の全員で問題解決に向かっての改善活動が生まれる．
　こうして，その職場のみんなの総智を集める改善活動により問題解決が実現できると，そこにグループとしての「グループ力」が醸成されていく．しかも，皆で一つの問題が解決できたという達成感は，グループとして互いの絆も深めることができるし，また，それぞれ個人にとっても自分が参画してできたという喜びと達成感により，働きがいも生まれるし，生きがいにもつながるものである．
　こうした活動が，「トヨタ生産方式」は原価低減活動だけではなく，人を育てる方式だともいわれる所以である．自分あるいは自分たちが問題を発見し，そしてみずからが考え，解決できたという達成感．この工程は，自分たちが考え改善してきた工程だと自慢できる．そして，仲間からも上司からもよくやったと認められる．こうしたことから人間としての生きがい，働きがいが生まれ，自分たちの工程，自分たちの製品といえる職場がもてるようになると考え実践している．

d. 「トヨタ生産方式」改善活動のIT化によるサポート

　こうした人による効率化の推進はもちろんのこと，それをバックアップするITシステムの充実も図ってきている．
　これは，人の能力や注意力には限界があることから，それらをコンピュータのもつ計算能力や検索能力をフル活用して，人の効率化活動を支援することを目的としている．
　それには，次の四つのテーマで取り組んでいる．
　①商品の保管棚の位置をコンピュータ管理して，スペースのむだを省く．
　②ピッキングルートが最短になるように計算し，作業時間のむだを省く．
　③各作業者の負荷時間を平準化計算して，負荷時間のばらつきをなくす．
　④お客様に間違いなく商品をお届けするため，発送直前で注文情報と商品を1点1点読み取りチェックをして，人手によるミスがないかを確認する．
　このように，IT化はあくまでも人による作業へのサポートとして位置づけている．まず工程では，人の作業のやり方の改善を積み上げ効率化を進めていく．それでも，どうしても人手ではやりきれないことを，コンピュータの力によってより効率的な活動ができるように支援していくようにしている．
　それと，人の注意力に委ねざるをえないような部分についても，コンピュータの検索・照合能力を活用して，いまの仕事にミスはなかったかを自動チェックし，作業者を不安から解放し，安心して作業に集中できるようにすることにも重きをおいている．こうした作業改善とコンピュータサポートにより，より改善も進み，また品質も向上し，結果としてより働きやすい職場づくりの実現にも役立つものと考えている．

5.9 オープンサービスフィールド型POSと城崎温泉への適用

山本吉伸

　観光地とは「体験」を売るサービスであるから，顧客が当該観光地内でどのような体験をしているか（回遊行動）を定量的かつ継続的にとらえることが施策立案とサービスの質の向上の基本となる．筆者らは典型的な観光地の一つ，兵庫県城崎温泉を対象として回遊行動調査システムを導入するプロジェクトを行った．

　観光地は以下の二つの特徴をもつ．

　(1)「一定の地域」には，小規模サービス提供者が多数存在し，競争的に共存している．各サービス提供者は対等な関係であって，主従関係はない．その結果，競争が生じ，経済力にも格差が生じる．

　(2)「一定の地域」には，特定の出入口がない．顧客はどこからきてもどこから帰ってもよい．その流入・流出を個々のサービス提供者は把握していない．

　このような特徴をもつ「一定の地域」は**オープンサービスフィールド**（OSF）と定義される．OSFの他の例としては，商店街やショッピングモールがある．複数のサービスが集まった中を顧客が回遊する地域であっても，同一の運営主体のもとで運営されている場合にはOSFには該当しない．著名なテーマパークの多くはOSFに該当しない．

　一般にOSFでは合意形成費用が非常に高く，街全体の合意が必要となる事業を実施することは容易ではない．単独の企業と異なりOSFでは多数のサービス事業者が独立してビジネスを行っているから，上意下達というわけにはいかない．それゆえ，街づくりに責任ある人々が調査の重要性を感じたとしても，個々の地元事業者が賛同しなければ実現できない．そして，調査事業は地元事業者の賛同を得にくい．①集客効果と直結しない事業であり，投資費用の適切性が見積もりにくいこと，②調査費用の負担に関して，個々の事業者で公平の観点が異なることなど，主に費用の問題として立ち現れる[1]．

a. インセンティブをもつ調査システム

　調査システムを調査システムとして持ち込んだとしても容易には受け入れられないことが予想された．とはいえ，一方的に地元がやりたいことを実現する，というだけではわれわれの目的は達成できない．

　筆者らは，観光地の顧客である観光客が「いつ」「どこで」「どんなサービスを」受けたかを調査する際に，POS（point of sales）の考え方を導入し[2,3]，OSFで利用されるアプリケーションを汎用的に実装できるクラウドサービスとそのクラウドにアクセスする専用端末（**OSF-POS**）をつくった．そして，そのうえでどのようなサービスをしたら観光客に

喜ばれるかを地元事業者に聞くアプローチをとった．

b. OSF-POS

1) アプリケーション

地元事業者の代表者（商工会や旅館組合などの理事など）への聞き取りを実施した．その結果「外湯券(1)」「町営クレジットカード(2)」などを実装することになった．

(1) 城崎温泉では「外湯めぐり」が最も中心となる観光資源であり，ほぼすべての宿泊客が宿で外湯券をもらってから街中を歩く．

(2) 城崎温泉では古くから「つけ払い」の文化が根づいており，宿泊客がゆかたのまま飲み屋を訪れても，支払いは宿へのつけが効く（チェックアウトのときに料金をまとめて支払う）．深夜や翌朝に個々の宿に代金の回収に回ることは飲み屋にとっては負担であったし，飲み屋以外では一部のお土産物屋で実施されているだけであった．

2) POS 上の技術

筆者らは，将来 OSF で望まれるさまざまなアプリケーションを実装するうえで費用低減に資する枠組みを OSF-POS に用意した．

i) ID 配布コストの低減　サービスの高度化・高品位化のために，顧客への ID 配布は必須である．しかし観光地を訪れる観光客は，その大部分はまれにしかそこを訪れないので，メンバーズカードの発行はランニングコストを押し上げてしまう．そこで，OSF-POS ではすでに顧客がもっている ID をそのまま顧客の ID として活用する技術を搭載した．具体的には，おサイフケータイ機能を搭載している携帯電話や交通系 IC カードで利用されている FeliCa チップの製造番号を顧客の ID として利用できる．

ii) アプリケーション実装コストの低減　観光地やショッピングモールなどで実施されているサービスは多岐にわたる．それらのサービスを個別に開発するのでは効率的とはいえない．そこで OSF-POS では，OSF 内のサービスを「**権利確認型サービス**（利用者がもっている ID が有効かどうかを判定してから提供するサービス）」「**権利更新型サービス**（利用のたびに情報を更新する必要があるサービス）」に分けて把握する．この二つのサービスは，たとえば要求される反応速度が異なる．あらゆるアプリケーションをどちらかに当てはめることで，用いるべきソフトウエアモジュールが決まり，ソフトウエアの開発効率は高まると期待できる．

iii) 合意形成コストの低減　街全体のサービス改善のアイデアは意外と多くの人がもっているが，街全体の合意をとりつけることが大変なので，最初からアイデアを出すことをためらう事態が起こりうる．そこで OSF-POS には部分実施機能を実装している．たとえば配布した ID を利用して「うちの店では予約サービスをつくってみたい」と思ったとき，既存のサービスには一切影響を与えず，新しいサービスを特定

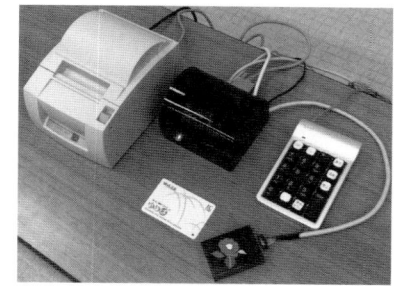

図1　OSF-POS の実装例

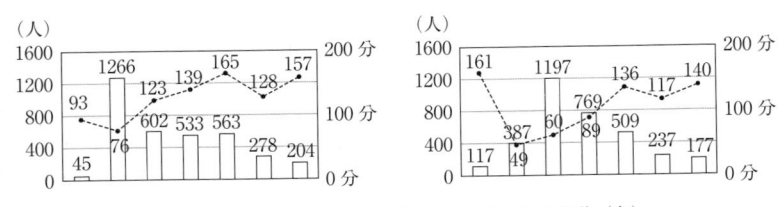

図2 さとの湯からの移動(左),地蔵湯からの移動(右)

の店舗だけでスタートさせることができる.つまり全体の合意を得る必要なく試行できる.

城崎温泉のすべての宿(87軒),すべての外湯(7カ所),35か所の店舗・観光拠点にアプリケーションを実装したOSF-POS端末が設置され,運用されている(2011年1月現在).

c. データ分析事例

改札口に設置されたOSF-POSでは,入場時の時刻しか記録できない.しかし,入場時の時刻の蓄積から各観光拠点の滞在時間を推定することができる.

図2左は,「さとの湯」から他の外湯に移動した人数と,さとの湯に入場してから他の外湯に入場するまでの時間をグラフにしたものである.図2右は「地蔵湯」から他の外湯の場合のグラフである.観光拠点ごとにこのようなグラフを作成することができる.このグラフから,さとの湯から他の外湯にいく人の多くが地蔵湯に向かっていることがわかる.また,地蔵湯からさとの湯への移動時間は49分であるのに対し,さとの湯から地蔵湯に移動する時間は76分であって55%も長い.これは,さとの湯に滞留する時間と地蔵湯に滞留する時間の差が現れており,さとの湯のほうが55%長く滞留していると考えられる.

これらの分析を通じて滞留時間を推測することで,混雑状況の予測が可能になると期待される.

図3は,7:00から23:00まで外湯が開いている時間中の利用者数をグラフ化したものである(2010年12月累計).朝食前に外湯に行く人は一定数いるものの,10時を超えるとまったく人がいなくなる様子がわかる.昼食時間に地域外から集客することは容易ではないが,10時まではたくさんの観光客が滞在しているのであるから,昼食の時間帯の収益を向上させるには,あと2時間長く滞在してもらうための企画を実施すべきであるといえる.

城崎温泉では,このデータをもとに10:00~13:00の活用の議論が始まっている.

本節では,観光地で回遊行動調査システムを導入した城崎温泉の事例を紹介した.収集されたデータは分析され,サービス向上のための活用が始まっている.

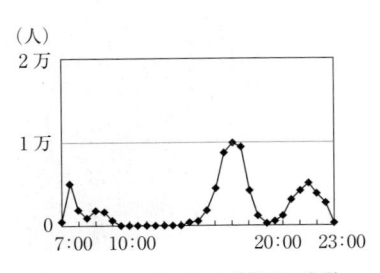

図3 7:00~23:00の外湯利用者数

参 考 文 献

5.3
1) 日本バス協会,『日本のバス事業』,(2010).
2) 谷島　賢,坂本邦宏,舩戸諒子,久保田　尚,"路線バス事業の見える化による収支と品質の改善に関する研究",第39回土木計画学研究発表会・講演集 D3, **67**(5),(2009).
3) 岡田幸彦,中村博之,"第4章原価管理思考の萌芽",『原価計算の導入と発展』,森山書店 (2010).

5.4
1) 新村　猛,内藤　耕,『がんこの挑戦』,生産性出版(2011).
2) 新村　猛,赤松幹之,"飲食店加工商品の味と調理プロセスの最適化",人間工学, **46**(3),(2010),208-214.
3) T. Shimmura, T. Takenaka, and M. Akamatsu, "Improvement of Restaurant Operation by Sharing Order and Customer Information", *Int. J. of Organ. Collect. Intel.*, **1**(3),(2010),54-70.

5.6
1) 細井　勝,『加賀屋のこころ:人間大事の経営と』,PHP研究所(2010).
2) 細井　勝,『加賀屋の流儀:極上のおもてなし』,PHP研究所(2006).
3) 内藤　耕,『「最強のサービス」の教科書』,講談社現代新書(2010).

5.9
1) 山本吉伸,中村嘉志,北島宗雄,"「サービスによるサービス調査手法(SSS)」の提案",第26回ファジィシステムシンポジウム論文集,(2010),800-805.
2) 山本吉伸,北島宗雄,"オープンサービスフィールド型POSの提案―観光地のサービス向上への適用―",地域活性学会論文誌,(2011),89-97.
3) 山本吉伸,北島宗雄,"オープンサービスフィールド型POSによる観光客動向把握の技術",観光情報学会誌, **7**(1),(2011),47-60.

索　引

ア　行

アイカメラ　50
アクティビティ相互関係　79
アソシエーション・ルール抽
　　出　135
アブダクション　117
アンケートによる顧客ニーズ
　　取得　173
異質性　5
イベント空間　60
医療サービス　2
インタビュー　29, 42

売切型のモデル　120
運輸サービス　4

映画推薦システム　131
永年無事故者　168
エクスペリメント　160
エンターテイメントキャスト　161
エンタメ・デジタルサイネージ　139

オープンサービスフィールド　190
オペレーション　102
おまかせコース　186
思い出し作業　180
おもてなしサービス　181

カ　行

会員型サービス　114
会員ポイントカード方式　133
会員ポイントモデル　114
会員割引モデル　114

概念設計　90
カウンターパート　162
係り受け解析　85
革新係数　111
拡張体験　139
確率的潜在意味解析　135
カストーディアル　161
価値共創　6
紙伝票形式　176
関係性の観測　65

技術ロードマップ　17
期待値　97
機能　90
　──の階層構造　90
機能担体　91
機能モジュール　121
共起　85
協調フィルタリング　136
共有が困難なノウハウ　154
共有できるノウハウ　154
極性語　66

ぐっすり研究所　179
クラスター　122
クリティカルパラメータ　28

経験品質　96
経済成長戦略大綱　11
形態素解析　85
顕在化したニーズ　41
権利確認型サービス　192
権利更新型サービス　192

構造化インタビュー　29
行動観察　41, 154
行動観察シート　155
行動観察調査　29
行動計測可視化ツール　148

購買履歴データ　72
幸福感　48
合目的的サンプリング　27
小売りサービス　3
小売りにおける人の吸引力の
　　理論　7
顧客 ID 付き POS データ　133
顧客情報を記憶するノウハウ　156
顧客満足度　91, 159
顧客ロイヤルティ　44
コーザルデータ　72
個人差研究　75
コンジョイント分析　113
コンストラクション・マネジメント　169
献立推奨システム　137
コンテクスト　59
コンポジション　61

サ　行

最終普及数　111
作業手順書　99
サービスサイジング　20
サービス　2
　──としての調査・研究　132
　──の連携モデル　7
サービスオペレーション推定　57
サービス活動　101
サービス CAD システム　123
サービス産業　2, 4
　──のイノベーションと生
　　産性に関する研究会　11
サービス産業生産性協議会　11

サービス・システム　93
サービス生産性　14
サービスデリバリーポイント　44
サービス認知　105
サービスフィールドシミュレータ　81
サービスブループリント　99
サービスメタ認知　106
サービスレジリアンス　107
サービスロボット　142
産業用ロボット　142
サンプリング　26
参与観察　35

視覚的アナログ尺度　33
時間見本法　36
事後効用　108
事故多発傾向者　168
事象見本法　36
システム　93
システム思考　93
システムズアプローチ　93
自然的観察法　35
実験的観察法　35
自働化　188
自動搬送システム　182
支払意志額　34
写実的アバタ　82
ジャストインタイム　188
ジャーナルデータ　133
集客の場　16
従業員教育支援　157
主観評価　47
受給者状態パラメータ　91
宿泊サービス　3
巡回警備ロボット　143
準社員　160
生涯価値　121
生涯ビジネス　121
条件つき確率表　130
消費者エージェント　109
消費者効用　108
消費者選好モデル　111
消費者ネットワーク　108

消滅性　5
食事サービス　3
ジョブ　102
自律搬送ロボット　145
身体加速度　48
心拍変動　47
信頼性　32
信頼品質　96
心理状態　32, 47
心理特性　32

図　61
スキャナーデータ　133
スキャンパネルデータ　73, 133
スクリーニング　27
スケジューリング問題　102
ストーリーテリング　61
スポーツエンターテイメントサービス　49

清掃ロボット　142
製品挙動　101
製品サービスシステム　121
整流化　188
赤外線乗降センサ　173
設置型没入ディスプレイ　82
潜在的なニーズ　41
センサデータフュージョン　53
全数調査　26
セントラルキッチン　176

層化サンプリング　27

タ 行

第三次産業　5
ダイヤ最適化システム　174
対話型サービスデザイン　107
妥当性　33
探索品質　96

地　61
知覚品質　97

注射薬払出しロボット　145
提供プロセス　99
ディズニー・フィロソフィー　160
テキストマイニング　84
デジタルサイネージ　139, 177

同期化　188
同時性　5
トヨタ生産方式　153, 188

ナ 行

日本版顧客満足度指数　13, 178
認知的クロノエスノグラフィ　38, 157

納期指定方式　185

ハ 行

媒介変数　27
ハイ・サービス　8
ハイ・サービス日本300選　8
波状運転指数　168
バスケット分析　135
バス事業の見える化　172
パーソナリティ　75
ハフ・モデル　7
場面見本法　36
パワースペクトル密度関数　48
半構造化インタビュー　29

ピーク時対応　152
被験者実験　115
非構造化インタビュー　29
非参与観察　35
ビッグファイブ法　76
評判情報の観測　65

フィジビリティ調査　82
不満足要因　179

索　引　　195

フローチャート　99

ベイジアンネット　130
ヘッドマウントディスプレイ
　　81
ペトリネット　100
歩行者デッドレコニング　53
母集団　26
ホスピタリティ　2
没入ディスプレイ　81

マ 行

マイクロマーケティング　72
前処理　85
マルチエージェントシミュ
　　レーション　115
満足度　97

見えない事業　172
ミステリーショッピング　44
ミーム　38

無形財　5
無形性　5

明豊マンアワーシステム
　　170

モジュール化　121
模倣係数　111

ヤ 行

屋敷業態　175

床下検査ロボット　143
ユーザ参加による観測の高度
　　化　65
ユビキタスコンピューティン
　　グ　62
ユビキタスステレオビジョン
　　62
ユビキタスセンシング　62

要素比較法　80

ラ 行

ライフスタイル　75
ラフ集合　136
ランダム（無作為）サンプリン
　　グ　26

リアルタイムイベント　66
　──の観測　65
リッカート尺度　33
リード　162

レコメンデーションシステム
　　136
レジリアンス　107

路線の最適化　174

ワ 行

ワークシート　103

欧 文

AIO　76
AOA グラフ　80

Bass 普及モデル　111
Boosting　57
BPMN　100

CCE　38, 157
CoBIT　59
CPM　80
CSQCC　150

Dematel 法　95
DSM　122

EBS　22
e-closet　186
EPIC　42

FSP　133

IDEF　100
ID-POS データ　72, 133

if-then 型知識　119
IHIP　21
ISM 法　94
ISS　176

JAN コード　133

NBM　22

OFF・J・T　160
OJT　161
one-to-one マーケティング
　　72
OSF-POS　191

PDCA サイクル　151, 173
PDRplus　56
PMI_{IR}　66
PMS　176
POS システム　22, 133
PSS　20

QSC　158

RFM 分析　134
RR 間隔　47
RSP　118

S-A 関数　96
SA 理論　16
SDL　21
Service Explorer　123
Service Science　20
SLP　78
SO　66
SRII　20
SSME　20
SysML　122

UML　100

VALS　76
VALS-Japan　76

Zuzie 法　61

サービス工学
―51の技術と実践―

定価はカバーに表示

2012年11月10日　初版第1刷

監修者	赤　松　幹　之
	新　井　民　夫
	内　藤　　　耕
	村　上　輝　康
	吉　本　一　穂
発行者	朝　倉　邦　造
発行所	株式会社　朝　倉　書　店

東京都新宿区新小川町 6-29
郵便番号　162-8707
電　話　03(3260)0141
ＦＡＸ　03(3260)0180
http://www.asakura.co.jp

〈検印省略〉

© 2012〈無断複写・転載を禁ず〉

印刷・製本 東国文化

ISBN 978-4-254-27019-8　C 3050　　Printed in Korea

JCOPY　<(社)出版者著作権管理機構　委託出版物>

本書の無断複写は著作権法上での例外を除き禁じられています．複写される場合は，そのつど事前に，(社)出版者著作権管理機構（電話 03-3513-6969，FAX 03-3513-6979，e-mail: info@jcopy.or.jp）の許諾を得てください．

東大 阿部　誠・筑波大 近藤文代著
シリーズ〈予測と発見の科学〉3
マーケティングの科学
―POSデータの解析―
12783-6　C3341　　　　A5判 216頁 本体3700円

膨大な量のPOSデータから何が得られるのか？マーケティングのための様々な統計手法を解説。〔内容〕POSデータと市場予測／POSデータの分析（クロスセクショナル／時系列）／スキャンパネルデータの分析（購買モデル／ブランド選択）／他

東北大 照井伸彦著
シリーズ〈統計科学のプラクティス〉2
Rによるベイズ統計分析
12812-3　C3341　　　　A5判 180頁 本体2900円

事前情報を構造化しながら積極的にモデルへ組み入れる階層ベイズモデルまでを平易に解説〔内容〕確率とベイズの定理／尤度関数，事前分布，事後分布／統計モデルとベイズ推測／確率モデルのベイズ推測／事後分布の評価／線形回帰モデル／他

D.J.バワーソクス他著
神奈川大 松浦春樹・前専修大 島津　誠訳者代表
サプライチェーン・ロジスティクス
27010-5　C3050　　　　A5判 292頁 本体4800円

SCMフレームワークとその実務，ITによる支援までを詳説した世界標準テキスト。〔内容〕リーン生産／顧客対応／市場流通戦略／調達製造戦略／オペレーション統合／情報ネットワーク／ERPと実行システム／APS／変革の方向性

東京海洋大 久保幹雄著
実務家のための サプライ・チェイン最適化入門
27011-2　C3050　　　　A5判 136頁 本体2600円

著者らの開発した最適化のための意思決定支援システムを解説したもの。明示された具体例は，実際に「動く」実感をWebサイトで体験できる。安全在庫，スケジューリング，配送計画，収益管理，ロットサイズ等の最適化に携わる実務家向け

神奈川大 松井正之・理科大 藤川裕晃・文教大 石井信明著
需給マネジメント
―ポストERP／SCMに向けて―
27017-4　C3050　　　　A5判 180頁 本体2900円

どのように需給管理をすれば製造と販売のミスマッチを無くせるかにつき説き明かす教科書〔内容〕予測と販売操業計画／需給管理と戦略マップ／需給管理とERP／需給協働と需給管理，需給管理とSCM／オンデマンド在庫管理システム／他

早大 吉本一穂・早大 大成　尚・東京都市大 渡辺　健著
経営システム工学ライブラリー9
メソッドエンジニアリング
27539-1　C3350　　　　A5判 244頁 本体3800円

ムリ・ムダ・ムラのないシステムを構築するためのエンジニアリングアプローチをわかりやすく解説。〔内容〕メソッドメジャーメント（工程分析，作業分析，時間分析，動作分析）／メソッドデザイン（システム・生産プロセスの設計）／統計手法／他

京大 加藤直樹・関学大 羽室行信・関西大 矢田勝俊著
シリーズ〈オペレーションズ・リサーチ〉2
データマイニングとその応用
27552-0　C3350　　　　A5判 208頁 本体3500円

データベースからの知識発見手法を文科系の学生も理解できるよう数式を最小限にとどめた形で適用事例まで含め平易にまとめた教科書〔内容〕相関ルール／数値相関ルール／分類モデル／決定木／数値予測モデル／クラスタリング／応用事例／他

前首都大 朝野熙彦著
シリーズ〈マーケティング・エンジニアリング〉1
マーケティング・リサーチ工学
29501-6　C3350　　　　A5判 192頁 本体3500円

目的に適ったデータを得るために実験計画的に調査を行う手法を解説。〔内容〕リサーチ／調査の企画と準備／データ解析／集計処理／統計的推測／相関係数と中央値／ポジショニング分析／コンジョイント分析／ディシジョン

早大 守口　剛著
シリーズ〈マーケティング・エンジニアリング〉6
プロモーション効果分析
29506-1　C3350　　　　A5判 168頁 本体3200円

消費者の購買ならびに販売店の効率を刺激するマーケティング活動の基本的考え方から実際を詳述〔内容〕基本理解／測定の枠組み／データ／手法／利益視点とカテゴリー視点／データマイニング手法を利用した顧客別アプローチ方法の発見／課題

前ビデオリサーチ 木戸　茂著
シリーズ〈マーケティング・エンジニアリング〉7
広告マネジメント
29507-8　C3350　　　　A5判 192頁 本体3500円

効果の測定と効果モデルの構築を具体的な事例を用いながら概説。〔内容〕広告管理指標／広告媒体接触調査／立案システム／最適化問題／到達率推定モデル／ブランド価値形成／短期的効果／長期の成果／ブランド連想と広告評価の因果関係／他

上記価格（税別）は2012年9月現在